先贤彭祖

彭 飞　陈立柱　朱浩熙　彭开富　编著

中国财富出版社

图书在版编目（CIP）数据

先贤彭祖/彭飞等编著.—北京：中国财富出版社，2016.7
ISBN 978-7-5047-6224-5

Ⅰ.①先… Ⅱ.①彭… Ⅲ.①彭祖—生平事迹—通俗读物 Ⅳ.①B959.92-49

中国版本图书馆 CIP 数据核字（2016）第 172604 号

策划编辑	葛晓雯 钱 瑛	责任编辑	惠 婳
责任印制	何崇杭	责任校对	梁 凡 张营营	责任发行	敬 东

出版发行	中国财富出版社		
社　　址	北京市丰台区南四环西路 188 号 5 区 20 楼	邮政编码	100070
电　　话	010-52227568（发行部）	010-52227588 转 307（总编室）	
	010-68589540（读者服务部）	010-52227588 转 305（质检部）	
网　　址	http：//www.cfpress.com.cn		
经　　销	新华书店		
印　　刷	廊坊市蓝菱印刷有限公司		
书　　号	ISBN 978-7-5047-6224-5/B·0501		
开　　本	787mm×1092mm 1/16	版　次	2016 年 7 月第 1 版
印　　张	18	印　次	2016 年 7 月第 1 次印刷
字　　数	267 千字	定　价	88.00元

版权所有·侵权必究·印装差错·负责调换

《先贤彭祖》编委会

顾　　　问：彭　正（京）　　彭彰年（京）　　彭水朋（京）　　彭　江（京）
　　　　　　彭楚政（湘）　　彭国全（台）　　彭茂燊（马来西亚）
　　　　　　彭越朋（印度尼西亚）
编委会主任：彭　飞
副　主　任：彭嘉庆（闽）　　彭惠卿（鲁）　　彭家华（渝）　　彭忠东（川）
　　　　　　彭崇谷（湘）　　彭玉才（京）　　彭培根（京）　　彭崇国（川）
　　　　　　彭长国（苏）　　彭金罗（京）　　彭援军（京）　　彭登怀（川）
　　　　　　彭锦程（粤）　　彭绍贤（台）　　彭德亮（台）
　　　　　　彭武年（马来西亚）　彭永胜（马来西亚）
　　　　　　彭育文（印度尼西亚）
主　　　编：彭　飞
执 行 主 编：陈立柱
副　主　编：朱浩熙　　彭开富　　彭崇谷　　彭嘉庆　　彭家华　　彭忠东
编　　　委：彭睿东（京）　　彭志兵（港）　　彭真怀（京）　　彭晟琳（京）
　　　　　　彭玉瑞（京）　　彭　丹（京）　　彭　铸（川）　　彭云华（京）
　　　　　　彭锡明（渝）　　彭小龙（桂）　　彭林革（湘）　　彭旭东（京）
　　　　　　彭嘉明（浙）　　彭保友（皖）　　彭兴国（赣）　　彭翔峰（鄂）
　　　　　　彭玉平（黔）　　彭　景（黔）　　彭福华（渝）　　彭传海（豫）
　　　　　　彭星鑫（琼）　　彭家英（滇）　　彭泓玮（台）　　彭书艳（赣）
　　　　　　彭高平（京）　　彭艺丰（湘）　　彭江红（赣）　　彭山英（川）
　　　　　　彭少衍（港）　　彭寨咸（渝）　　彭祥顺（川）　　彭兆举（苏）
　　　　　　彭德亮（蒙）　　彭希棉（港）　　彭志明（闽）　　彭向阳（粤）
　　　　　　彭振轩（粤）　　彭一鸣（皖）　　彭志军（湘）　　彭锦环（粤）
　　　　　　彭全国（陇）　　彭小良（闽）　　彭大平（吉）　　彭宗强（冀）
　　　　　　彭晓明（辽）　　彭　涛（鄂）　　彭卫东（新）　　彭继福（陕）
　　　　　　彭国泰（渝）　　彭四平（鄂）　　彭志刚（京）　　彭兰棋（粤）
　　　　　　彭庆斌（滇）　　彭　震（豫）　　彭兴山（京）　　彭本姚（皖）
　　　　　　彭必亮（豫）　　彭　川（渝）　　彭　飞（辽）　　彭国建（京）
　　　　　　彭宏钟（湘）　　彭华军（京）　　彭旺华（京）　　彭吉岳（京）
　　　　　　彭乔宝（京）　　彭　跃（黔）　　彭建华（湘）　　彭建雄（粤）
　　　　　　彭立山（豫）　　彭　明（黔）　　彭木根（京）　　彭绍良（浙）
　　　　　　彭瑞金（浙）　　彭　佳（黔）　　彭小平（粤）　　彭　雪（津）
　　　　　　彭献金（苏）　　彭靖茹（沪）　　彭　敏（沪）　　彭庭波（湘）
　　　　　　彭福生（粤）　　彭文胜（粤）　　彭鹤鸣（港）　　彭兴球（港）
　　　　　　彭显德（渝）　　彭鞞铭（京）　　彭贤生（赣）　　彭东生（湘）
　　　　　　彭　明（京）　　彭胜亮（沪）　　彭相泰（京）　　彭海潮（新）
　　　　　　彭建忠（滇）　　彭光清（川）　　彭友贵（川）　　彭跃萍（苏）
　　　　　　彭云飞（湘）　　彭祥君（藏）　　彭少辉（黑）　　彭述超（新）
　　　　　　彭继峰（黔）　　彭琮晓（鄂）　　彭岳江（京）　　彭玉华（吉）
　　　　　　彭好安（京）　　彭玻林（湘）　　彭　刚（加拿大）
　　　　　　彭　博（新加坡）

序

阳熙大地，果壮芳枝。翘首以盼之《先贤彭祖》今日面世矣！此为系统介绍彭氏先祖彭铿之专著也。此书史料翔实、论理严谨，是当今研究彭祖及远古历史之杰作。斯书出版，既为八百万彭氏子孙之大喜，亦是中华文化建设之盛事也！

彭祖乃中华远古之先贤。颛顼玄孙，尧帝大臣，大彭氏国之开国君王。为帝尧之臣，尽守职责，功绩卓著；处君王之位，施行德政，普惠民生。故彭国立八百年之久，族人衍近千万之众。学识博如山，心性淡如水：孔子仰之于心，老、庄尊其为师。工于养生，寿年八百。实为道家之先驱，又具儒者之风范。今深入对其之研究，既使后裔知根明祖，又使吾辈揽远古之风云，学先祖之壮行，生克难之豪情，具振兴家国之浩气。故此书实不可不读也！

以铜为镜，可正衣冠；以史为镜，可知兴替；以人为镜，可明得失。鉴古观今，人之立世，皆以光宗耀祖为荣，功成名就为快。凡贤人志士，无不怀修身齐家治国平天下之志。揽彭祖之成就，人生当以修身为先，修身宜以健体为本。体之不健，家何以旺，业何以兴？养性正心，如鸟之两翼，乃修身之要也：正心固其志向、养性高其气节，二者不可偏废也。彭祖之可长寿，缘于宁心制欲。无欲则刚，宁静致远，此修身之纲也；纲举则境界可高、大业可成矣！凡有志之士，当宁心节欲，不可浮躁妄为也。

族为家之聚，家乃国之基：家兴族旺，家和邦靖；邦和国固，国固家安。故兴族治国，必先齐其家。彭祖妻儿半百，治家有道，故能立国近千载，寿岁达八百。凡胸有大志者，当先使家安。《论语·季氏》言："吾恐季孙之忧，不在颛臾，而在萧墙之内也。"家不安则祸起萧墙矣！欲安其家，

孝在父母,情系妻子,敬于兄弟,慈爱儿孙,此当首也。戒奢侈,防懒惰;崇俭勤,倡清廉,亦为要也。今有众多官吏落马、巨商败业,失于治家不当,故治家乃成事之基也。

人生有无价值,在其作为也。人过留名,雁过留声;人非草木虫蚁,立世应当有为。何为有为?政者谋民众之福,兵者保一方之安,商者便民之需,学者授民之智,此即谓有为也。为人者岂能碌碌无为、浑噩一生?然人之所为,务须以社稷为重,利民为先,切不可背义牟利,损公肥私。孟子云:穷则独善其身,达则兼济天下。即使身处低微者,亦应行为求正,谋事在理,洁身自好,如斯则无为亦有为也。

天下兴亡,匹夫有责。今虽盛世,国事仍艰。强我中华,举国之梦。凡彭氏子孙,当继先祖之志,合国人之力,共图华夏振兴伟业。如斯则上不愧先祖之望,今不愧国家所期。此即吾辈纪念彭祖之意义所在。

彭祖之风,可扬千古;彭祖之德,可师亿众。今作《纪彭祖》一诗,以止此序。

> 武略文韬辅帝王, 一杯羹液保尧康。
> 彭城掌柄千秋旺, 仁政施民万户昌。
> 学问五车传孔老, 寿年八百叹仙皇。
> 祖德回荡泽天下, 壮我中华永脊梁。

彭崇谷
2016 年 7 月撰于长沙

彭崇谷,1954 年生,著名诗人、赋作家、书法家、画家。中华诗词学会副会长,中国书法家协会会员,中国楹联学会顾问,湖南省诗词协会会长,中国作家协会湖南分会会员,中南大学、湖南大学、湖南师范大学客座教授,湖南教育科学研究院博士后导师。曾任湖南省衡阳市市长,省委组织部副部长,省人力资源社会保障厅厅长,省编办党组书记。其诗词联赋书法大气磅礴，激情奔放。画作清秀简练，构图别致，境界高远。其书画作品先后被《人民日报》《文艺报》《中国艺术报》《中国文化报》《人民美术报》《国际日报》《香港大公报》《湖南日报》《美术》《中国艺术》《中国作家》《大家书画》等国内外40余种报纸、专业书籍、杂志刊登。已出版《西行诗集》《南洋诗话》《衡山新语》三本诗集。全国30余处名川大山、风景名胜地将其诗、赋、联、题词书法刻石立碑。他撰文《三江源赋》被编进《大学语文》教材，《湘江赋》及"十二生肖"书法被中华书局编入《中华文化基础教材》。书法作品多次参加全国大赛并获奖，2012年入选由国家组织的"走进联合国"书画展览。文化部为其出版书法专辑《走近大家》，并聘其为特邀艺术家。

序 诗

朱浩熙

一

天地玄黄兮，
宇宙洪荒。
道贯古今兮，
德配三皇。
黄帝血脉兮，
祖属高阳。
伟哉彭祖兮，
祝融之光。

尧帝封彭兮，
立国开疆。
滔滔洪水兮，
山环陵襄。
拯民水火兮，
勇于担当。
伟哉彭祖兮，
华夏之光。

治国理政兮，
平衡阴阳。

黎庶为本兮，
务农务桑。
修我戈矛兮，
协和万方。
伟哉彭祖兮，
大彭之光。

民生多艰兮，
苦虑衷肠。
调和鼎鼐兮，
滋味绵长。
导引服气兮，
身健体康。
伟哉彭祖兮，
生民之光。

瞻望前贤兮，
业绩辉煌。
守而勿失兮，
子孙繁昌。
八百春秋兮，

万古流芳。
伟哉彭祖兮,
人类之光。

二

伟哉彭祖兮,
民族先哲。
身体力行兮,
著书立说。
厥功至伟兮,
罕有履辙。
前无古人兮,
后启来者。

伟哉彭祖兮,
民族先哲。
千古垂范兮,
万民楷模,
两千载后兮,
孔子继业。
顶礼膜拜兮,
述而不作。

伟哉彭祖兮,
民族先哲。
功德在民兮,
子孙承泽。

养生宏论兮,
载入典册。
代有传人兮,
薪火不没。

伟哉彭祖兮,
民族先哲。
遗训谆谆兮,
且听赓歌。
神奇故事兮,
传诵不绝。
顶礼膜拜兮,
至淳至朴。

伟哉彭祖兮,
民族先哲。
四海子姓兮,
棋布星罗。
为国建功兮,
兴家创业。
修道修德兮,
九州香火。

三

青山不老兮,
碧水长流。
沧海桑田兮,

岁月悠悠。
彭祖之道兮,
千古独秀。
生生不息兮,
天长地久。

斗转星移兮,
四千春秋。
大浪淘沙兮,
真金不朽。
彭祖之道兮,
千古独秀。
道家先驱兮,
光射斗牛。

养生宝典兮,
东方智谋。
博大精深兮,
谁堪同俦?
彭祖之道兮,
千古独秀。

大爱无疆兮,
为民解忧。

字字珠玑兮,
夙愿今酬。
大道至简兮,
誉满全球。
彭祖之道兮,
千古竞秀。
修炼养生兮,
求康求寿。

感戴彭祖兮,
绵绵赐福。
惠及人类兮,
同祷同祝。
远追彭祖兮,
深思高举。
坚贞不渝兮,
再展宏图。

前　言

2016年6月18—19日，在北京西山中飞书苑"中华彭祖文化研究促进会"总部召开了第一届常务理事会第三次会议。

会议通过了成立本会第一个专业委员会——彭祖文化编辑出版专业委员会。同时，聘请陈立柱教授和朱浩熙教授两位外姓亲友为本会顾问。

会议决定于2016年8月8日在彭祖封姓之地"大彭国"之故都——江苏省徐州市召开本会成立以来的第一次年会。会上将献上本会组织出版的介绍彭祖生平事迹的史册——《先贤彭祖》一书。

这本著作是此次年会的献礼之作，将开创彭祖文化研究工作之先河！同时，必将推动中国乃至全球华人世界中的彭氏家族缅怀祖先、发掘彭祖文化之宝库、深入研究及传承发扬彭祖文化的热潮到来。

彭祖，原名篯，也叫篯铿。上古尧帝时，他被封到大彭国，按当时习俗，以国为姓，故得姓彭；因其系大彭国第一代首领，相传寿长八百八十岁，年高德劭，为开山之始祖，被人们尊称为"彭祖"。

彭祖是华夏上古养生学家、东方研究气血运动的创始人（后称之为导引术）；同时，也是中华烹调祖师、气功鼻祖、道家始祖，有《彭祖经》一书传世。孔子尊称其为"老彭"。

彭祖在江苏徐州受封创建大彭国，开发过武夷山和巴蜀彭山等，足迹遍及神州大地，至今在江苏、四川、陕西、山东、甘肃、湖北、江西、浙江、河南、山西等地还有十九处"彭祖墓"。彭祖后裔众多，遍及世界各地，天涯海角。

彭祖距今业已四五千年，其人其事尚代代相传，长留人们心中。首先，这不仅因为他是彭氏家族的祖先，更在于他是一位受人尊敬的民族先哲，他留下了上古文化的宝贵遗产；其次，他也是一位富有传奇色彩的人物，

他不仅长寿，而且还是一位优秀的文化学者、创业者和建设者；最后，彭祖及其学说具有强大的生命力，并为世代后人所需要和景仰。

彭祖文化极其丰富，博大精深，取之不尽，用之不竭。我们应该无比珍惜，深入研究，从中汲取人生之智慧。

我们此次出版的《先贤彭祖》一书，比较全面地把彭祖的生平介绍给广大读者，让更多的受众了解先贤彭祖，引导更多人深入研究彭祖文化。因此可以说，《先贤彭祖》是一部"指南"，遨游彭祖"大智慧国"的"导游图"，同时，也是彭氏家人认祖归宗的"指路明灯"。

《先贤彭祖》是本会成立以来出版的第一部史册类图书，随着彭祖文化研究的深入，将陆续有更多佳作问世。我们欢迎各地的彭氏家人以及彭祖文化的研究者，积极开展彭祖文化研究，涌现出大量研究成果。本会将以"彭祖文化研究系列丛书"的方式予以出版，奉献给世人，使之享有彭祖养生、健康生活的智慧。

凡是研究彭祖文化的成果，都是彭氏家族的传家宝，也是馈赠亲友的珍品。这正是：《先贤彭祖》面貌新，宗族史记天下闻。修德养性健心身，千秋万代颂古今。

彭 飞
2016年6月

彭飞，字泽远。1974年生，吉林省榆树市人。现任北京市石景山政协委员及经科委副主任、北京市石景山区工商联常委、中国青年企业家协会会员、吉林省工商联常委、国家秸秆产业技术创新战略联盟理事长、中华彭祖文化研究促进会会长、中国吉商协会会长、北京各省市驻京机构商务协会常务副会长、北京大公馆执行董事、中飞书苑院长、吉商资本管理集团有限公司董事长、秸秆控股（集团）有限公司董事长、吉林省榆粮集团董事长、吉林省兰诺尔集团董事长、中飞华缘喜航集团董事长、北京中科蓝度信息科技公司董事长。

目 录

上 篇

简 论 3

一、名门世家 7
    黄帝后裔 7
    颛顼玄孙 9
    祝融嫡孙 10

二、横空出世 15
    陆终夫妻 15
    怀孕三载 18
    一胎六子 24
    苦命母子 29

三、流离西土 37
    三岁俘虏 37
    逆境图强 39
    思念华夏 42
    返回故国 46

四、大彭开国 50
    濒危救驾 50
    尧封彭祖 54
    大彭开国 56

五、艰难岁月 60
    彭祖掘井 60
    以蛇为师 64
    藜藿菜饭 69
    羊方藏鱼 73

六、筚路蓝缕 78
    穷则思变 78
    谋建新都 81
    水火攻石 86

七、云游养生	95
彭祖仙室	95
鸾山石火	98
苦竹岭下	99
江口山水	102
八、开发武夷	104
彭祖寻梦	104
垦植荒岭	107
神侣游山	110
九、商贤大夫	113
彭祖大夫	113
采女问道	115
殷王淫威	119
辞别京都	121
十、亡命天涯	124
殷王无道	124
抗暴圣战	126
逃亡图存	128
空城妙计	131
十一、神仙彭祖	136
天涯芳草	136
神游天下	137
六月奇寒	139
心系民间	140
十二、青山不老	147
华夏奇观	147
挽　歌	152
钱伟长先生与彭祖文化	154

下 篇

彭祖传记——谈彭祖的传奇人生	167
大彭国灭亡后彭祖后裔迁往何方	188
来到武夷山修炼养生的彭祖	193
彭祖在蜀西彭山练功养生	203
彭祖传授风水术　青乌拜师得正果	209
长寿名师谈秘籍　雉羹技艺世间稀	215

商王妃采女向彭祖讨教养生……………………………………… 223
从古籍看彭祖房中术的内涵何在……………………………… 228
寻祖籍系出中原　觅宗图流布华夏……………………………… 236
"构云"身世存史实　何时迁徙有定论………………………… 241
彭城故都——徐州的主体文化…………………………………… 250
彭祖后裔何以国为姓……………………………………………… 254
彭祖及其后裔名流竞秀佳作纷呈………………………………… 257

后　记……………………………………………………………… 267

上 篇

朱浩熙

朱浩熙，笔名挑夫，江苏沛县人，1968年毕业于北京大学中文系。曾任安徽省委组织部干部巡视员，安徽省语言学会理事，江苏省徐州市委办公室主任、市委副秘书长。1992年8月全程参与民办九州大学的筹备与创办工作。1997年10月任徐州市教委主任、市委教工委书记，教育局长、局党委书记。2002年被国家人事部、教育部评为全国教育系统先进工作者，江苏省教育现代化县（市）区评估专家。2003年10月任九州职业技术学院副董事长、党委书记、常务副院长、顾问。中国作家协会会员，北京大学优秀校友。专著有《彭祖》《蒋天枢传》《徐州帝王》《西楚聊斋》《彭祖传奇》等，曾获江苏省"五个一工程奖"。

简 论

彭祖，原名篯，也叫篯铿。尧帝时，他被封到大彭国，便按当时习俗，以国为姓，得姓彭；又因是大彭国第一代首领，年高德劭，是开山之祖，人们便尊称他为"彭祖"。

彭祖是上古民族文化的集大成者，对保存民族文化遗产厥功至伟。他是人类研究气血运动的第一人，是东方第一位养生学家，有《彭祖经》传世。孔子尊称彭祖为"老彭"，他说："述而不作，信而好古，窃比于我老彭。"（《论语·述而》）至圣先师孔夫子尚且远追彭祖，可见彭祖"巍巍乎高哉"！

彭祖是中华烹调始祖、气功鼻祖和道家先驱。他是厨师的祖师爷，其首创的烹调术、导引术、服气术、房中术等养生术，对强健人民体质做出不可磨灭的贡献，为道家学说奠定了坚实的基础，对后人乃至全人类也产生了极其广泛、极其深远的影响。

彭祖的一生极具传奇色彩。彭祖是黄帝的后裔，颛顼大帝的玄孙，祝融氏吴回的孙子，陆终氏遗腹子，母亲是鬼方氏之妹。他一生坎坷，三岁失母，遭犬戎之乱，流离西土，饱经磨难，走上养生大道，于滔滔洪水之中，又间关万里，返回故国，一朝因救助尧帝受封，创立大彭国，此后又南下、西进，开发武夷山和巴山蜀水，在广袤的华夏大地上，洒下数不尽的心血和汗水。他寿长八百，登上人类寿命的巅峰，传为千秋佳话。他不仅是一位文化学人，而且还是一位脚踏实地的创业者和建设者，彪炳民族史册和人类发展史的不朽篇章。至今江苏、四川、陕西、山东、甘肃、湖北、江西、浙江、河南、山西还保留十几处彭祖墓。

彭祖是一位魅力人物。他一生贴近生活，贴近百姓，时越数千年，至

今仍然活在人们心中,留下讲不完、道不尽的神奇故事。其故事流传区域之广、流传时间之久,都令人难以想象。这些精彩的故事,有的是历史真实的彭祖形象,有的则出于人们丰富的想象和创造精神。人们喜欢他、热爱他、怀念他、景仰他、崇拜他、追随他,奉行他的经典之论,踏着他的足迹前进,他对公众具有不可抗拒的磁性引力。

彭祖及其学说具有强大生命力。他虽然早已作古,好像仍然活着,活在人们心中,活在人们身边。这说明,彭祖不仅确实可敬,而且人们十分需要他。彭祖始终关注人的生存、发展、健康和长寿。而这些,恰恰是世间人的永恒追求。物质生活极度匮乏时是如此,物资极大丰富时也不例外。不论到任何时候,唯有修行彭祖养生之道,关注生活质量和生命质量,才能走上健康长寿的康庄大道。时隔数千年,彭祖学说不仅没有过时,而且永远也不会过时。人类只要存在,就需要从彭祖那里汲取智慧。

彭祖,这位上古先哲,正穿越光怪陆离的时光隧道,亲切地向我们走来。他仿佛离我们十分遥远,伸手遥不可及,又好像就生活在我们身边,让我们俯仰可见。他的遗产是那么丰厚,价值不可估量;他的恩泽是那么久远,让子子孙孙受益无穷。彭祖是一卷史诗,又是一部扑朔迷离的神话,给人以无穷的想象。近年来,彭祖养生热长年不减,尤其火爆,持续升温。彭祖,俨然一颗光芒四射的星辰,照耀着人类过去、现在和未来的天空。

认识彭祖吧!了解彭祖吧!彭祖是一部言简意赅的大书,能在人们面前打开一扇窗口,让世人透过数千年历史的迷雾,领略上古养生大家的风采,并从他身上一窥健康长寿的奥妙,受到想不到的无尽的教益。

天生斯人修養其身
壽居八百始脫紅塵
歲在丙申年夏月古風敬寫

一、名门世家

黄帝后裔

水有源流,树有本末。讲起彭祖的出身,那可真称得上名门望族。他是黄帝后裔,颛顼大帝的玄孙,火神爷吴回的孙子。了解彭祖,我们不妨从根上说起。

在中国上古时期,出了几个圣明的君主,号称三皇五帝。三皇是谁?伏羲氏、女娲氏和神农氏。五帝是谁?黄帝、颛顼、帝喾、唐尧和虞舜。

黄帝是三皇之后出现的一个大帝。在三皇五帝中,他大名鼎鼎,业绩赫赫,最受时人拥戴,最为后人推崇,被公认为中华民族的始祖。我们通常说华夏儿女是炎黄子孙,认为自己是黄帝的后代。

在五千多年之前,华夏大地上,人类已繁衍昌盛。当时,按照地理方位,人们被分为四个族群,北方称狄人,西方称羌人,南方称苗人,东方称夷人。族群之间经常发生战争。黄帝就是在族群斗争中脱颖而出的大英雄。

黄帝姓公孙,名轩辕,出生后就与众不同,说话较早;年逾十五岁,就具备各种才能;长大为人忠厚,办事伶俐;二十岁时就世事练达,具有非同常人的才干。

当时,教民耕种的神农氏(炎帝)部族业已没落。诸侯割据,争战不已,给百姓带来无比深重的灾难。轩辕关爱百姓,早年就立志,以天下为己任,习练掌握各种兵器,能征善战,团结率领族群青壮,讨伐各地为害百姓的诸侯割据势力。四方诸侯迫于黄帝的威严,纷纷归顺黄帝,唯有东方夷人的首领蚩尤自恃力量强大,拒不服从。

炎帝出于自保,为维护自己的统治,征伐各路诸侯。诸侯都团结在轩

辕的大旗下，对抗炎帝。轩辕修行文德，秣马厉兵，顺应天时，大兴农业，安抚天下四方的百姓，并且驯服猛兽，动员各种力量，同炎帝在阪泉（今河北怀来东南）野外进行决战。黄帝"其仁如天，其智如神"，斗智斗勇，结果把炎帝打得大败，从而结束神农氏的统治。

蚩尤为争夺帝位，大动干戈，向黄帝发起挑战。黄帝同西方的羌人结成联盟，征调诸侯的军队，巧妙运筹，与蚩尤大战于涿鹿（今河北涿州）郊野，活捉并斩杀了蚩尤。天下已定，民心所向，黄帝声威大振。四方诸侯遂公推轩辕氏代神农氏为天子。

黄帝加强统治，凡有不顺从者，就进行征讨，并且开山修路，一刻也不安坐宫中。他曾经东行至海，登上丸山及泰山；西到空桐（今甘肃境内），登上崆峒山；南行至长江，登上熊山（今湖北境内）和湘山（今湖南境内）；向北驱逐匈奴，在釜山（今河北涞水）大会诸侯，并在涿鹿山前建设帝都。黄帝经常奔走四方，没有固定的处所。他在哪里，哪里常有军队守卫，称为辕门。

黄帝任用官吏，都一律以云字命名，春官为青云，夏官为缙云，秋官为白云，冬官为黑云；设置左右大监，监管各个诸侯国，万国和同。黄帝参加很多祭祀鬼神、山川封禅的活动。一天，黄帝得到一尊宝鼎，可以推测未来吉凶祸福。他又选拔风后、力牧、常先、大鸿四人，作为朝中大臣，加强对天下的管理。

黄帝又命臣子伶伦制造乐器，大挠研制兵器，仓颉创造文字，嫘祖教人养蚕，还动员民众，发明衣裳、舟车、宫室等。黄帝顺应天时，调和阴阳，按照季节引导农民播种五谷，栽植树木，淳化鸟兽百虫，遵循自然规律，尽享地利。黄帝劳心劳力，勤俭节约，与前朝炎帝相比，有土德的祥瑞。土色为黄，故称轩辕氏为黄帝。

黄帝共二十五子，得姓者十四人。黄帝起初住轩辕之丘，因名轩辕。他娶西陵国之女嫘祖，为黄帝正妃，生两个儿子，他们的后代都做了天子。其中一个是玄嚣，就是后来的青阳，降居江水当了诸侯；另一个是昌意，

降到若水为诸侯。昌意娶蜀山氏之女，叫昌仆，生子高阳，具有圣人之德。

黄帝驾崩后，葬在桥山，称黄帝陵，在今陕西黄陵县，至今犹存。黄帝开创了华夏文明，被称为"人文之祖"。

颛顼玄孙

黄帝高瞻远瞩，深谋远虑，临终前，举贤任能，把天下传给了德才超人的颛顼。

颛顼大帝号高阳氏，是昌意之子，黄帝的孙子。

颛顼为帝后，居帝丘（今河南濮阳县），为人沉静，胸有谋略，善于协调各方关系，妥善处理各种问题。他顺应天时，因地制宜，按照自然规律办事，教化百姓，诚信敬天，不停地为治理天下奔波，曾经北到幽燕（今河北、北京）之山，南达交趾（今岭南以外）之地，西到流沙（沙漠）之域，东到蟠木（传说东海中有山，名叫度索，上有大桃树，屈蟠三千里）之境。无论动态静态的山川草木，还是大大小小山岳土丘的神灵，凡是日月能够照射之处，无不治理得平平静静，和和顺顺。

九黎族归顺华夏后，仍然信奉巫教，杂拜各种鬼神，散布各种异端邪说，蛊惑民心，制造动乱。颛顼大帝禁绝巫教，强迫九黎族顺从华夏族的文明教化，普及了黄帝开创的华夏文明之风。

颛顼大帝继承黄帝开创的事业，把华夏文明又提高一步。

颛顼大帝驾崩后，由玄嚣的孙子高辛继位，称为帝喾大帝。

颛顼大帝后裔众多，且不乏出类拔萃之人。战争时期，楚国出了个三闾大夫、大诗人屈原。屈原在著名诗篇《离骚》中，第一句自陈家世"帝高阳之苗裔兮"，就说自己是颛顼大帝的后代。

祝融嫡孙

按司马迁《史记》所载，颛顼生子，称卷章，卷章生重黎和吴回，后来受封祝融氏，担任火正之职，也就是人们通常所说的火神爷。

在华夏大地，历朝历代，都建有火神庙。庙里供奉着火神爷。起初，火神爷并不是神，而是人，是世间管火的人。人们要生活，处处离不开火，但是，火也有两面性，用途较广，可以造福人类，但也会酿成火灾，危及人的生命和财产安全。所以，人们须臾离不开火，敬火如神，但是，又畏火如虎。正是出于这种心理，人们十分崇敬管火的朝臣火正。久而久之，人们就把火正当成神灵，虔诚供奉了。

火神爷究竟是一位什么样的人呢？

相传，在很古很古的时候，天地不分，混混沌沌的一片。盘古操起一柄神斧，把混沌天体拦腰一劈两半，轻的部分向上飘浮，大气轻扬，上达天际，就形成了穹庐苍天；重的部分呢？向下沉降，结聚成土尘山石，形成了大地山川。苍天在上，大地在下，天圆地方，就成了现在的世界。

世界上，最早的人类是伏羲、女娲，也称伏羲氏、女娲氏。他们一男一女，都是天帝钟爱的子女，以兄妹相称。为了繁衍人类，两兄妹下到凡尘，结成夫妻，生儿育女，过起家庭生活。伏羲、女娲生育了很多很多子女，他们的子女又生育很多很多孩子，子子孙孙，繁衍不息，无穷无尽，人烟兴旺。从此，才有了人类，有了人间。

鸟无头不飞，人无头不走。人们结群而居，渐渐形成部落。有了部落，就自然要有首领。较早的首领称为部落酋长，或称君主。那时候，物质生活极其贫乏，人们过着非常原始的生活。酋长也和大家一样，没有任何个人财产，因此便没有私心，一心为着公众的生存和发展谋事。

人活着就要吃东西。吃什么呢？一开始，吃的是采集来的野果，捕猎捉来的禽兽鱼虾。当时，人们逮到飞禽走兽，无一例外，都是生吞活剥，茹毛饮血。夏秋季节，往往伴随暴风骤雨，常常出现霹雷闪电。偶尔，雷

光电火，会引燃山林，着起山火，烧死山林中的一些飞禽走兽。人们饥不择食，一尝被烧死的动物，又香又烂，格外好吃。从此，人类才认识到火的妙用，把火引进自己的生活，用来烧食做饭，夜晚照明，寒冷的冬季还可以用来驱寒取暖。从此，有了人间烟火，火便与人结下不解之缘。

　　但是，光靠自然火灾取火，那机会可以说少之又少。山火熄灭，又恢复了常态。怎么把火保留下来，而且一旦需要，就能顺手取来、派上用场呢？我们的祖先便开动大脑，琢磨开了。别瞧生民之初，先民们还是很聪明的，他们想方设法，在发生雷电火灾的时候，取到火种，保存下来，方便平时日常所用；不仅如此，还有一位燧人氏，通过钻木取到火种。有了火，人们的生活方式发生了重大变革，有了光明，有了温暖，也改变了茹毛饮血那种不文明的生活习惯。

　　如何让来自自然的神火，可以造福人类，又能避免给人类造成灾难呢？到了帝喾大帝的时候，人们根据需要，就不仅考虑怎样取火，而且考虑怎样把火保管好，使用好，用火给人类造福了。这样，帝喾大帝就考虑应该设立专人，负责取火、保管火、指导人们正确用火了。帝喾大帝决定设立一个官职，叫火正，专门管火。因为火正一职关乎国计民生，工作十分重要，所以，选拔堪当火正之人也是慎之又慎。帝喾大帝筛来选去，选中一个人——重黎。

　　重黎是谁呢？他是黄帝的玄孙，颛顼大帝的嫡亲孙子。重黎不负重托，担任火正之后，忠于职守，兢兢业业，恪尽职守，制定很多办法，既方便黎民百姓对火的使用，又可防止用火不慎，人为地造成火灾。帝喾大帝是位开明君主。他看到重黎担任火正非常称职，便对他实行重奖，钦赐重黎为祝融氏。祝融，就是光照天下的意思。

　　这时，发生了一件大事：担任水官的羌人共工氏心怀叵测，造反作乱，纠集一些人争夺帝位。帝喾大帝为稳定局势，命令重黎统率兵马，前往戡乱。这既体现了帝喾大帝对重黎的高度信任，同时也是对重黎的一次火线考验。

重黎受命，挂帅出征，号令三军，一路威风凛凛，直捣共工氏的巢穴。共工氏十分狡猾，在重黎大兵压境之时，权衡再三，自知力量不敌，死磕硬碰是死路一条，便伪装投降，表面上土崩瓦解，销声匿迹，实则化整为零，在暗地保存实力，以图东山再起。就这样，重黎兵不血刃，便平定了一场大规模叛乱，之后带领胜利之师，凯旋了。

帝喾大帝非常高兴，亲自犒赏三军，还准备召开庆功大会，对重黎实行重奖呢！哪知道，在这节骨眼上，烽火台传出警号，狼烟再起，共工氏故技重演，又纠集旧部，兴风作浪，扯旗鸣号，造起反来。

军情报到帝都。帝喾大帝十分恼怒，拍案而起，指斥重黎平叛不力，心慈手软，除恶不尽，留下重大隐患，才致使共工氏死灰复燃，并且认为重黎有勾结共工氏，虚报军功之嫌。要知道，帝喾大帝是位不徇私情、赏罚分明的君主。过去重黎立功，受到重奖，现在犯下严重错误，辜负大帝的信任，也理应受到严厉的惩罚。帝喾大帝虽然爱惜人才，但掂量再三，还是考虑大局，毫不容情，挥泪斩杀了重黎，并且命令重黎的弟弟吴回披挂上阵，统领三军，重上前线，讨伐共工氏。

吴回深感责任重大，决心不辱使命。他掩埋了哥哥的尸首，便披挂上阵，带兵出征了。

共工氏变换手法，利用帝喾大帝斩杀重黎一事，企图挑拨吴回和帝喾大帝的关系，图谋再次保存实力，搞乱天下，伺机夺权。吴回吸取哥哥重黎血的教训，头脑异常冷静。在共工氏的挑拨面前，他认为帝喾大帝虽然把哥哥杀了，但这无疑是秉公办事，无可指责。因此，他擦亮眼睛，看穿共工氏的险恶用心，不为假象所迷惑，不受共工氏的挑拨，坚定除恶务尽的信念。

吴回采取先文后武、攻心为上的策略，提出严惩首恶、消灭主力、抓捕骨干、宽宥群小的方针，大兵压境，毫不手软，在很短的时间内，一鼓作气，全歼了共工氏的叛军主力，活捉了领头造反的骨干，对为非作歹、闹腾最厉害的"四凶"押解京城，囚禁终生，并把造反作乱的共工氏流放

到幽燕边远之地，令其永世不得返回故土。

吴回对共工氏一仗，没有辜负大帝的信任和重托，不仅为稳定全局做出重大贡献，维护了帝喾大帝的权威和天下的稳定，而且为哥哥重黎报了仇，雪了耻，也为祝融氏家族挽回了形象，挽回了面子。共工氏多年盘踞之地，从此风平浪静，乱象不再，天下太平，百姓安居乐业。帝喾大帝非常满意，不仅大举犒赏得胜将士，而且为领兵统帅吴回庆功，大张旗鼓地给予嘉奖，提拔吴回接替其兄火正的职务，仍然赐姓为祝融氏。

吴回经受住战争的考验，又吸取哥哥重黎多年司火的经验教训，对火正一职尽心尽力，高度负责，干得更加出色了。为了维护帝喾大帝的领导，东西南北的安定，天下百姓的幸福，他长年衣不解带，食不甘味，风尘仆仆，外出巡视，不停地在神州大地奔波。相传，他一次去南方巡视火情，积劳成疾，病死在南岳衡山之上。现在，衡山之巅有一个祝融峰，祝融峰上有一座祝融庙，就是为了纪念祝融氏吴回而建造的。阴阳五行中，南方主火。吴回在南岳衡山以身殉职，像一盏明灯，烛照南天，光明天下。

从此，吴回之家就享有祝融之家的美誉，吴回的后代就被称为祝融子孙了。

农历春秋二季，农历二月、八月，人们常常成群结队，登上祝融峰，祭祀火正吴回。

吴回死后，被人们尊称为火神爷。各地也建起许多火神庙。火神庙里塑火神像：一则纪念火正吴回，便于人们顶礼膜拜；二则作为地方司火机关，负责管火和防火。人们来到火神庙，不仅表达对火神的景仰之情，而且也能学到许多用火防火的知识。火神庙也逐渐成为向人们普及火的知识的教育机构了。

相传吴回死后，仍然不忘旧业，关心人间疾苦。人们一日三餐，都离不开烧火做饭。他老人家就深入千家万户，变成灶神，守候在千家万户的灶门口，监督并提醒人们谨慎用火，防止火灾。天帝洞察他的一片苦心，又看他尽心尽职，与百姓生活一起，便派他利用工作之便，承担一项使命，

让他观察人们的言行举止，把每人的功过善恶记录下来，每至庚申日上到天庭汇报。天庭根据人的不同表现，对各种不同的人降以福祸吉凶，对多有善行之人赐以洪福，对作恶多端之人降以灾祸，甚至减其寿龄，夺其寿命。这样，人们更加敬畏火神了，每逢春节过年，便在灶门口送香叩首，并且灶门两侧贴上对联："上天言好事，下界保平安。"请求火神爷多为家人祈福，消灾免祸。

在民间，每逢正月初七，都举办火神节，纪念火神爷，表示对火的敬畏之情。初七一早，家家户户都虔诚地向火神敬香，把缸缸罐罐盛满水，祈求火神爷保佑平安；村村寨寨都检查救火用的火钩，嘱咐巡夜打更人员，一边敲梆子，一边吆喝："各家各户注意！小心火烛！"为了使儿童从小知道防火，正月初七傍晚，人们还用高粱秸、秫秫脑儿，绑成火神把子，让孩子点着擎在手里，排成长队，沿着村头大路，一直向南奔跑（火神居南，八卦离位）。孩子们兴高采烈，一边跑，一边高叫：

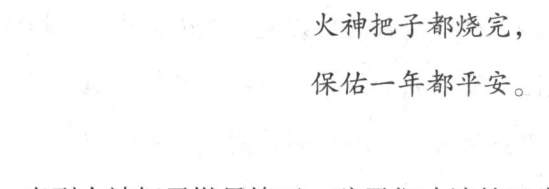

火神把子举过头，

我送火神向南走；

火神把子齐向前，

我送火神上南天；

火神把子都烧完，

保佑一年都平安。

直到火神把子燃尽熄灭，孩子们才谈笑风生地一路返回。

火神爷吴回生了个儿子，叫陆终。陆终成人后，娶鬼方氏的妹妹女嬇氏为妻，一胎生下六个儿子，其中第三个儿子叫籛，后来被尧封到大彭国，即称彭祖。

出生祝融之家的彭祖，即是火神爷的后人。称彭祖是名门之后，可谓名副其实，言之不虚。

二、横空出世

陆终夫妻

吴回的独生子叫陆终氏。陆终氏二十出头，英姿勃勃，身躯伟岸，为华夏与犬戎的友好关系做出杰出贡献，为民族繁衍也留下美丽动人的传说。

上古时期，华夏国同西部、北部小国为争夺地盘、资源、人口和财产，经常发生战争，打得难分难解，双方都损失惨重。但是，邻国是历史形成的，难以选择。国与国之间，往往打一次仗，结一次怨，结了怨还得继续相处。时间一长，双方都认识到，战争是十分残酷的，对哪个国家的人民都是一场灾难，还是尽量避免才是。于是，打过之后，无论胜负，还是得坐下来谈判，放眼长远，友好相处，互惠互利。为了发展国与国之间的友好关系，把恶邻变为芳邻，双方开动脑筋，便摸索出一条路子——上层人物通婚，把女儿嫁给对方，互相做儿女亲家，两国当亲戚一样相处。后来，到了汉代，人们称之为和亲政策。

当时，华夏的都城在郑邑。吴回身为火正，属于上层官员，很有点开放的眼光。他带头响应帝喾大帝的号召，让儿子陆终氏同西土鬼方国首领的妹妹结为夫妻。古代，青年男女的婚姻，全由父母做主，就是人们通常所说的"父母之命，媒妁之言"。父母为子女选择配偶，看着门当户对，互相合适，经媒人从中牵线搭桥，便把男女青年的婚姻大事确定下来。陆终氏年方弱冠，同鬼方国首领的妹妹女贵氏年龄相当。两国使者从中说合，成就了这段美满姻缘。

从结怨到结亲，从敌人到朋友，密切了两国的上层关系，也带来了边境的和平和两国友好相处。

陆终氏成了鬼方国的女婿，女贵氏成了华夏国的媳妇。从这点上说，陆终氏乐于同一位异邦的女子结婚，不仅是考虑国家利益，不仅是唯父母之言是听，而且从他个人来说，也确实需要胆量和勇气。

同样，女贵氏远离西土，远离亲人，不远千万里，长途跋涉，嫁来华夏，不愧是值得尊敬的友好使者。陆终氏与女贵氏的婚姻，成了华夏国与鬼方国友好关系的美好象征，也是有史记载的第一桩"跨国婚姻"。

陆终氏、女贵氏婚后恩恩爱爱。尽管当时物质生活贫乏，缺衣少食，生活艰难，但二人勤劳勇敢，互敬互爱，小日子过得还算幸福美满，有滋有味！

陆终氏早年丧母，父亲忙于公务，常年奔波在外，无暇顾及家庭。这反倒促成了陆终氏的自立自强。陆终氏身强力壮，能上山打猎，弯弓射雁；能下到江河，捞鱼摸虾；也能牵牛扶犁，垦地种田。结婚以后，他不惜力气，勤苦劳作，一心想为祝融之家争光，也想让远离家乡的妻子在中原过上好日子。

女贵氏呢？更是一位既有野性又多情的女子。你敬我一尺，我敬你一丈。她更是心疼丈夫，深爱丈夫。早上，她依依不舍地送丈夫出门后，便里里外外，张罗家务，要么缝补浆洗，收拾衣被；要么围着灶台，忙着烧火煮饭。太阳落下西山，她常常收拾停当，倚门倚闾，望着通往野外的小路，盼着丈夫平安归来。女贵氏总是尽己所能，让丈夫吃上可口的饭菜，穿上合体的衣裳。

光阴似箭，日月如梭，时间是拴不住的。一天一天的日子，好像过得很慢。但是，回头看，幸福的时光，总感到过得飞快。陆终氏结婚之后，春去冬来，花开花落，不觉就是一年。四月天，春风和畅，天气晴朗，大地鲜绿，山花烂漫。陆终氏上山打猎，披着朝霞而去，又踏着暮色归来。他像匹骆驼似的，手中提的，背上驮的，全是猎物。忙活一天，尽管很累，但是，陆终氏心里高兴，知道妻子在焦急地等待自己归来。他一路哼着小曲，一脚跨进家门，朝妻子甜蜜一笑，便习惯性地把猎物往院里笸箩一撂。

妻子笑盈盈地后脚跟上来，一边手脚麻利地收拾猎物，一边乜着多情的眼睛，瞅着丈夫抿嘴儿笑。

有情人心有灵犀，往往用眼睛说话。陆终氏看着妻子眸子闪亮，眼神狡黠，小嘴咧着，一直嘻嘻地笑，感到与以往有些异常，心中不免奇怪，不由自主朝妻子多瞟上几眼。他扑打过身上的尘土，盯着妻子，轻声问道："宝贝儿，有什么开心事吗？说给为夫听听。"

女贵氏微笑着，眸子像电光一闪，又像天上流星一道，划过丈夫的面庞。她不好意思正视丈夫的眼神，埋下头去，一言不发，只是一个劲地嬉笑。

妻子一定有什么秘密。陆终氏心里迷茫，一步走上前去，霍地一把把妻子拉进怀里。他紧紧地搂着妻子，深情地吻着她的额头，闻着乌发的汗香，俯在妻子耳边，小声追问道："宝贝儿，莫不是笑神附你身上了咋的？别只顾自己傻笑。到底有啥好笑的？快告诉我！"

妻子被搂得喘不过气来，在丈夫宽阔的胸膛上象征性地挣扎了一会儿，一甩满头的秀发，双手用力推开丈夫，脸羞得像朵红花，低声地撂下一句："奴有了！"身子一扭，跑进屋里，留下一串"咯咯"的笑声。

"啊？宝贝儿，你有什么了？"陆终氏开始还没反应过来，继而马上悟出妻子的意思，心中一阵狂喜，前脚跟后脚地冲进屋内，从背后搂住妻子的双臂，什么话也不说，心中像喝了蜜糖似的，一个劲"嘿嘿"地傻笑。

女贵氏轻轻转过身来，也搂住丈夫的腰身。二人在暗中相拥着，摇晃着，心中喜悦的小河汇流到一起，又欢快地向前奔腾。

从此，小两口为了孩子，为了未来，更加同心协力地过日子了。陆终氏身上总有使不完的力气，照例日出而作，日落而息，打猎、种田更加勤奋了，也更加心疼媳妇了。每次出门，他总是嘱咐女贵氏：宝贝儿，千万千万注意休息啊！饭要多吃一口，活要掂量着干，干不了不要勉强，等我回家再说，说啥也不能动了胎气。

男人要面子，女人需要爱。有女人尊敬的男人是自信的，有男人心疼

的女人是幸福的。女贵氏脸上一抹红云，想起就要做母亲了，不管做什么，走路总是脚底生风，口中总有哼不完的小曲。小日子唱着过啊！一个人在家时，她不时抚摩着肚腹，浮想联翩，猜想自己怀的是男孩呢，还是女孩？小家伙生下来会哭呢，还是会笑？小家伙长得什么模样，像爹还是像娘呢？等等。

充满希望的日子生机勃勃，多么漫长又是多么短暂，最令人享受也最让人不安。小夫妻为迎接孩子的出生，开始忙活起来，手不失闲，做起迎接小生命的准备。陆终氏又是上山，又是下田，总想多收点粮食，多存些猎物，把妻子的身体养得棒棒的。女贵氏呢，看着丈夫辛苦，更是心疼丈夫，想方设法伺候好他。男人是家中的顶梁柱啊，出门不易，回家一定让他吃上热饭热菜，填饱肚子；平时穿着干干净净，体体面面，不让人说自家闲话。她除了屋里屋外，张罗家务，也开始为孩子的出生做些准备了。

常言道，十月怀胎，一朝分娩。小两口扳着指头过日子，从天明忙到天黑，每一天都忙得脚不沾地，紧张充实，虽然劳苦些，但是心情舒畅，浑身是劲，倒也不觉得累。

怀孕三载

九月，天高云淡，秋风萧瑟，北雁南飞，黄叶飘飘。

火正吴回南方巡行，业已两个月没有回家了。陆终氏几次去朝中打探，想知道父亲什么时候回家，好把妻子怀孕的好消息告诉他。母亲早已不在，父亲就是自己唯一的靠山！可是，跑了几趟，他没有得到任何消息，心中不免焦躁不安起来。

女贵氏想到天气已凉，把公公的夹衣早已拆洗，收拾停当，次日便催促丈夫送到朝中，希望能托人尽快带到公公身边。陆终氏刚要出门，便同朝中使者撞了个满怀。噩耗传来，令人揪心的事情发生了：吴回南巡湖湘，

长途跋涉，积劳成疾，业已殉职，命归南岳衡山了。因路途遥远，千里迢迢，回来安葬劳民伤财，帝喾大帝命令就地掩葬，并在南岳山峰立祠旌表，并诏告天下，隆重祭奠。

陆终氏夫妇闻讯，悲痛欲绝，遂遥望南天，长跪不起，伏地叩首，并赶搭灵棚，披麻戴孝七日，还准备按照殉职官员故例，收拾老人衣裳鞋帽，置入匣棺，修筑衣冠冢，以便春秋以时祭奠。

举丧之日，帝喾大帝带领朝中大臣，来到祝融之家，抚慰家人，还钦赐大帝亲书"祝融之家"匾额一方，高悬门楣，以示旌表。继而，大帝率领群臣，来到野外，修筑火正吴回的衣冠冢，一一在墓前祭扫吊唁。陆终氏夫妇感到，父亲虽然不幸因公殉职，但是丧事办得如此风光，也称得上死得其所，极备哀荣了。

父亲在时，陆终氏总感到有个依靠。父亲一走，他顿感背后空空荡荡，瞬间孤独无依。一段时间，他清晨起床后，第一件事，就是拿起马尾做的拂尘，把"祝融之家"的匾额清扫一遍；走出家门，第一件事，就是到父母坟上转一转，跟爹娘念叨念叨。

女贵氏看丈夫变得沉默了，就常在饭桌上，枕头边，细声软语地跟他"咬耳朵"，说人死不能复生，况且老人已经走了，再难过也是无益，况且丧事办得体面，父亲可以安息了。爹娘总是心疼儿女的，都希望儿女能过得好。儿女过好了，地下的爹娘才能放心。更何况，失去父亲母亲，还有夫妻，很快还会有自己的孩子、自己的小家呢！为了这个祝融之家，咱们一定得好好过，过好生活啊！

听到这话，陆终氏心中热乎乎的，无声地拥抱妻子，甚至低声啜泣起来。是啊，父母走了，他还有相依为命的亲人、相亲相爱的终身伴侣呢！他陆终氏有家，不孤独。他要为父亲创立人人欣羡的祝融之家，为老婆、孩子鼓起生活的勇气，坚强地活下去。

转眼到了冬季，北风怒号，寒凝大地，一场鹅毛大雪纷纷扬扬，自天而降。田原山野，白茫茫一片。女贵氏叮嘱丈夫，大雪拥门，就不要上山

了。可陆终氏说，大雪寒天，一片洁白，飞禽难以觅食，走兽到处留有踪迹，正是猎人显示身手的好时机。说罢，他挽起弓箭，提上槊标，披着蓑衣，又向大山走去了。大半晌，陆终氏踏雪归来，槊标变成扁担，上面挂满了麋鹿、野兔、山鸡之类的猎物。

女贵氏看到丈夫像个雪人，心疼不已，连忙让丈夫卸下猎物，帮助丈夫拍打身上雪花。屋内，她早已备下丰盛的晚餐，生起取暖的柴火。

春暖花开，孩子出生的日子一天天临近了。心灵手巧的女贵氏，早已把孩子的衣服、褴褛准备就绪，为孩子拉撒换包子的黄沙土也已收敛成堆，晒了又晒，只等着孩子"呱呱"坠地了。八九个月过去了，孩子在腹中躁动得越来越勤，越来越厉害。小夫妻俩既高兴又紧张，还多一重担心，多么盼望着孩子能顺产，早点出生，母子平安啊！

随着时光的流逝，女贵氏的肚腹越来越大，行走越来越笨拙，走起路来，像大白鹅一样，扭呀扭的；又像只小船一样，摇呀摇的。

眼看十个月过去了，腹中的婴儿好像憋足了劲儿似的，竟然没有一丝要出生的迹象。这究竟是怎么了？为什么怀孕足月、该生不生呢？小夫妻茫然不解，四处寻求巫医。巫医从来没遇到这类情况，也说不出子丑寅卯。

孩子是母亲身上的肉。小生命该生不生，做母亲的心中，不能不有几分紧张。她盼望婴儿顺利出生，就像盼星星盼月亮一样，可一天天盼望，总一天天落空，一天天落空了，又是一天天盼望。

女贵氏口中不说，可忧心如焚，亟盼婴儿立即就生才好。可大人急，肚里的孩子不急，也是无奈啊！女贵氏的眉头渐渐皱了起来，不禁为腹中的小生命担忧，为自己的安危担忧。不论在故土，还是在华夏，妇女怀孕难产的事情屡有发生，往往保住母亲保不住孩子，保住孩子又保不住母亲，甚至有的母子的性命都难以保住。女贵氏怕啊，怕就怕是该生不生，是祸不是福、是凶不是吉啊！一旦不幸遭遇难产，母子二人就会命悬一线，面临险境。想到这里，女贵氏能不怕狼怕虎，忧心忡忡吗？

丈夫看出妻子的心事，总是陪伴在妻子身边，时不时地大大咧咧地撂

一句:"咳!只要把孩子怀上了,装在肚子里了,把心放宽点,愁啥呢?还愁他不生咋的?"听了这话,女贵氏虽然感到欣慰,还是叹息一声,说:"该生了啊!一前一后怀孕的,人家早生了,可咱们的孩子是怎么了啊?天老爷,快快叫咱孩子生下来吧!"

丈夫边说"不急",边俯下身来,抚摸着妻子的腹部,屏住呼吸,侧耳细听。在爱妻温暖的皮肤下面,在一阵"沙沙"的像是细雨声中,啊,他听到了,一声又一声细微而清晰的声音传来:"咚咚、咚咚、咚咚……"这不正是孩子心跳的声音吗?

陆终氏轻轻拍了拍妻子的腹部,乐呵呵地笑了,说:"大宝贝儿,放心吧,小宝贝好好的,在跟我发信号呢!孩子还没准备好呢!咱们急,他不急哪!俗话说得好,大器晚成。但凡大人物,一般说来,出场都得晚。看来,咱们的孩子说不定真的是一位贵人,将来能做一番大事业,为祝融之家增光添彩哩!"

妻子听了,莞尔一笑,虽然心中仍存一丝隐忧,但心里已经轻松了许多。她深情地望了丈夫一眼,传递过感激的眼神,知妻莫若夫啊!之后,又轻轻摇了摇头苦笑,喃喃地说:"上天保佑,但愿如此。该来不来,就怕意外。能快点生下来就好。"说罢,她又低下头来,小声对着腹部念叨说:"小东西,给娘争点气,赶快出来,别较劲了,好吗?"说罢,抬头看看丈夫。丈夫扮了个鬼脸,用手捏住鼻孔,用假嗓子回答:"好噢!"二人心照不宣,以眼对视,哈哈大笑起来。陆终氏把妻子揽在怀里,额头贴着额头,又亲了一口,默默地为妻子祝福,为孩子的平安祝福。

日子在切盼中度过,可该来的依然没来。东邻产子,西家生女,可祝融之家还是一片平静。孩子一天不落地,夫妻二人的心都悬在半空。一想起可能遇到不测,他们就思绪不宁,忧心不已。世上充塞着苦难,不幸的事情随处发生。前途未卜之时,小两口但愿苍天保佑,厄运不要降临到自家头上才好。

等待是无奈的,也是不安的,更是难熬和痛苦的。眼前一切平静,但

一切也随时可能发生。陆终氏和女贵氏别无良策,只有苦苦等待,等待着孩子出生的一天。

太阳一天天从东方升起,又一天天从西方落山;月亮缺了又圆了,圆了又缺了。陆终氏和女贵氏数米度日,等了一天又一天,盼了一月又一月,寒来暑往,在漫长的等待中,十个月后,又过去了十个月。两个十月怀胎的时间都到了,女贵氏隆起的腹部依然如故,还是没有动静。

东邻来访,西舍来探,异口同声地问:怀孕不少时间了吧?孩子该生了吧?什么时候生啊?女贵氏听了,一脸尴尬;陆终氏听了,也无法回答。怀孕快两年了,早就该生了,可啥时生,由天不由人啊!人不知道,天才知道呢!邻居听了,先是迷茫,随后便不言语了。

俗话说,谁人面前无人说,谁人背后不说人。邻居们当面不说,可背后闲言碎语多了,喊喊喳喳,提起女贵氏怀孕的事,无有二词,都说是凶多吉少,甚至有人别有用心地散布女贵氏是什么妖女。

世上没有不透风的墙。风言风语不断传来,在人前最要面子的陆终氏,脸上笑容渐渐少了,嘴上的话也渐渐少了。别家的事可以不问,可自家的事低头不见抬头见,勺子碰碗,不想也难。他一出门就想家,进了家门看到妻子,看到妻子的大肚子,就不由得皱起眉头,愁上心头。

看到丈夫耷拉着脑袋,妻子能高兴起来吗?也自然双眉紧皱,拧成一块疙瘩。夫妻相亲相偎一起时,话语渐渐稀了,嬉笑渐渐少了。二人一瞥无言的相视,一声低沉的叹息,随后便是长时间的沉默不语。

望着情绪低沉的丈夫,柔情似水的女贵氏,在同丈夫温存的同时,内心反生出一种坚强。她想,怀孕过期不育,看来是摊上大事了!可自己和丈夫都是无辜的啊!天道周行,命运无常。摊上天大的事,不能怕,只能扛。是福不是祸,是祸躲不过。天塌不下来。天就算塌下来,还有地接着,怕也没用。唯有挺直身板,硬着头皮,同命运抗争。孩子啥时生,怎么生,自己不当家,只能听其自然。从此,多日低眉下眼的女贵氏反倒又昂起头来走路了。

先贤彭祖

常言道，好事不出门，坏事传千里。鬼方嫁来的新娘怀孕两年多还没有生，在社会上像一阵风传开了。少数人关切，多数人旁观，也有流言蜚语四处流传。有人冷嘲热讽说："鬼方来的女人，自然怀的只能是鬼胎。别说不生，就是生下来，是人是鬼，天知道呢！等着瞧吧，好戏还在后边呢！"还有人嘴里不干不净，说道："嗨，什么女贵氏？那就是个女鬼氏！常人十月怀胎，她不是常人，怀的自然是妖孽啊！咱倒要看看，一个女鬼能养出个什么鬼儿子！"……尖酸刻薄的污言秽语，不堪入耳，真是人言可畏哪！在世俗人眼里，女贵氏简直成了一个不可饶恕的罪人。

对这些不三不四之言，女贵氏听了，虽然心中不悦，但还是不以为然，装作若无其事。可是，陆终氏就不同了。他面对着一张张冷脸，一双双冷眼，一声声侮辱和谩骂，总感到像做了什么错事似的，脸上无光，抬不起头，直不起腰。除了孤身一人下田耕种，上山狩猎，他就紧闭家门，蒙头睡觉。夜深人静之时，他常常拥着爱妻无声地流泪。茅庐内，往往传来陆终氏的长吁短叹，女贵氏的嘤嘤浅哭。

太阳依旧东升西落，月亮还是圆了又缺。又苦等苦熬了一年，女贵氏怀孕将近三年，依然没有生产。夫妻二人极度困惑。陆终氏真的感到大祸临头了，极度消沉、悲观、自卑和压抑，望着心爱的妻子，一天天竟然麻木了。坚强的女贵氏也大感不解，难释心头的重负。他们默默地携手前行，却又看不到出头的日子。

女子柔弱，柔弱者韧；男人刚强，刚强易折。在日常的生活中，女人往往比不过男人的刚强，可在漫漫痛苦的磨砺中，男人却又往往比不过女人的耐力。身强力壮的陆终氏，没有被生活的重负压垮，但终究忍受不了世俗的偏见，被不堪入耳的流言蜚语压垮了。

这年六月六日，长期抑郁的陆终氏，望着怀孕三年骨瘦如柴的妻子，终于抵抗不住外人的冷遇和心理的重压，一蹶不振地倒下了。他睁着一双迷茫的大眼，依依不舍地望着憔悴的妻子，一声长叹，把眼一闭，泪水从眼角哗哗而下。

年轻的陆终氏，祝融之家的优秀之花，不幸告别人间，永远地去了另一个世界。陆终氏英年早逝了。

一胎六子

女贵氏离开西土，远嫁中原，公公婆婆去世后，丈夫是她唯一的亲人。所幸，她与丈夫相亲相爱，度过了四年多甜蜜幸福的时光。而现在，同自己贴心贴肺的丈夫却撒下自己，永远地离开了人间。可怜的女贵氏，在酷热的夏天，身上阵阵发冷。她感到从来没有过的孤独和无助。

天，仿佛真的要塌下来了！她伏在陆终氏的尸体上，泪如泉涌，大放悲声，撕心裂肺，长哭如号。她哭天哭地，怨命运的不公；哭丈夫，哭自己，恨恩爱夫妻不能相伴到老；她哭腹久孕不举的幼儿，不知道厄运为何偏偏降临到自己头上……悲从中来，哀哀不止，哭得肝肠寸断，痛不欲生，像个泪人儿。

她太挚爱自己的丈夫了，把丈夫看成家中的顶梁柱，自己的天和唯一的依靠。而现在，天塌了，柱折了，自己孤苦伶仃，无依无靠了。想到以后的日子，没有了丈夫，自己实在不知怎么过，心中害怕极了，惶恐极了！她多么想追随丈夫而去，一了百了啊！可是，不能啊，她舍不得丈夫，更舍不得腹中的婴儿。小生命是夫妻爱情的结晶，是祝融之家的根啊！她思来想去，无论如何，要为尚未出生的孩子坚强地活下去，给丈夫一个交代，给世人一个说法！即使天塌地陷，也要为荣耀的祝融之家，传承香火，留下一条根啊！虽然，活下去一定会很难很难，再难也不能退缩。人生如梦，命运多舛。一个女人家，硬是挣命前行，结果又会如何呢？世事难料，前途未卜啊！

长哭不止的女贵氏一边以泪洗面，一边思绪茫茫。丈夫永远地去了，自己在世上孤单一人，实在可怜啊！可又一转念，不，我女贵氏并不孤单，

我腹中还有孩子呢！丈夫不在了，孤儿寡母毕竟也有个依靠啊！

一想到孩子，女贵氏又是一番伤心。怀孕三年不育，这究竟是怎么回事呢？心肝宝贝儿，你是娘的心头肉，是娘活下去的唯一依靠。你千万千万要好好地活着，平平安安生下来，为苦命的娘争一口气啊！你不能出任何意外，否则，为娘宁可一头碰死。想到孩子，她又怨天怨地了，别人十月怀胎，为啥叫我女贵氏怀孕三年而不生呢？别人的孩子生下来爹疼娘疼，其乐融融，老婆孩子热炕头，而自己的孩子还没出生，爷爷就走了，爹也不在了，成了孤苦伶仃的遗腹子，一出生就成了没爹的孩子，永远地看不到爹了，多么可怜的孩子啊，生下来又该怎么活呢？

她一边哭，一边想，一边想，一边哭，越哭越感到伤心，越想越感到委屈。由于怀孕三年，女贵氏的腹部硕大，弯不下腰，蹲不下身，只能直挺挺地跪在地上哭；跪得久了，膝盖酸疼，又难以承受，不得不歪坐在地上哭；再后来，她就侧着身子，伏在丈夫身上哭，哭累了，甚至侧身躺在地上哭。她号啕不止，鼻涕眼泪俱下，哭啊，哭啊，哭得泪水干涸，双眼模糊；哭得肝肠寸断，浑身抽搐；哭得唇焦舌燥，声音嘶哑，直哭得天昏地暗，死去活来。

看到女贵氏悲痛的样子，行人驻足，围在门前，形成一道人墙，左邻右舍也赶来劝慰。谁不怜悯这个可怜的女人呢？可是，女贵氏悲从中来，痛在自己心头，不管别人说多少好言好语，都难以听得下去，难以入心，难以缓解自己的锥心剧痛啊！

哭着哭着，悲痛不已的女贵氏猛然腹中躁动，一阵一阵，牵肠绞肚，疼痛难忍。她躺在地上，笨拙地在地上晃动着打滚，由于腹部太大，滚动的幅度又有限，另外，也怕伤着腹中的小儿，只能左右摇过来，摆过去。听着她撕心裂肺的哭号，外人无不唏嘘落泪。谁不为这个刚刚丧夫而又挺着大肚子的女人动情呢？

哭着哭着，女贵氏突觉下身一热，一股温热流出。她泪眼婆娑地一瞥，发现原来是一片殷红的血水。啊，见红了！真想不到，在这个节骨眼上，

夫死未葬，腹中的婴儿又要出生了！孩子在腹中拳打脚踢，女贵氏总躺在地下也不是事儿。她在邻人的搀扶和架持下，躺到茅屋里的草铺上。

陆终氏早为妻子生产打好厚厚的草床，上面铺着柔韧如丝的草席。如今，丈夫尸骨未冷，腹中小儿又闹着出生。盼了几年的日子，今天终于来到了。女贵氏又是悲，又是惊，又是喜，又是怕，心中翻江倒海，一时五味杂陈。

一位孕妇，即将做母亲的人，心里该是什么滋味啊？为了婴儿早一天来到世间，她日也想，夜也盼，一等就等了三年，那种焦灼、焦虑、焦急、焦躁，该是一种多么迫切的心情啊！女贵氏急切地想把孩子生下来，可是，由于伤心过度，哭得太狠，哭得太久，眼下，她连生孩子的力气也没有了。下身撕裂般地疼痛，腹部阵阵绞痛，她想生，可是因为初产，想生却生不下来。生产既关系母亲的生命，又关系孩子的安危。生不下来，母亲只能是痛上加痛，给身心造成更大的痛苦。女贵氏多么恨自己无能啊！

四邻八舍，热心的大娘婶子，闻讯都来帮忙。可是，谁也不能代替主人生子啊！躺在产席上，女贵氏看到好心的婶子大娘，又不由自主地想起婆婆。婆婆在时，对儿媳知冷知热，关照无微不至，婆婆亲如娘啊！可是，一心想早日抱上孙子的婆婆，福分太薄，早已告别人世了。婆婆娘若在，自己也不会作难了。而今临盆，却只能靠自己，可自己也是头一回生孩子，年轻人哪懂啊！

一个时辰过去了，又一个时辰过去了，婶子大娘们也急了。她们七嘴八舌地议论说，实在不行，就只有保大人了；也有的说，大人骨瘦如柴，有气无力，连生孩的力气都没有，如果舍了孩子，就怕大人也保不住。女贵氏一听，急得叫起来，说："不要管我，千方百计也要保住孩子！这是丈夫留下的根，祝融氏的独根独苗啊！说啥也要把孩子保住，保孩子！"

可保孩子，一旦大人不在了，孩子怎么办呢？女贵氏两手抱在胸前，不停地向婶子大娘拱手，苦苦央告道："如果我真的不行了，求求各位娘们，看在公公的面子上，看在婆婆的情分上，东家给孩子一口饭，西家舍孩子一碗汤，帮助把无爹无娘的可怜小儿拉扯成人吧！"她泣不成声地说："我女贵氏，九泉之下，感激不尽，来世定当报答！"

可是，保孩子，该怎么保啊？眼前最关键的，也先把孩子生下来啊！围得风雨不透的婶子大娘又束手无策了。这时，交代过后事的女贵氏，头脑反倒异常清醒起来。她忽然忆起在故土时，鬼方女人启胁生子的往事，想到要保孩子，就得舍大人，哪怕自己死了，也值得了！疼痛难忍时，她下意识地用指甲狠掐肚皮，猛划腹部，继而捡起席边的石铲，在自己的右下腹划拉起来，一道，一道，又一道。每划拉一道，都是一阵钻心的疼痛。坚强的女贵氏咬紧牙关，暗下决心：左右不过是疼，为了孩子，自己还有什么疼痛不能忍耐？还有什么罪不能受呢？

女贵氏下腹硕大，想来胎儿不小，难以正常生产。胎儿在腹中不停躁动，产妇的肚腹上，皮肤已经薄如蝉翼，一条条青筋清晰可见。女贵氏划着划着，先是一道道白印，接着是一道道红印，皮肤渐渐渗出血滴，进而流出一道道殷红殷红的鲜血。钻心地疼啊！坚强的女贵氏咬紧牙关，宁可自己疼痛，也要救出孩子，让孩子赶快平安落地吧！她下定决心，忍住疼痛，还是不停地在下腹猛划着，猛划着……

每划拉一下，都伴着鲜血流出；每划拉一下，就是一阵剧痛；每划拉一下，她的腹部就因疼痛不由自主地收缩一次。忽然，女贵氏一头乱发朝后一仰，张开大口，惨叫一声，下腹"骕"的一声，撕开半尺长的口子，一个婴儿从母亲胁下滑出，一声响亮悠长的儿啼传来，孩子出生了！几个女人惊喜地大叫："啊，是个小子！"

日等夜盼，千呼万唤，怀孕三年，生子的一天终于到来了！痛苦的女贵氏脸上挂满泪珠，但是听到孩子的哭声，听到自己生下个男孩，却咧开嘴笑了。虽然笑得勉强，笑得苦涩，但是真的很开心啊！想起怀孕的经历，多难啊，她真想放声大哭。可苦日子毕竟熬过来了，毕竟熬到头了。儿子的出生，是坚持三年的胜利！她承受着难以忍受的剧痛，双眼又涌出泪水，悲哀中平添一阵欣喜。看到孩子活着来到人间，作为母亲，承受的一切痛苦都已不在话下。女人爱哭，泪水本是有情物，到了动情处，实在难以控制啊！

瞬间，女贵氏几年憋在心头的压抑化为乌有，无名的冤屈不洗自清。她感到真正地解放了，像一位精神病患者似的，一会儿哭，一会儿笑，哭一阵，笑一阵。哭着，笑着，笑着，哭着，既痛苦，又快乐。不一会，腹中又是一阵剧痛，天哪，又一个孩子出生了，而且又是一个男孩！双胞胎，大喜啊！女贵氏痛得哭了，又苦笑了，哭哭笑笑，腹中又一阵剧痛，又生一个男孩，三胞胎啊，难怪怀孕三年不生呢！

双胞胎都少见，谁见过三胞胎啊？太稀罕了！婶子大娘们惊喜不已，手忙脚乱地接生，同时又安抚女贵氏，给她擦泪、擦汗、擦血，还要给婴儿剪脐带，用襁褓包裹婴儿，清理席上的秽物……

家中哪准备这么多襁褓和小人儿衣啊？热心的大娘大婶临时走东家，串西家，寻找小孩的旧衣服，甚至把大人的旧衣撕掉，把孩子裹起来。人们正在手忙脚乱地照顾婴儿时，女贵氏又是一声尖叫，又生出一个男孩！想不到，曾经被人视为怪物的女贵氏，就这样，一连生了六个男孩！

那是崇拜生殖的年代。由于条件所限，生育儿女不易，生男孩尤其受人敬重。女贵氏生了六个儿子，在人们心目中，从被辱骂的女鬼，一下子变成英雄的母亲。消息不胫而走，传得飞快。人们无不向女贵氏投来羡慕的眼光。过去饱受人们冷眼的异域女子，原来真的是个大贵人！过去，她受尽世态炎凉，现在，终于可以扬眉吐气了！

看着身边的六个小毛猴子似的小宝贝，女贵氏含情脉脉，无限怜爱。她想到丈夫如果活着，能看一眼这六个儿子，该有多么高兴啊！遗憾之余，她又十分感激丈夫，不正是丈夫的去世，自己悲痛过度，才迎来六个小儿的诞生吗？六条小生命，正是丈夫的一条命换来的啊！儿子们正是丈夫的化身。想到这里，她又骄傲起来，下定决心，无论如何，也要对得起丈夫，吃再多再大的苦，也要把孩子个个抚养成人。

陆终氏和女贵氏的六个儿子，老大叫樊，老二叫惠连，老三叫籛，老

四叫求言，老五叫晏安，老六叫季连。为了记住孩子出生的顺序，女贵氏在每个孩子脚脖上拴上帛布条，排序第几，就拴上几条。其中，拴着三道帛布条的小儿，就是篯——后来的彭祖。

苦命母子

女贵氏启胁生育，一胞产下六子。这个惊人的消息像春风一样，风靡了帝都，传遍了城乡。帝喾大帝得到消息，认为这是华夏兴旺发达的好兆头，遂命令朝臣，带上丝帛、干肉上门探视，帮助孤儿寡母安葬陆终氏的遗体，并且指定保姆照顾女贵氏的生活，直至母婴满月为止。大帝的这一决定，让身处困境的女贵氏十分感激，也十分欣慰，紧锁的愁眉为之一展。

好多天来，祝融之家人来人往。人们络绎不绝地上门探望，都想一睹英雄母亲的风采，表达羡慕之心和一份敬意；同时，看看罕见的六胞胎可爱的模样，分享一份常人难得的喜悦。也有的人了解到祝融之家的窘境，给产妇送几个鸟蛋，给新生儿送几件小衣裳。更为难能可贵的是，有几位处于哺乳期的青年妇女，知道女贵氏身体瘦弱，六个婴孩嗷嗷待哺，主动上门，给六胞胎小儿喂奶水。尽管孩子们饥一顿饱一顿，经常哭的哭，叫的叫，日子依旧艰难，但孩子们还是一天天地长大了，长胖了，小腮帮渐渐红了，鼓起来了。

月子里，多亏大帝派来保姆，照顾孩子，也照顾女贵氏，把女贵氏感动得泪水满面。看到六个小毛孩一天天地成长，女贵氏好开心啊！但是，生子的创伤，给她带来的痛苦，也是无穷的啊！她腹部半尺长的伤口一直流血不止，局部化脓，疼痛无时不在。她强忍疼痛，小心翼翼地用洁白的帛布，把裂开的创口严严实实地扎裹起来，为便于自然愈合，束得不能太紧，又不能过松，两三天换洗一次，以保证创口清洁。可是，小伤易合，大伤难愈啊！半尺长的口子，要多长时间才能长好啊！大热天，她盖着被

子，小动小痛，大动大痛，经常咬紧牙关强忍着。

一般说来，产妇坐月子，辗转床笫之上，可卧可坐，只要避光避风就可以了。可女贵氏腹部有伤，只有僵卧床上，翻身殊为不易，唯有在别人帮助下，才能勉强坐坐。刚刚生产后，她身体极度虚弱，常常稍微一动，就会大汗淋漓。她感到饥肠辘辘，胃口很好，越是食物不多，越是吃得香甜，捧起菜汤，往往狼吞虎咽，一副馋相。但是，想起家中的好东西有限，她又不忍心下咽了，六个小儿六张口，都嗷嗷待哺啊！她少吃一口，孩子们就可以多吃一口。她要把好东西留给孩子啊！不管是缺吃少喝，还是创口疼痛，她一看到六个可爱的小儿，天大的痛苦和困难也顷刻烟消云散，化为乌有了。尽管失去了公婆，失去了丈夫，但是她一下子拥有六个可爱的儿子，这太难得了！这是上天对她最好的补偿，她知足了！

以往，女贵氏听到别人家孩子哭闹，常常心生厌烦。现在不同了，面对自己的孩子，她别有一番心情。孩子笑了，她笑得更加惬意；孩子哭了，她也会笑，听到孩子的哭声也像唱歌似的，何况，幼稚的孩子哭起来，样子也蛮可爱的啊！有时，看到孩子鼻涕满脸，她经常探过身子，往孩子脸上亲一口，把泪水也吸进嘴里，湿湿的，咸咸的，苦苦的，有滋有味，真享受啊！孩子拉了，尿了，她不嫌又臊又臭，仿佛这就是她应该过的日子，再正常不过的生活。

"春风孩儿面，一天脸三变。"二十天一过，孩子红红的小脸蛋，吃得鼓蓬蓬的，像六朵鲜艳的小花。六个瘦毛猴变成一个个有红似白儿的小家伙。越是奶水不足，孩子们像较劲似的，越是能吃，一个比一个吃得多，少一口就大哭大叫，叫人既高兴又难过。

女贵氏身体瘦弱，两只奶头干瘪，往往挤不出几滴奶水。奶不够，饭来凑。女贵氏就请保姆买来鲜鱼，煲成鱼汤，给孩子喂；水煮青菜，喂孩子青菜汤喝；还时常熬制小米粥，把小米煨得烂烂的，黏黏糊糊的，给孩子一口一口喂下。为防汤水太热，烫着孩子，女贵氏总是自己先尝，喝一口，嘴对嘴地给孩子喂一口。孩子一个个张着小口，争着叫喂，哪个少喝

一口，还会又叫又哭。从一个孩子喂起，六个孩子喂一遍，第一个孩子又饿哭了。女贵氏行动不便，保姆也是只有两只手，时常顾了这个顾不了那个，顾上穿衣顾不了吃饭，顾上吃饭顾不了拉撒，从天明忙到天黑，常常手忙脚乱。女贵氏看在眼里，感激肺腑，保姆没日没夜，都是在帮自己啊！

二十多天后，女贵氏活动自如点了，就不时挣扎着坐起来，同保姆一起照看孩子。一旦忙起孩子来，女贵氏又常常忘了自己，吃不好，睡不好，只是在喂孩子空当，自己有一口没一口地垫垫肚子，把孩子哄睡，自己才能抽空打个盹，有一搭没一搭地合上眼皮睡会儿觉。夜里，孩子说醒都醒，说哭都哭，这个哭，那个叫，睡个囫囵觉也很难。

孩子满月，女贵氏能下床了，宫中派来的保姆也撤回了。前来祝融之家慰问和看望的人渐渐稀少，不平常的祝融之家，渐渐又恢复了往日的平静。

一个月的时间，祝融之家发生了翻天覆地的变化。女贵氏丧夫，生子，从一口之家，一下子变成七口之家，小家庭摇身一变，成了大家庭。遗憾的是，这个七口之家仅一个大人，却有六个婴儿，一切的一切，都要靠女主人自个儿去打理，去应付。所幸孩子生在夏天，戴上小肚兜，穿上小人衣，往草席粗麻布上一躺就行；屙了，尿了，有的是黄沙土，换换屁股下的沙土就可。可是，一年四季，春夏秋冬，六个孩子的四季衣衫都要准备，而且六个孩一般大小，如一个需要，六个都要，老二不能拾老大的穿，小人见风蹿着长，一年一更新，哪来那么多布帛、毛皮啊？再说，六个小儿六张口，一日三餐都要有，她一个外域女子，无亲无故，拿什么把六个孩子抚养成人啊？

在困难面前，好在女贵氏经过三年怀孕的磨炼，饱尝过人世间的冷暖，表现出无比的坚毅和能力。每天清晨，她学着丈夫的样子，先用马尾拂尘，把"祝融之家"的匾额拂拭干净，然后忙起生活，决心不愧对丈夫，把往日对丈夫的挚爱，都倾注到六条小生命身上。她勇敢地挑起生活的重担，重新扬起生活的风帆，开始了新的生活。

六个小儿在侧，一切靠大人打理，抬头不见低头见，一点工夫也缺不得。女贵氏拖着受伤的身体，白天不停地操劳，夜夜也不得休息。她总是一早起身，就忙活开了，直到小儿一个个睡下，她才闭会儿眼。邻家的妯娌大娘可怜她，有时送点野菜和剩饭，感动得她千恩万谢，不知说什么才好。有时出门一会儿，她就找来邻家的大孩子，帮助照看一会小儿。求人只是一时，靠人经常靠不住，日常大量的家务，谁也替代不了，里里外外，还得靠她一个弱女子。生活的重担，经常压得她喘不过气来。

丈夫在世时，家中有些积蓄。可到了现在，孤儿寡母，六张小嘴，要不了多久，就坐吃山空了。女贵氏常想，日子不可长算，往后的日子还长，自己怎么养活这个七口之家呀？六个小儿还在襁褓之中，什么时候才能熬出个头啊？不懂人事的六个小儿，经常填不饱肚子，张着六张小嘴，要吃要喝，缺一口就哭，就闹，挥动着小手叫抱，不能缺一点工夫。可怜的母亲，何时才能把他们喂养大呢？着实愁人啊！

有一天，女贵氏刚刚喂过孩子，托着两腮发呆，五位老妯走进家门。几位老人家先是帮助拾掇拾掇，然后逗逗孩子，一边同女贵氏拉起家常。年纪稍长的一位老妯说："孩儿他娘，你一人带这么多孩子，多难呢！"其他几位老妯也都瞅着女贵氏说："是啊，真是难！"

女贵氏听了，苦笑着摇摇头，叹一口气："咳，咋不难？可是，难，又有啥法子呢？不是没办法嘛！"

年纪稍长的老妯巴掌一拍，大声道："有时替你想想，真是难死人！七口之家，六个光腚孩儿，没有一个外头人，全靠一个女人家，吃从哪儿来？穿从哪儿来？要说难，秃子头上的虱子，那不是明摆着嘛！"

大家瞅着女贵氏，都不言语了。

一阵沉默过后，年纪稍长的老妯往女贵氏身边挪了挪，轻扯她的衣襟，望着她的眼睛，小声说："孩子娘，俺这几位老姊妹也是看着你实在难，琢磨了个法子，不知行不行：一下生六个孩子，虽说多子多福，可一个妇道人家，咋也带不了，是不是？能不能送出去几个？你能带两个呢，就送出

去四个；你只能带一个呢，就送出去五个，俺五个人一家抱一个。你看这样好不好？"

女贵氏还没反应过来，其他几位老婶就喊喊喳喳说开了："俺们几家虽说不富裕，但是保证能把孩子喂好，有俺吃的，就少不了孩子一口；有俺穿的，就不能叫孩子露皮露肉。树挪死，人挪活。孩子挪个窝，说不定长得更好呢！孩儿他娘，你可要想好了。"

看来，几位老婶是有备而来。女贵氏一下子懵了，看看这个，瞅瞅那个，一时说不出话来。她想，几位老婶也是一片好心。这时，身边一个孩子"吭哧吭哧"，哇地一声哭了。一位老婶慌忙抱起来，说："肯定不是屙了，就是尿了！"便连忙解开褓褓，取沙土，换裤子。

女贵氏看看这个孩子，望望那个孩子，个个都是自己的心头肉，都是丈夫留下的小宝贝，都是祝融氏的根啊！十个指头，咬起来个个疼。眼下虽说难处不少，可真要把孩子送人，她心里说啥也舍不得啊！半晌，女贵氏才喃喃地说："感谢婶子们的好意。孩子是我身上掉下的肉。送人，我只怕对不住孩子的爹啊！"

老婶们听话听音，就自找台阶说："孩子娘，咱们今儿也就是说说，哪说哪了。俺也是看着你难，为了你好，为了孩子好。这事，你再仔细想想吧！行呢，就递个话，俺们好说；不行呢，就不用言语，权当没有这回事。"一边说，一边互相递个眼神，一轰起身走了。

从此，女贵氏左思右想几天，认为再苦再难，也不过三五年，等孩子一大，也就妥了。她下定决心，哪怕吃再多的苦，作再多的难，也不能把孩子送人，一定要把六个孩子拉扯成人，让祝融之家过得红红火火！

女贵氏身体虽然有所恢复，但是伤痛经久不愈，身体依然瘦弱，由桃花女变成黄脸婆。干瘪的奶头挤来挤去，连一个孩子也喂不饱，何况面对的是六个小儿呢？孩子越是吃不饱，就越是饿得快。作为母亲，顾了这个顾不了那个，经常难为得双目垂泪，愁眉紧锁。

要活下去，首先要糊口。女贵氏挣扎着，把梁上仅有的几条干肉解下

来，用刀削成肉片，切成肉条，再剁成肉末，掺上五谷杂粮和野菜碎叶，多舀几瓢水倒在锅中，用大火烧得滚开，然后文火慢炖一个时辰，熬出黏黏糊糊的肉汁和米油，一口一口给小儿喂下。等把小儿喂饱了，孩子不哭不闹了，她才把剩下的残汤剩饭刮刮，多少自己喝下点。忙过了，女贵氏的身体像散架一样，浑身没有一点力气，但一歇下来，看到小儿"咿咿呀呀"，像是说话，还有的"哈哈"地笑，她心里甜丝丝的，说不出的快活。

日子一天天过去，秋风乍起，天气渐凉，高粱红了，谷子黄了，家中梁上的干肉渐空，囤中的谷米也快要见底。一个七口之家，如果没有积蓄，可怎么过冬啊？家里再穷，总不能揭不开锅呀！想到这里，她把孩子关在家中，开始下地收割庄稼了。过去，田里耕种收割，全是丈夫操持，没让妻子下过地。可是，现在女贵氏又当娘又当爹，不干没人干啊！她想求左邻右舍，可是，家家都在忙自己的收成，人家就是乐意，也难以顾上你啊！她只好顶起头巾，扎起腰身，下到田里，边学边干。

丈夫死后，庄稼失去管理，草盛苗稀，明显歉收。可不管能收多少，到口的东西不能丢了。女贵氏家里地里两头跑，在家里时，总想着地里，担心成熟的粮食不及时抢回来，该收的不收，该种的也种不上，不光丢了今年，也丢了明年；可一到地里，她又念叨家中的孩子，哪个孩子渴了，哪个孩子饿了，哪个孩子屙了，哪个孩子尿了……她又顾家里，又顾地里，总是心挂两肠，两头奔忙。

家中人手多的，先收割登场，耕耙土地，把小麦籽种上，然后打谷扬场。女贵氏没有力气，只好先收谷穗进家，然后割砍秸秆，等人家都种好了，再央求邻家帮助耕种。所以，自家小苗出土后，总是比周围的庄稼矮了半截。即便如此，女贵氏已经心满意足了，谁让咱家中没有男人，自己又没有本事呢！唉，认了。

冬天到了，北风呼号，天寒地冻。日子虽然过得艰窘，经常吃了上顿没有下顿，但孩子们长了，慢慢能坐了，会爬了。孩子健康成长，这是对母亲最大的安慰。天气寒冷，她在家中打起地铺，下边铺上厚厚的禾草，

让孩子们躺上去，上面用连缀的兽皮一盖，暖暖和和的。她不分白天黑夜，按时给孩子把屎把尿，省了许多清洗打扫。

女贵氏越是爱孩子，越是希望孩子能够吃饱吃好，不受饥寒。想起丈夫雪天还出门打猎，她穿上丈夫的皮衣，背起丈夫的弓箭，带上猎狗，一步一步走进深山。可是，她本不是猎人，哪知打猎并不是一件易事，往往守候半天，也见不到禽兽的影子，一无所获。幸亏猎狗，跑上跑下，衔回来两只野兔。就这，头回狩猎，没有空手而回，女贵氏已经很开心了。回家后，她熬了一锅兔子肉汤，母子们喝得津津有味，狠狠地解了回馋。

从此，女贵氏接过丈夫手中的家什，把自己当成了男人，上山打猎，下河捞鱼，下田能够扶犁，夏秋场上更是放下扫帚拿木锨。所有这些，她既不熟悉，也没有力气，但为生活所迫，不得不做生活的强者，硬着头皮，学着干起来。

风里雨里，严冬酷暑，女贵氏吃的苦就别提了，可一看到六个小儿一天天成长，心中就升腾起熊熊的火焰，燃起美好的希望。她深深地爱着六个活宝贝，那是她的未来，她的希望，她生活的不竭动力。一想到这里，女贵氏浑身充满力量，千斤担子不嫌沉，不管前面有多少沟沟坎坎，她都要往前走、往前闯啊！

可是，随着冬去春来，又一年过去，生活的重压不是越来越轻，反倒是越来越沉了。缺奶的孩子靠饭食，六个小儿的饭量越来越大，虽说吃得不好，可个头长得不慢，一年四季，单衣、夹衣、棉衣，每人三套，就要十八套；到了次年，孩子的个头一长，头年的衣服又小了，还得重新缝制。她跑遍东邻西舍，捡拾别家不穿的旧衣裳，给孩子改做小衣裳。从长远打算，她给孩子都做得大一点，头年穿着大，次年穿着正好，第三年再接接袖子裤腿，还能凑合。不然，一个人真的忙不过来呀！家里要忙，地里庄稼也不能荒了。

忙来忙去，一个异域女子，一位启胁生子的母亲，身体怎么架得住啊？一个划开下腹生子的女子，该怎样承受下来的啊！她腹部的伤口始终未能痊愈，好好歹歹，年复一年，还是流血流脓，腥臭难闻，不时还袭来一阵

钻心的疼痛，好像要撕裂肉体似的。可是，即便如此，她一刻也不能静下来养伤啊！否则，日子真是没法过呀！正因为如此，她的伤口发作时，也不过习惯性地弯下身子，手捧下腹，咬住牙关，闭上眼睛硬撑着。

　　如花似玉的美少妇，经过一场场雨打风吹，一下子苍老了许多。过去，女贵氏扳着指头过日子，是盼望早日生子；可现在，她又扳着指头过日子了，盼望着孩子早早长大，有个出头的日子。可谁知，苦日子咋就这么难熬呢！人常说，女人当家，墙倒屋塌。男人在时，女贵氏根本不想当这个家啊！可是，丈夫撒手而去，她没有办法，不当家不行啊！让人能不愁吗？女贵氏日也愁，夜也愁，一位不到三十多岁的青春女子，随着岁月的流逝，渐渐消失了花容月貌，脸上平添了道道皱纹，不知不觉，满头乌丝竟然愁出了根根白发，真是未老先衰啊！

　　三个春秋熬过去，孩子们一个个能走了，会说话了，这个喊娘，那个叫娘，乐得女贵氏笑得抿不上嘴，心里那个甜劲儿，就像三伏天吃过蜜糖瓜似的。六个小儿从她怀里活蹦乱跳地跑出去了。穷人的孩子早当家。小家伙一学会走路，就能跟娘下地挖野菜了。知道娘的难处，他们吃起饭来，并不你争我抢，而是听娘的话，互相推让；衣服有什么穿什么，也从不挑挑拣拣，嫌好道歹。多懂事的孩子啊！

　　可是，孩子们毕竟不懂事。娘的难处，他们还不知道啊！为了他们吃上饭，穿上衣，娘作了多少难，抹了多少次眼泪啊！女贵氏多么想把六个小儿抚养长大，看着他们成家立业。可是，三年来，启胁生子的创伤久久不愈，再加上营养不良，家务繁重，她身体极度虚弱。女贵氏虽然经常死撑活挨，可是，人身终究不是铁打的。终于有一天，她再也撑不下去了，瘫倒在地，爬不起来了。

　　一个经历千难万苦的母亲，多么不放心六个心肝宝贝啊！她深深地爱着儿子。可是，她已尽心尽力，实在没有办法啊！无可奈何，她瞪着一双迷茫的大眼睛，对小宝贝们牵肠挂肚，还是撒手离开了他们。

　　吃尽千般辛苦，经历万般磨难，可怜的女贵氏死了。她死不瞑目啊！一位多么伟大、多么可怜、多么令人尊敬的母亲！

三、流离西土

三岁俘虏

女贵氏永远地去了，撇下六个三岁的幼儿。

可怜的孤儿们，才刚过吃奶的年龄，正是衣来伸手、饭来张口的时候，就失去了慈爱的母亲，连生活也难以自理，该怎么活命呢？邻里们可怜这些孩子，有心收留他们，六个小家伙却倔强得很。小兄弟们好像商量好似的，抱成一团，说什么也不愿意被拆散。谁要收留，一起把六个带走，不然，六个小孩宁可留在穷家，抱团取暖。可是，谁家有能力一下子收留这六个小儿呢？如此，收留之说也只好作罢。人们可怜他们，充其量，也只能平时对他们舍几口剩饭，施几件旧衣裳罢了。

六个小儿在家互相依偎着，出门小手拉着小手，靠生存的本能，饿了就到东家讨一块饼，向西邻求半碗汤，你一口，我一口，同甘共苦，过着有一顿没一顿、有一口没一口的日子。冷天，他们就胡乱扯件旧衣裳，裹在身上，顾头不顾腚，管前不管后，常常互相挤着，蜷曲一堆，借彼此的呼吸和体温以取暖；哪个病了，也不求医问药，只能一味地苦挨苦熬，生死由命。没娘的孩子苦不堪言啊！

所幸，在饥寒交迫中，小兄弟们还算平平安安。不懂事的孩子们，也盼着自己快快长大，可究竟哪一天，才能长大成人呢？世人谁见了，无不为他们发愁啊！可是，天真无邪的孩子们只知饥寒，尚不知愁为何物，依然得过且过，得乐且乐。

常言道，福无双至，祸不单行。祝融之家正当家门不幸，六个孤儿在生死线上挣扎的时候，更大的不幸又降临到他们头上。原来，女贵氏死后，

鬼方国发生动乱，犬戎氏推翻了鬼方氏的统治，执掌了政权，同华夏国重新交恶，狼烟再起。犬戎氏为了抢掠财产，纠集骑兵部队，大举东进，突袭中原，势如破竹，一直打到华夏国都郑邑。在犬戎国的进攻面前，华夏紧急调集兵马，仓促应战，顽强抵抗，但是，终因缺乏准备，一经交战，便败退下来，不得不临时弃守都城。

女贵氏东嫁华夏后，两国数年宝贵的和平友好又惨遭破坏。犬戎兵身体剽悍，擅长骑射，经过几千里长途奔袭，迅速攻陷郑邑后，一场惨无人道的烧杀抢掠开始了。都城内外，弥漫着腥风血雨。

犬戎兵的铁蹄虽然踏破华夏的国门，但却并不打算长期占领，而是急切打开华夏的国库，风卷残云般地大肆抢掠，能运的运走，不能运走的放火烧光。他们深知华夏国绝不会善罢甘休，一定会组织力量反攻，所以，只想速战速决，大捞一把，席卷而西。他们把财物用大车小车运出，又大肆掳掠男男女女，以便带回国内，作为奴隶役使。

在兵荒马乱中，六个孤儿惊慌失措，随着逃难的人群，南跑北奔，东躲西藏。开始，他们小手牵扯小手，身体依偎着身体，唯恐有一人失散。可是，敌人的骑兵横冲直撞。百姓为了避难，一会儿投到东，一会儿奔到西，像无头鸟一样，飞来飞去，来回奔突。多少人家都被冲得七零八散，又哭又喊，哀号一片。六个小儿的小手，虽然紧紧地牵着，可经不住人群的冲撞，在人潮的冲击下，六只小手不得不渐渐松开，在人群的裹挟下，跌跌撞撞，最后各奔东西了。小弟兄们从此失散，再也没能聚首。

哭喊无助的篯，被人群簇拥着，一会儿前进，一会儿后退，一会儿向左，一会儿向右。他东张张，西望望，两只小眼滴溜溜的，一直在寻找失散的弟兄们，可是，逃难的人们一拨儿接着一拨儿拥来，哪里有小哥哥、小弟弟的影子呢？他像一只断了线的风筝，随风飘落；又像秋风中的一片黄叶，离开了树枝，却不知落到何处。

篯正在路口彷徨不定的时候，突然听到一阵"嗒嗒"的马蹄声，一支犬戎铁骑冷不防地从背后冲来，像老鹰抓小鸡似的，一把抓起篯的衣领，

一甩手提上马背。篯下意识地感到落到坏人手里，心惊胆战，拼命哭喊，死命挣扎，希望让对方松手，可是，结果不仅没有解脱，反而遭来一阵"噼里啪啦"的耳光。篯吓得再也不敢挣扎，只是伏在马背上"嘤嘤"地小声哭泣了。

在犬戎兵的胁迫下，篯哭了一阵，便不再哭泣，也不再叫喊，两个大眼睛骨碌碌地转着，任由命运的摆布。

华夏的军队杀了个回马枪，又打回到都城。犬戎兵目的达到，无心恋战，便一声令下，纵马向西逃逸。篯被犬戎兵绑在马鞍上，出了国门，跟随着向西飞奔而去。

不知过了多少时间，也不知跑过多少路程，篯伏在马背上，鼻子流血了，屁股颠破了，也动弹不得。安营扎寨时，他被人从马背上揪下来；兵马一动，他又被人提上马背，一路颠簸而去。饿了，犬戎兵给点剩菜剩饭；渴了，就喝点犬戎兵的一些残羹。一路走走停停，停停走走。他被人绑架着，没有一丝自由，腿脚手肘磨破了，也毫无办法，只得咬紧牙关忍受。不知走了多少天，他终于被犬戎兵带到了犬戎国，成了一名年龄最小的俘虏。

逆境图强

在异国他乡，篯举目无亲，居住无着，在人们的怜悯和施舍下，过着小奴隶的生活，跟着被掳来的华夏大人做苦力，割草种地，动辄受到斥责、辱骂和鞭打。他多么想念小哥哥和小弟弟啊！不知他们身在何处，何时才得相见？一想起来，他就哭个不止。

一位被犬戎俘虏的华夏人认出了篯，说："啊呀，这不是火神爷的小孙子吗？你娘亲不是女贵氏吗？"他向犬戎人指认，说篯这小家伙，就是女贵氏的三儿子，鬼方氏的小外甥儿。犬戎人这才知道，小家伙还和犬戎人有一点血亲关系哩！打这时，犬戎人才对篯稍稍另眼相看，多了一点关照，

对他看管得放松了一些，不那么严苛了。

女贵氏的娘家，早已在争权夺利中败北。昔日的鬼方氏，已经没有当年的风光和显赫。当地人本就人情淡薄，不重亲情，在得知小家伙是女贵氏的小儿后，仍然没有人愿意收留这个孩子。不过，小家伙到底能和鬼方氏攀上点亲戚，因此，犬戎人已不再把他当作小俘虏看待，量他年龄幼小，无力逃脱，便一切听之任之。

籛经过一连串的变故和磨难，尽管还过着苦日子，孤苦伶仃，无依无靠，但经受失母之后的乞讨生活锻炼，却感到空前的自在。求生的欲望，生存的本能，世人的怜悯，使他顽强地苟活下来。天好像又蓝了些，地好像又绿了些。幼小的心灵中，生出一个信念，他要好好地活下去，有一天回到自己的家园。

穷苦的日子折磨人，锻炼人，也使人成长，催人早熟。在生活的磨砺下，籛不仅勤快，也过早地懂事了。他不再把自己看作小孩子，而是一个小大人了。小大人不能再讨吃讨喝，而是要依靠自己的劳动，自食其力。当地多是游牧人家，牛羊成群，漫山遍野。于是，他开始为人放牧牛羊，取得一点微薄的收入。小小的年纪，便长年风里来，雨里去，寒来暑往，受尽煎熬。身单力薄，收入难以糊口，他在饥饿难耐时，也学会采摘野果，挖点野菜，嚼口草籽，喝口山泉。寒冷袭来时，他常常偎依着牛羊的身体取暖。看到别人困难时，他也会主动上前帮助，也常会受到牧人的关照。尽管在别人眼里，他是个苦孩子，可他自己已经适应这种生活，反倒不觉得苦了，并且在苦中慢慢寻找到一点乐趣，认为生活好像本来就是这个样子。

由于先天不足，后天失调，又遭受流离之苦，籛的身体发育不良，个头不高，体力不强。他想到，将来还要找到自己的兄弟，不养好身体怎么行呢？患难中，他结识了一些同病相怜的小朋友。求生的欲望，促使他寻访土著的巫医术士，向他们求教养生健体的方法。随着年龄的增长，他的个头又长高一些，几经周折，结识了养生学家青精先生、宛丘先生，便诚

心诚意地拜他们为师，帮助他们上山采药。在老师的指导下，篯苦修苦练强健体魄的养生大法。

篯天资聪明，悟性极高，又虚心好学，意志力强，终于得到老师的秘传功法。他欣喜若狂，认认真真地刻苦修炼，终于尝到了甜头，身体也一天天强壮起来了。若干年后，他已是体态丰盈，满面红光，看上去，就跟正常发育的小伙子一样。篯心中着实高兴，更是追随师父，矢志不渝，一心一意修炼养生了。

犬戎一带，人人能歌善舞，喜爱吹拉弹唱，音乐天赋极高。篯历尽苦难，不堪回首，但是，在犬戎人的感染下，思想也发生变化：人哪，愁也一天，乐也一天，为什么不快快乐乐地过好每一天呢？他身为俘虏，却要做个快乐的人。一旦听到音乐，他就随之起舞，边唱边跳，什么忧愁烦恼，全都抛到九霄云外了。

当地人喜好钟鼓乐器，经常吹吹打打，载歌载舞。每逢盛会，篯都早早地赶去参加。歌舞须从小练起，可他已到壮年，腰板硬了，嗓门粗了，过了学习的最佳年龄。于是，他在乐师的指导下，开始练习打击乐器：敲钟，擂鼓，打锣打镲。可是，钟鼓也有敲击点啊！起初，他站立一旁，留心聆听乐响，观看打击的动作，默记打击的点数；后来，就虔诚拜认师父，从一招一式学起。不学则已，一学起来，他竟上瘾了，一有时间，就坐在师父的锣鼓架子前面，"嘭嘭嚓、嘭嘭嚓"地练个没完。他记下谱子，掌握节奏，手脚并用，刻苦好学，日久天长，竟成了打击乐的一把好手。他一操起乐器，打起钟敲，该急则急，该缓则缓，密如雨点，疏密有致，打能打到点上，敲能敲到眼子上，一场下来，真是身心欢畅，享受无穷。

以后，每逢歌舞盛会时，篯就坐上师父的位子，有板有眼地敲开了。每到尽兴处，师父连连点头，观众阵阵叫好，他更是来劲，一发而不可收。师父年纪大了，眼力听力和手脚都不济了，他就逐渐取代师父的角色。每逢盛会，人们都盛情邀请篯来执槌，敲锣打鼓，"嘭嘭嚓、咚咚锵、嘭嚓嘭嚓、咚锵咚锵、嘭嚓嘭嚓咚咚锵……"这种边塞打击乐，声音响亮，节奏

感强，传得久远，激越奋进，震撼着人心，震撼着草原，震撼着一望无垠的大漠。

师父晚年，深情地握着笺的手，把这一套锣鼓乐器全部赠送给他。在人们眼里，笺学啥会啥，学啥精啥，是一个难得的人才，因而也更加敬重他。他已与当地人融为一体。当地人，也无人把他当作外人，而看作自己人。

一个东方的小俘虏，长大成人后，常年耳濡目染，已经完全犬戎化了。

后来，笺被尧封到大彭国，就改姓彭了。大彭国河道弯弯曲曲，两岸山石嶙峋，湍急的水流日复一日、年复一年地冲刷河崖山石，在石岸上淘蚀出大大小小的石罅，风浪阵阵撞击，发出"嘭铿嘭铿"的响声，不知从什么时候开始，人们都喊他彭铿了。

思念华夏

岁月悠悠，流年似水，笺流落犬戎，不知不觉，过了六七十年。

他三岁离开故乡，被挟持西来，在长期生活中，为了活命，也为了保护自己，渐渐习惯了犬戎的一切，融入到当地人的生活。环境改变人，也锻炼人。一年四季，他习惯了身穿兽皮，口食腥膻，也学会说一口流利的方言，已同犬戎人毫无二致。但是，在心灵深处，他幼年的创伤并未愈合。尽管当地人对他已不再歧视，同处一片蓝天下，同在一块大地上，他已与犬戎人打成一片，但在心里，却永远也不会忘记，自己是一名犬戎国的俘虏，身份是一名奴隶，是最下等的人，之所以来到这里，待到现在，实在是身不由己。

笺身在异邦，一颗心就像水上的浮萍，风吹雨打，飘摇不定。他没有忘记故土，也永远不会忘记故土，不会忘记那个生他养他的地方，他儿时的祝融之家。他经常望着蓝天白云，心儿飞向东方，那个离犬戎十分遥远

的地方。那里有他的祝融之家,有父母长眠的一抔黄土,有自己的手足兄弟,有壮美的大好河山啊!

穿过漫长的时光隧道,儿时的印象已经淡薄,犹如烟尘,又被岁月的石碾一点点碾成微屑。但是,篯常在夜深人静时兀坐冥想,飞扬的微屑又随着一阵阵心灵的旋风,一点点凝聚起来,一幕幕情景浮现眼前,渐渐复原,还是那么真切,还是那么清晰。他沉浸其中,不由泪水盈眶,动了真情,久久不能释怀。而后,传来一声响亮悠长的鸡啼。他睁开眼睛,一抹晨曦透窗而入,那记忆又随着门外一阵阵狂风黄沙,飞扬天际,无影无踪了。这使他对故国、对亲人的怀念如大漠黄沙,越积越厚,沉甸甸地压在心头。

天地之间,人本有情之物。身在异国,思念故土,本是人之常情。平时心中想想也就罢了,如果真的去做,又谈何容易呢?篯在西域多年,早已入乡随俗,而且有了安然的居处,有了自己的养生事业,有了自己的音乐爱好,有了自己尊崇的老师,也有那么多异域亲密无间的朋友……真要离去,又情有不舍,对故土的思念,也往往只存一念中。

干柴燃起烈火,往往由于外部飞来的星星之火。真正促使篯下决心返回故国,来自一条震撼心灵的消息。

一日,一位犬戎商人从东方归来,向人们传播新闻,描述了一个可怕的情景:华夏国遭了大难了,暴雨连月不停,洪水遍地横流,大水环抱山头,城乡田野一片水乡泽国,官府民舍都浸没于汪洋大水之中,牛马猪羊溺死无数,苟活的人民流离失所,纷纷躲避到高处逃难……

当地人听了,只是当作新闻,口口相传,可篯听到这些,心头却翻江倒海,引起了极大的震动。一连数日,他坐卧不宁,面前总浮现出犬戎商人描绘的悲惨景象。

他心中不停地念叨着:我的家乡到底怎么样了?华夏都城郑邑还在不在?家里还有什么人?自己的兄弟们还活着吗?如果活着,该是一副什么模样?兄弟还能相认吗?祝融之家还有什么后人?

毕竟热土难忘，亲情难舍，他想着念着，心急如焚，灼热难耐。终于，他坐不住了，一连数日，坐卧不宁，暗暗下定决心要返回故国，去亲眼看一看。

返回故国

真正要离开多年生活的犬戎了，篯也思绪万千，心中矛盾重重，又惶惶不安起来。他向多年的恩师青精先生、宛丘先生诉说真实情况和自己的想法。

两位老师不仅非常理解，而且热情鼓励，大力支持。青精先生以自己毕生整理的《养生摄要》相赠，拊着他的后背，殷切嘱咐说："路途迢迢，注意安全啊！不要忘记，继续践行养生，传播养生理念和养生方法，惠及更多百姓。"宛丘先生还赠他一些衣物和金钱。

师徒含泪久久相拥，依依不舍。彼此心照不宣，今日一别，日后可能再无见面的机会，也可以说是生离死别了。篯向两位老师一拜再拜，连连叩首，才低头转身，洒泪而去。

要离开犬戎国了，篯多么舍不得异域修行的音乐事业啊！可是，东归故国，远隔千山万水，千里万里迢迢，须知路远无轻载，那么多乐器可怎么带得动呀？他挑来拣去，最后选中日常最心爱的一面铜鼓，背在身上。为了御寒，他又带上些随身衣物，在一个鸡叫三遍的黎明，轻手轻脚地掩上柴门，向沉睡的邻居和房屋默默点了点头，算是无声的道别，便孑然一身，向太阳升起的东方，一步一步地走去了。

当年西来时，因年龄太小，篯还没到记事的年龄，对来时的道路全无记忆。但是，他心里有一点是亮堂的，那就是华夏在东方，我的家乡在东方，要返回故国，只有向东，向东，向东！再说，千里万里，不可能遇不到人。嘴长在身上，不知道路，可以向人问嘛！然而，向东的道路多么坎

坷，又是多么漫长啊！

过了一片草地，还是一片草地；翻过一座雪山，又接着一座雪山；蹚过一条河流，前面还是一条河流；走过一片沙丘，又走进一片沙丘……

看着雄鹰在天上翱翔，野兽在山间奔跑，牛羊在草原追逐，鱼儿在水中畅游，他羡慕极了，可他东归的路，只有依靠自己的双脚，一步一步地丈量，一刻也不停息地跋涉，走啊，走啊……

道路漫漫。

一天又一天，他带的干粮渐渐吃完了。好在他修炼养生，能够随处逢源，大气可以吞咽，野菜可以充饥，多天不食人间烟火，也可以生存下去，并且精力充沛，体力不减。但是，人身既然是生命体，也会疲劳，也需要休息。他坚持日出动身，日落止息，一张一弛，劳逸结合。走累了，他就放下行李，席地而坐，养体养神；晚间困了，就裹上皮袄随处一躺，便鼾声响起。

野外，百虫滋生。他为了预防伤害，常常端坐而眠，屏息发气，抵御各种毒虫的侵害；偶遇野兽，他又翻起皮袄匍匐在地，以静制动，保护自己。长途行走，孤单寂寞之时，为了抖擞精神，他会解下身背的铜鼓，猛擂一通，既为自己壮胆，又惊得群鸟高飞，百兽逃散。每每看到此情此景，他都乐得哈哈大笑，精神为之一振，获得一种难得的美好的享受。一通铜鼓擂过，他解了乏，心头轻松，又收拾行装，一步一步，继续东行了。途中，偶尔遇到行人，他便打听前方的道路。无论道路还有多长，前面还有多少困难，他抱定一个信念，不回到故乡，决不停步。

回乡之路是那么漫长，又是那么艰难。一日，他走进一片连绵的大山，山中有一条狭长的山谷，河水哗哗地从谷中流过，岸边就是一条人们千百年踏出的山路。这就是著名的狄道——西域通往华夏的必经之路啊！道旁荒草丛生，水草丰茂，行走十分便利。这条道路既是兵家要塞，又是东来西去的商旅之人的必经之地。他早听人说过，这是一条福道，给多少商旅行人带来无穷无尽的钱财。篯心里一阵惊喜，啊，离华夏越来越近了！

太阳升起又落了，月亮缺了又圆了，也不知过了多少日子，也不知走了多少路程，篯终于踏上华夏的国土，来到祝融故里，他的出生之地——郑邑。

眼下的郑邑，已经淹没在浩浩大水之中。当年密密麻麻的茅舍草棚，早已变成一片废墟，淹没在水中。几间残存的木石房屋也已经房顶坍塌，成了断壁残垣。远远望去，当年的帝宫，仅露出殿宇的檐顶和大树的树梢。大雨刚刚停歇，汪洋大水中，漂浮着无数垃圾，其中有男男女女和牛马猪羊的尸体，散发出难闻的恶臭。四处高地和山头上，搭建着临时的窝棚，那是幸存人们的蛰居之所。不时，从那里传来女人长一声短一声的哭叫。所见所闻，让人心中犹如压了一块巨石，无比沉重，让人喘不过气来。望望天上，阴云密布，霾气沉沉，累日的大雨，还看不到放晴的日子。

篯登上高地，举目望去，一片苍凉，一片萧条，一片惨象。他又来到山顶一处处的窝棚，了解人们的生活情况，听人们泪雨纷纷地诉说洪水肆虐的悲剧，心里不断地流血。

时隔多年，华夏已进入尧帝时代。问起祝融之家，很多人摇头不知，一位老者手指一片水下，说："祝融之家啊，现在是祝融之墟了。喏，就是那个地方，房屋早已倾塌，人也不知去向了。"再问祝融陵墓和父母的坟茔，无人能说得清楚，即便存在，也都淹没在大水之中了。他向人们打听祝融之家还有什么人。有人说，昆吾擅长制陶，是天下著名的工匠。他心头一热，那正是自己的大哥啊！遗憾的是，大水一来，人们四散逃命，早已存亡不知了。

篯在郑邑周围的山头上徘徊良久，不忍离去。举目无亲，又不忍骤离，他无计可施，心头的愁云像天空的阴云一样凝重。看到人们垂头丧气的样子，篯想，这就是自己心中的故乡吗？这就是不远万里返回的故国吗？不是！我的故乡是美好的，我的故国是可爱的！我要找回失去的一切。

面对故乡，面对大水，面对家乡的灾民，为抒发胸中的痛苦和郁闷，也为了给悲观的家乡人们励志鼓气，他徘徊良久，索性架起铜鼓，抡槌猛

擂一通:"嘭、嘭嘭、嘭嘭嘭、嘭嘭嘭嘭、嘭嘭嘭嘭嘭……"

擂过一通鼓,篯心中畅快了许多,乡人脸上的愁云也为之一扫,出现多日没有的笑容,仰望长天,浓重低垂的阴云似乎也渐渐飘散,天色也慢慢由暗转明了。

生活本来就不容易。人生就是苦难,伴随着酸甜苦辣,就像篯一生的坎坷经历。他勉励大伙,面对浩浩大水,还是要振作精神,鼓足勇气,同洪水作斗争,一定要重建家园!篯在故乡盘桓数日,用鼓声唤起人们心中的希望,树立战胜洪水重建家园的信心。

为了追寻尧帝,为故国重建效力,他告别故乡的人们,又在浩浩大水中穿越东行了。

一路上,他白天行路,夜晚露宿,有路赶路,遇水漂游。篯虽不善游泳,但好在随身携带一面铜鼓,不仅累时可以打击取乐,而且背上它,即便大水之中,也能漂浮水上,划行前进。一路上,他不时向人们打探尧帝的行踪,走走停停,停停走走,遇到人家,就借宿乞食,遇到病人,就行医治病,并向人们传授养生健体的方法。

对于篯来说,故乡已经沉沦,家人不知去向,他没有了家人,没有了故乡,只有华夏这个祖国。正因为没有家人,所以到处都是他的亲人;正因为没有故乡,所以也处处都是家乡。他走到哪里,哪里都有乡亲,哪里都是乡土。

不知又过了多少日子,也不知又费尽多少周折,篯追踪尧帝的脚步,终于来到了东夷。

四、大彭开国

濒危救驾

东夷西戎，南蛮北狄，这是华夏古人对当时天下几块地域的称谓。为什么东方称为东夷呢？夷者，平也，或许是因为东方为黄河、淮河入海之地，地势大致平坦的缘故吧！

尧帝是一位英明君主。他身躯伟岸，智慧如神，道德高尚，爱民如子，深得民众拥戴。百姓崇拜尧帝，说他走到哪里，就像太阳一样，把人心照得亮堂堂的，在困难面前，总是能给人带来力量，送来希望。

洪水滔天，国难当头。尧帝天下为公，忧心如焚，身先士卒，奔赴遭难的前线。他时而在山地艰难跋涉，时而置身水中视察水情，时而乘坐刳木之舟在水中奔波，指挥民众抗击洪水。在百姓生命受到威胁的时候，尧帝深感肩上责任重大，忧心如焚，常常衣不解带，食不甘味，白天黑夜，不遑寝息，在华夏大地上不停地工作。

这几日，尧帝冒着大雨，来到东夷。他顺着宽阔的泗水，登上逶迤连绵的九里山，沿着山势，向西南行进，渡过汹涌澎湃的获水河，南行数里，来到一片蜿蜒起伏的群山。这里山势纠纷，冈岭四合。山下一马平川，涛声如雷；山上东一簇西一片，搭满了窝棚，住满了逃难的人们。

尧帝一边安抚惊慌失措的百姓，一边凝视着山下的水情。突然，电光猛的一闪，头顶响起震耳欲聋的霹雳，接着是一阵隆隆远逝的雷音，好像天空震开一个缺口，倾盆大雨自天而降，雨急风骤，不到半个时辰，山下大水飞速上涨，人们惶惶不安起来。

狂风呼啸，暴雨声急。尧帝紧张地环顾左右，高声喊道："提醒大家，

务必注意安全！"话音刚落，猛然传来一阵激越的"嘭嘭"的铜鼓声，接着一声大喊："老少爷们，洪峰来了，注意安全啊！"惊恐万状的人们，听到鼓声和喊声，四处传令喊话。青壮年们紧张地到处巡察。躲在草棚的人们，也披起蓑衣，在居住地四周疏通沟壑，挖沟垒堰。

尧帝很是惊奇，问道："刚才的铜鼓特别响亮，能传很远很远，一旦遇到险情，用鼓声传递信号，远胜你喊我叫，这办法好啊！用铜鼓预警，这是个好办法，你们怎么想出来的？真是百姓之中有能人啊！"他回过身来，嘱咐随从官员，说："记住，这个办法，应该各地推广。"

尧帝一边说着，一边循声找去，原来擂鼓者是一位老人。这位老人童颜鹤发，精神抖擞，满面红光。尧帝上前拉住他的手，刚要同老人亲切攀谈，忽然，一个浪头打来，一位姑娘被汹涌的洪水席卷而去。

情况紧急！尧帝心急如焚，立即安排人们设法营救，话还没有说完，突然一阵头晕，天旋地转，栽倒在水里。人们七手八脚，赶上前来搀扶。尧帝的随从这才想起，为了察看水情，尧帝不停地四处巡视，已经几天几夜没睡过一个好觉，没吃过一顿安稳饭了。尧帝心怀天下，一心一意救助百姓，是为百姓累倒的啊！

众人把尧帝抬到草棚里。尧帝睁开眼睛，看了看大家，摆了摆手，说道："快去救人吧！我不要紧……"一语未了，又昏迷过去。

一连两天，尧帝神志不清，昏迷不醒。外面，大雨还在哗哗地下个不停。这可急坏了大帝的随从和众百姓。大家你看看我，我看看你，心里焦急，谁能救一救圣明的尧帝啊？正当人们束手无策之时，擂鼓的老人自告奋勇，说自己身怀养生薄技，要求主动进棚察看，为救助尧帝效绵薄之力。人们一听，纷纷为老人家进前让路。

老人走近尧帝，看看气色，便挽起袖管，为尧帝把脉。老人闭目凝神，把脉片时，感到脉象太弱，又抬起头来，看到尧帝面容憔悴，面色发黄，双唇干裂。老人凭着多年经验，断定是疲劳过度、营养不良、气血两亏、湿气侵犯所致，便轻轻地为尧帝舒展四肢，活动筋骨，揉按腰身，只见尧

帝喘气渐粗，轻轻发出呻吟之声。老人一边为尧帝按摩，一边嘱咐人们："尧帝身体极度虚弱，急需补充营养，要急切想法，赶快进食大补！"

可是，大水之中，人们连吃的东西都没有，哪有什么营养补品呢？老人一声招呼，住在周围棚户的百姓纷纷冒雨向周围山头跑去，有的去挖野菜，有的去窝棚搜罗粮食。不多时，野菜送来了，有人又找来一捧稷米一把芝麻。这是百姓仅能拿出的东西了。老人一边道谢，一边接受下来，略一沉思，说道："这些仅可充饥，却还谈不到进补，更谈不到大补了。若有活物，如飞禽、走兽和鱼虾之类就好了。"可是，大水之中，男女老少忍饥挨饿，哪能拿出什么飞禽走兽鱼虾之类的活物呢？大家面面相觑，无计可施。

老人默默无语，凝视着浩浩的水面，若有所思。他想，若是能打条鲜鱼，就好了！可是，洪水滔天，有水无鱼，人们躲水还来不及呢，急切之下，到哪去能打到鱼呢？尧帝随从和百姓不禁彷徨起来。

突然，老人瞅着水面，寿眉一扬，眼中一亮，不远处汹涌的洪波之中，有一只五彩的东西在水中扑扑腾腾。老人指着问："大家看看，那是什么？"人们聚目凝望，有的说："像是一条花蛇！"有的说："好像一只落水的飞鸟。"也有的说："啊，五彩斑斓，好像是只野鸡！"老人高兴地叫道："太好了，捉住它！"一位年轻人把小褂一脱，往地上一甩，就要跳进水中。跟随尧帝的官员制止道："不行！太危险！大帝知道后一定不许。"这一说，年轻人又退了回去。

尧帝身体虚弱，急需食补，等不得啊！老人忧心如焚，默不作声，把铜鼓背在身上，等那位官员一转身，便不由分说，"扑通"一声，跳进水里。

"老人，危险啊！"周围的人惊叫起来。跟随尧帝的那位官员看到时，老人已游出一丈开外了。老人听到喊话，回头看了看，扬起手臂摆了摆，好像说，放心吧，没碍事，我有护身符呢！

老人身背铜鼓，游得不是太快，好在铜鼓腹中空空，在水中漂浮，不会下沉，反倒节省了老人不少体力。老人正依靠水的浮力，用手划拉开水

面,搏击着水浪,一挺一挺地向前游去。人们紧盯着水面,在为老人揪心,却看到老人非常沉着,毫不慌张,一下一下地划着水面,一点一点地接近目标。眼看还有一步之遥,老人左臂用力一划,右手伸出,一把将彩色的东西抓到手里,大叫道:"太好了,果然是一只野鸡!"

老人眉开眼笑,紧紧攥住野鸡的双腿,悠悠荡荡地往回游了。临到岸边,大家一拥而上,把老人拉上了岸。

野鸡折了翅膀,五彩的羽毛湿漉漉的,还在扑棱着翅膀,有气无力地挣扎。老人高兴地解下铜鼓,吩咐众人,马上烧水、宰杀、褪毛。他走进草棚,拧干衣服上的湿水,重新穿在身上。不一会儿,一只褪毛的野鸡已摆在面前。

老人亲自下厨,撸起袖子,把衣摆往腰间一撩,亲自操刀烹制。整整一个时辰,他把整鸡煮熟,捞出切成肉丝,再把肉丝剁成碎末,放回原汤熬制,大火烧到水沸,再加上稷米和捣碎的芝麻,以文火慢炖。又过了一个时辰,锅中飘出香味。老人再往锅中添加野菜,掀开锅盖,敞锅煮上一会儿。人们小声问:"老人家,你做的是什么呀,这么香?"老人听了,眉开眼笑,回答说:"给大帝做的雉羹,就是野鸡汤啊,大补元气呐!"

雉羹烧好后,老人尝了尝,又添加作料,亲自盛了一大碗,恭恭敬敬地端到尧帝面前,找来贝勺,一口一口喂尧帝进食。

尧帝正在昏迷之际,一口味道鲜美的羹汤流进嘴里。出于求生的本能,他自然而然地咽了下去,一口一口,一连咽下几口,只觉异香绕口,腹中热流涌动,饥肠"咕咕"鸣叫。瞬时,他有了胃口,又接连喝了几口。尧帝周身通泰,精神为之一爽,这才睁开眼睛,张开两臂,伸了个懒腰,长吁一口气,赞叹道:"美哉!美哉!"

"尧帝醒来了!尧帝醒来了!"草棚内外,挤满黑压压的人群,顿时爆发出一片欢呼声。

老人把一碗羹汤给尧帝喂下,在一片欢呼声中挤出人群,拿出鼓槌挥舞着,兴高采烈地擂响铜鼓:"嘭嘭嘭、嘭嘭嘭、嘭嘭嘭嘭、嘭嘭嘭、嘭……"

尧封彭祖

听到清越响亮的铜鼓声，尧帝霍地折身坐起，看着随从们，连连说道："这鼓声，激越响亮，多让人振奋啊！"说罢，又啧啧嘴，感到缕缕异香，绕口不散，便问道："此汤如此鲜美，真是人间少有，大水之中，从何处得来呀？"

人们把老人簇拥到尧帝面前，七嘴八舌地说开了：多亏这位老祖啊！是他为您诊治，冒着危险跳进水中，泗水捉到野鸡，又亲自熬制羹汤……

尧帝拉起老人的手，深情地微笑着问道："请问老人，尊姓大名？"

老人欠身回答："在下祝融氏之孙，名篯。"

尧帝惊讶道："啊，名门之后！请问此汤如何做成？为何味道如此鲜美？"

篯谦逊一笑，答道："老朽不才，略懂烹调之事。此汤以野鸡、稷糁、芝麻和藜菜熬制，名雉羹，就是野鸡汤啊！"

尧帝命令随从道："当今天下洪水滔滔，阴湿之气严重，民众缺衣少食，身心备受煎熬，极易染上疾病。将来大水退去，要推广这位老者的烹调之术，让天下百姓都能经常喝到如此美味、营养丰富的野鸡汤，惠我人民，我心才安啊！"

尧帝又问老人经历，知他一生颠沛流离，饱受磨难，且长期研习修身养性，既学识渊博，又经验丰富，心中便对篯充满敬佩之意，点头赞叹不已。

篯向尧帝建议，当今洪水遍地，空气潮湿，阴气凝重，着实伤人肌骨。为百姓安全和健康考虑，要尽量改变百姓居住环境。天下地势，西高东低，水自西来，向东涌流，且洪水一时难退，应选择高亢之地，安置灾民，弘扬火道，以火攻湿，壮阳祛阴，人就会少生疾病了。

尧帝点头称是，赞叹道："言必称火，真不愧是祝融之后啊！天地之间，人为贵。第一要务，在于保证人的生命安全。有了人，就有了一切；没有

人，一切皆无，都是空谈。"

尧帝望着眼前的起伏的山丘，吩咐道："我看九里山西南一带，山势连绵起伏，地势较为高亢，眼下居住较为安全。这位老祖说得对，我理当择善而从。现在，应该将周围的难民集中起来，暂且安排此处。等洪水退后，再相机行事。事不宜迟，速速行动吧！"

篯趁机向尧帝建言，从抵抗洪水，到强身健体，再从强身健体，谈到治理国家。尧帝认为，老祖的意见句句确当，条条在理，越来越感到此人经验丰富，见识高远，堪称一位难得的智者。沧海横流之际，百姓安危难保，起用这一人才，定可独当一面。遗憾的是，尧帝躬身治理天下，常年南下北上，东奔西走。老祖尽管身体壮实，毕竟年事已高，实在不忍心让他过度辛劳，跟随在尧帝的身边。但是，老祖毕竟是位难得的高士，务必要量才使用。

尧帝同老祖谈了三天三夜，又想了一天一夜，便下定决心，在此方圆百里之地，新建一个国家，由篯担任这个国家的首领。

至于国名嘛，尧帝看到老祖身边硕大的铜鼓，心里一震，略一沉思，说："有了！老祖不是喜爱打鼓吗？'嘭嘭嘭'的鼓声，激越响亮，催人奋发。这个国家，就叫大彭国好了，你就是大彭国的开国老祖啊！"

百姓一片欢呼："好！好！好啊！嘭嘭嘭，大彭国，嘭嘭嘭，大彭国……"

篯谦逊地摇摇头，摆摆手，向尧帝秉道："老夫感谢您厚爱。在下不过看到您太辛苦，积劳成疾，竭力为您分忧，聊献薄计而已。说到治理国家，老夫一介草民，从未治国理政，深恐辜负重托，不能胜任。不是在下推辞，实在是有心无力啊！芸芸众生之中，不乏有德有能之士。请您三思，还是另请高明为好。"

尧帝拉着老祖的手，亲切地说："当今洪水泛滥，天下动荡。人民安危，重于一切。拯民于水火之中，大家都有责任，你我都义不容辞，责无旁贷呀！我还要巡察他处，此处就拜托老祖了，希望万勿推辞！"

一番言语，感人肺腑。周围百姓听到这些，一齐向老祖躬身下拜，呼

道:"尧帝圣明!老祖,我们拥戴你,请您老不要推辞了!"

尧帝和百姓众口一词,盛情难却,老祖考虑再三,辞之不恭,才俯身点头,应承下来。

有人说,篯做了一碗雉羹献给尧帝,尧帝便以大彭国相封。实际上,尧帝从一碗雉羹了解到篯的非凡才能,发现了一个人才,始委以治理大彭国的重任。

尧帝出以公心,知人善任。事实证明,篯老祖没有辜负尧帝的信任。

大彭开国

尧帝钦赐国号,大彭国名正言顺,这给当地百姓以极大的鼓舞。有了国名和酋长,在大水之中,大彭国风风火火地建立了。

篯,当之无愧地成了大彭国第一任首领和开山人物。那时,人们普遍以国为姓。当了大彭国首领,篯自称老彭,百姓尊称他彭祖、彭老祖。篯自感责任重大,以治国安民为重,遂命名所在之山为大彭山,把散居在各处的百姓召聚起来,在山上山下安营扎寨,建立都城了。

大彭国,多么响亮的名字!国因鼓声而得名,彭祖更珍爱自己这面铜鼓了。他经常把铜鼓带在身边,时时轻轻抚摸着,不时擂起鼓槌敲击一通,对这面铜鼓充满无限的爱意。这面铜鼓也自然而然成了大彭国的镇国之宝。

在大水包围之中,彭祖在山上支起铜鼓,安排青壮年日夜巡防,一旦发现灾情,就鸣鼓示警,组织人力,加强防备。"嘭嘭嘭嘭嘭、嘭嘭嘭嘭嘭……"鼓声就是信号,鼓声就是命令。无论白天黑夜,百姓一听哪里响起激越响亮的铜鼓声,就知道哪里出了险情,马上听从召唤,夺门而出,成群结队地奔赴抗洪抢险的第一线。

阴云在鼓声中渐渐散去,暴雨在鼓声中慢慢止住,大水在鼓声中渐渐退去。彭祖身背铜鼓,到处巡视,走到哪里,就把铜鼓带到哪里;把铜鼓

带到哪里，鼓声就响到哪里。鼓声不同，也传递出不同的信号。哪里出现险情，"嘭嘭嘭嘭嘭"的鼓声就响起来了，那是抢险的信号。急需议事，要召集民众，"嘭嘭、嘭"的鼓声响起来了，民众骨干便应声而来，商讨大事。一旦战胜一波洪水，彭祖又怡然地擂起铜鼓："嘭、嘭嘭；嘭、嘭嘭……"鼓声紧急，预报事情紧急；鼓声舒缓，节奏明快，是报告平安，并为大家庆功，庆祝胜利。在鼓声中，大彭国的人民不断成长，更加团结一心，不断增长智慧和勇气，坚定了同洪水搏斗的必胜信念。

彭祖在，鼓声在。哪里有鼓声，哪里就有彭祖。人们要找彭祖，循着鼓声找，一找一个准儿，保证不会落空。

大彭国背依青山，面临获水。山上草木繁茂，蓊蓊郁郁，一片葱茏，是一块藏风聚气的宝地。在此建国安居，虽则大水环绕，举目滔滔，但山山有飞禽走兽，水水能生长鱼虾。国人在此居住，不仅可打猎捕鱼，采撷野菜也顺手可得，生活比以往方便多了。民众百姓欢天喜地，都夸赞是尧帝和彭祖给百姓带来了福气。

古时的小国，说是百里，可哪有什么国界啊？通常称为国家，不过指的这个国家的都城而已。大彭国初建，用什么建立都城啊？

俗话说得好，国家国家，国和家是分不开的。无国即无家，有家才有国。作为国君，最大的愿望，是让人民安居乐业。唯有把人们安顿下来，有个安稳的住处，安居才能乐业，发展生产，勤劳致富，兴国强家。

彭祖顺应人心，带领几位长者，在大彭山一带反复丈量，做出大体规划，然后组织一批年富力强的青壮年，先易后难，先简后繁，有序施工，沿路搭建起一排排整齐的窝棚，并沿着山势，建起错落有致的民居，让男男女女、老老少少有个稳定安然的住处。为了抵御野兽的侵袭，保障人身安全，彭祖发动百姓，上山砍伐杂树、竹枝，并捡拾零星石块，在百姓住地周围垒砌围墙，扎成篱笆。事关百姓切身利益，男男女女踊跃参加，招之即来，来之即干，有计献计，有力出力，山上山下，干得一片热火朝天。工程进度也超出人们想象，仅仅一年多的时间，山寨建设已初具规模。这

便是原始的大彭国都了。

四方流民居无定所，不停地在各处漂泊，听说大彭国开始建国，首领是一位神通广大的老人，本领高强，爱民如子。众人口耳相传，一传十，十传百，越传越发神奇，甚至说彭祖就是上天派来的天使，尧帝都累得死过去了，他一碗药膳，就能起死回生，妙手回春；并说上天赐给彭祖一面神鼓，神鼓一敲，天公就不再下雨了，再一敲，飞涨的洪水停止涨了；三一敲，滔天的洪水就退下去了。现在，彭祖受封大彭国，正在拯救受苦受难的老百姓，大兴土木工程，广修民宅，让老百姓人人居有定所呢！流民们受尽漂泊之苦，谁不想有个依靠，安居乐业呢？于是，人们便闻风而至，纷纷投奔大彭国而来。

大彭国刚刚开国，胸怀大度，敞开国门，延揽八方人才，高高兴兴地接纳远道而来的百姓。流民不断涌进大彭山，新建民居便不停地向外拓展，一片刚刚竣工，又一片开工新建。眼看篱笆山寨住不下了，流民像潮水一般，仍然络绎不绝地奔涌而来。负责接待安置的彭敬带领青壮年从早到晚，忙个不停，渐渐当成负担，有些不耐烦了。新一批流民赶来，彭敬等人便以"无法安置"为由，把人挡在山寨篱笆之外，让他们自行寻个栖身之地。流民远道投奔来了，怎么愿意离去呢？便自己动手，在篱笆外搭建住所。日子一久，篱笆内、篱笆外都住满了人家。同是大彭之民，便有了区别，住篱笆内的，称为"篱内之民"，而住在篱笆外的，则称为"篱外之民"。篱内的居民有优越感，对篱外的居民心生歧视，双方便产生矛盾。篱外的居民一心要搬进篱内来，而篱内的居民先入为主，以主人自居，就想方设法，把篱外的居民挡在篱外。一方要进，一方不让，双方争执不下，吵吵嚷嚷，拉拉扯扯，都要找首领评理，一直闹到彭祖那里。

彭祖问明缘由，手捋胡须，哈哈大笑，说："大彭建国，百姓为本。建国兴国，全赖人民。不管先来还是后到，都是我大彭国民，一律没有贵贱之分。人们投奔大彭国，是人往高处走，看得起我大彭国，是件天大的好事，是大彭国的光荣和骄傲，怎么能分篱内篱外呢？理应来者不拒，多多

益善！凡我国民，例行平等。现在，篱笆城小了，暂时安顿不下，正说明我们还要发展。人是活的，城也不是死的，还可以再扩城嘛！何况眼下人多了，人多力量大，人多办法多，不管老国民新国民，只要携起手来，齐心合力，就没有办不成的事情。把我们的都城再筑得大一些，不就解决了吗？"

彭祖一番话，说得入情入理，篱内人心服口服，篱外人更是鼓掌拥护，双方都乐意接受。方向明确了，大家一起想办法。篱内的百姓主动腾出地盘，热情安置外来的新人；篱外的百姓主动承担拔篱扩城的重活，把较好的住宅让给老户居住。按照都城规划新建住宅，不分老国民新国民，大家一律平等，商量办事，一起动手，有的砍木伐竹，有的捡石砌墙，篱笆城越来越大，越来越牢。篱外百姓一搬进城内，欢天喜地，振臂高呼："我们也成大彭国正式国民了，是彭老祖的子民了！"

外部流民还是一拨又一拨涌来，大彭国的都城也一次次拓展，从山坡向上拓到山腰、向下拓到山脚。之后再向外扩，围着山头，又呈环形平行向周围延伸，山前山后、山左山右都是城，成了城包山的圆形都城。

大水渐渐退去后，大彭国的人气还是一天天兴旺，都城又从山上扩到山下，山上土石筑墙，山下竹木围成篱笆。大彭国积数年之力，渐渐成为方圆百十里人人称道的大都市。

若干年后，大彭国迁都重建。原来的大彭国都日渐衰败凋零，大彭山左右，变成了片片农家村落，人称大彭村。

五、艰难岁月

彭祖掘井

国有万家，主事一人。彭祖作为一国首领，国人景仰的君主，是千家万户的大家长。他老人家光是让百姓居住有房还不满足，还考虑解决民生的大问题。为啥呢？国家国家，国是由家组成的，而家呢？是由人组成的。倘若人无法生存，哪还有家？如果无有家，哪还有国呢？

大彭国草创时，人们缺衣少食，生活极其困顿，饿了，不管是天上飞的、山上跑的、土里长的、水里游的，逮到什么吃什么；渴了，不管是河里、沟里、汪塘里的水，低头弯腰，捧起来就喝一气。有一段时间，不少人上吐下泻，起初不当回事儿，没料到有的人又拉又吐多日，面黄肌瘦，身瘦如柴，从此一蹶不振，甚至有人直不起腰、走不了路、起不了床了，还有的人为此丢了性命。山寨里，隔三岔五地死人，哭声不断，闹得人心惶惶。

面前这种情况，彭祖往往亲自来到丧家，手抚尸身，静观默察，询问家中成员，了解其生活习惯，探寻患病原因，苦思冥想，久久未得其解。死人的事接二连三，彭祖心情愈加沉重。深夜，他难以入睡，闭上眼睛，耳边隐隐传来哭声，死者的形象又出现眼前。一个个活生生的人，说没就没了，究竟是何原因呢？他把多日了解的情况细细想了一遍，梳理一遍，努力找出死者共同的生活习惯，认为患者上吐下泻，问题应该出在饮食。如果是食物问题，大家吃的食物一样，为什么有人生病，有人又不生病呢？看来还不是食物问题。这些死者生前都有一个共同的习惯，即是渴不择饮，随便喝水，而且经常手捧山下汪塘里的水喝。究竟是不是塘水作祟呢？他

一时还拿不定主意，不敢认定。

次日一早，彭祖就来到山下汪塘边，围着汪塘转悠，转了一圈又一圈，转累了，便在塘边倚树席地而坐，从早至晚，独自一人，观察情况。他看到，百姓干活回来，三五成群地来到汪塘，洗洗脸，洗洗脚，甚至下到塘里洗个澡，手捧塘水喝几口；还有人放牛回来，经过汪塘，在这里饮牛，牛一边喝水，一边拉屎撒尿，也流进汪塘……

第二天，彭祖提只瓮来，取了一瓮黄浑浑的汪塘水，让眼力好的年轻人仔细瞅瞅，问他们能看出什么。有的人说，脏！有的说，有小虫子！还有的大叫，不少小虫子还在游来游去呢。彭祖心里，一块石头落了地，高兴地把巴掌一拍，高声说道："根子找到了，就是汪塘脏水惹的祸！"

找到了根子，彭祖马上向国人发布命令："凡我国人，务必注意饮水清洁，从今以后，一律不准再饮用汪塘水。"国人恍然大悟，再也不敢喝汪塘的脏水了。

可是，眼下还有多名患者辗转病床呢？病死的人病死了，活着的病人急切医病，还要活命啊！彭祖流落西域时，从青精先生口中得知，一些山野草药可以治病。西域是个百草原，生长各种药草，可以随处采撷。可是，很多药草，华夏大地并不生长呀！他又一转念，不对，上天苍苍，护佑下民，东夷与西土相比，虽说水土不同，地性有别，可东土一定有治疗东方人的药草，只不过人们一时还没有找到罢了。

抱着这个信念，他跑遍山野，拔来各种带有苦味的野草，一一咀嚼，加以熬制，先在自己身上试验。经过多次摸索，彭祖终于发现，漫山遍野生长的马蜂菜（学名麻齿苋）、鸡蛋球棵（学名跑马草）、小虫盖（学名地锦草）青涩蕴苦，具有止泻之效。于是，他就发动国人自己动手，到山上山下采集，煎出药汤，给病人服用。开始，人们还将信将疑，只是试试看。一试，患者服后，神了，果然有效，拉肚子的人不拉了。从此，这个办法在百姓中推广开来。这几种药草随处生长，采摘方便，淘洗干净，用瓦罐一煮，熬出药汁，就能饮用。没过多久，闹得人心惶惶的泻肚流行病，真

的就止住了。

百姓为此庆幸，彭祖又皱起了眉头：病从口入。人之所以患肠胃病，是因为吃了不洁之物。食物与水相比，水的问题比食物还大。人几天不吃饭可以活命，但是，几天不喝水就要了命。汪塘的水当然太脏，可地面别处的水也不干净啊！喝了不干净的水，人哪能不生病呢？要从根本上杜绝肠胃病，务必从源头上做起。眼下，最火烧眉毛的，是能使百姓都能喝上放心的干净水。

彭祖跟大家说明情况，发动大家想办法。众人七嘴八舌，有的抓耳挠腮，没有主意；有的说："咱们能喝到的就是这水，不喝这水，还能喝啥呢？"也有的说："天上下的雨水倒是干净，咱能喝到吗？"

彭祖一听，眼睛一亮："嗯，有门儿！"他动员大家，不妨试试，天降大雨时，把盆盆罐罐都拿出来接水，留着饮用。天上的雨水确实干净，可老天不能天天下雨啊！再说，用盆盆罐罐接水，谁家能有多少盆盆罐罐啊？就是都拿来接水，又能接多少水呢？有的嘲讽说："接点水，还不够湿湿喉咙的呢！"彭祖一想，这话也不无道理，天无绝人之路，还是得另想别的办法。

彭祖想起，流落犬戎时，那里多是高原、山地、沙漠，雨水特别稀少。人们往往从地下暗河中取水，很少有人患肠胃病。这为啥呢？肯定地下水比地上水干净呗！地下水还不是地上水渗下去的吗？为什么地下水就比地上水干净呢？噢，知道了，地上的脏水渗到地下，要经过多厚的土层啊！是泥土把水中的脏东西都过滤掉了，所以地下水才那么干净。现在，咱大彭国到处是水，但不缺地上的脏水，如果能学习西域的办法，把地上水变成地下水，让人们饮用地下水，不是能减少很多疾病吗？

他心里亮堂了，就把大伙召集一起，把道理和主意一说，多数人认为有些道理。但是，人多嘴杂，有人说好，有人说歹，也有人反对，甚至说什么："眼前到处是水，再掘地取水，劳民伤财，岂非多此一举？"彭祖耐心地开导大家说："眼下最重要的任务，是要让国人喝到放心的干净水。喝

地下水少生病，西域有成功的经验。地上水、地下水虽说同是水，但水跟水不同。开掘地下水，无非是花些力气。花力气换来健康，这个力气出得值啊！至于说管不管用，灵不灵，我们不缺力量，又何妨一试呢？"众人一听，老祖说得在理，这事便通过了。

当时，山下原野中，大水还未完全退去，彭祖带人围着大彭山转来转去，最后选中山北一片水中的大片高地，跟大家说："山脚下土层较浅，下有岩石，不易开掘；远处取水离城太远，不方便百姓生活；这片地方虽然处在水中，但地势较为高亢，水源充足，而且脏水不易流进，就试着从这里向下开挖吧！"

彭祖用脚步量一量，画出一个圆圈。彭祖支起铜鼓，猛擂一通，命令道："开挖！"一听号令，年轻人便摩拳擦掌，大干起来，挖土的挖土，运土的运土。没想到，刚挖三尺深，四围的黄土就塌了下来。彭祖又叫彭敬把取土直径扩到一丈，每向下挖深一尺，挖口就向内收一尺，层层下挖，挖口呈上大下小倒锥形，渐渐往下把口收小。果然，周围黄土不再塌了。挖到八尺深时，周边土层中的浑水就渗了进来。彭祖命人把浑水盛瓮舀出，继续下挖。挖到一丈深时，一位小伙子刚一开挖，一股清泉就"咕嘟咕嘟"冒了出来。小伙子把手中家什一撂，弯腰用手掬起一捧，美美地喝了一口，大叫道："哎呀，挖到清泉啦！好甜啊！"

在上面的人们骚动起来，大叫道："年轻人不要光顾自己喝，打上一罐，也让老祖和大家都尝尝！"紧接着，就把瓦罐一层一层传了下去。年轻人灌满水，又一层一层传递上来，先捧到老祖面前，请他品尝。彭祖不急着喝，手捧水罐看了一会，把胡子捋起，抿了一口，说："地上这么多水，哪有这么清的水呢？哪有这个甘甜的水呢？好啊！"大家传着罐子，一个一个品尝。人们一边尝，一边叫："好喝！好喝啊！"现场叫声、欢笑声不断。

大家高兴，彭祖更高兴。老人家命令，一定要保护好泉眼，由下而上，用石块层层垒砌，到上收成圆形井口。从此，大彭国人喝水，都用绳罐汲水，喝地下井水。从此，国人上吐下泻的疾病果然大大减少了。

一传十，十传百，各地都仿效大彭国的做法，掏土打井，饮用清洁的井水了。

后来，人们为了纪念彭祖，把他老人家亲自指挥打的第一口井，命名为"彭祖井"。这口井至今还在呢！

以蛇为师

一连下了多天大雨，天空终于放晴了。清晨，碧空万里如洗，长天湛蓝湛蓝，一轮红日从东方冉冉升起，山川大地披上万道金光。大彭山上，绿树葱茏，百草丰茂，鸟声啁啾，景色十分迷人。

彭祖一早起床，披上衣服，洗面漱口，吞下大口清水，口含片刻，徐徐咽下，然后便席地而坐，以掌洗面，以十指梳理头发，过百之数，即闭目静坐，以掌根揉摩眼际穴、太阳穴及头上各穴位，随后伸展四肢，箕踞而坐，缓缓吸气吐纳，片刻，拍打四肢和前胸后背，做完站起身来，手中携杖，出门信步游走，沿着上山小道，一边走，一边看，不知不觉，来到山野之间。

青山绿水蓝天，空气清新宜人，草木摇曳生姿，山泉细流淙淙。彭祖心中高兴，脚下清爽，边走边看，走走停停，在清幽的山径上流连徘徊，时而驻足远眺，张开双臂，大口大口地呼吸新鲜空气，闭上眼睛，仿佛身心一空，物我皆忘，与天地造化浑然融为一体了。

偶尔，他也弯腰蹲下，看着迎风飞舞的昆虫、在草间土层耕耘的蚯蚓出神，在心灵深处同它们无声对话：你们与人一样，都在日月星辰的照耀下生活，都经历风风雨雨、霹雷闪电，也有喜怒哀乐吗？也有忧愁忧思吗？也有衣食住行问题吗？也一定有生老病死吧？也会像人一样生存、繁育吗？……看来，世间万物都是造物主所生，都有它们的语言，都有它们存在的道理。天生的必然是有理的。虽然万事万物生活形态、生活方式存在

差异，但是，任何生命体之间，也必然存在相通相同的道理。天底下，万物各有所长，没有任何东西是完美的。人们遇到苦难，一定会从各种生命身上学到什么，受到启迪。

彭祖站起身来，一边想着，一边沿着东麓斜长的山坡，慢慢前蹉，似有所悟，又似有不解。路边山上，有一处竖崖式的山洞，洞口不过一尺多长，被青藤和杂草掩映着，不知山洞深几许。

彭祖伫立洞边，不由探下身子，往洞内瞅瞅。这时，一缕金黄的晨曦，正好斜射进来。洞口草叶上晶莹的露珠，在阳光照耀下闪闪发光。这时，只见洞内草丛深处，草窠轻微摇曳抖动起来，并伴随着窸窸窣窣的声音，少顷，一条肥硕的黑花青蛇带着几条幼蛇，缓缓游到洞口。

彭祖隐蔽洞旁，扶杖伫立，眯起眼睛，凝神静察。只见几条蛇游到洞口，潜伏地上片刻，便昂起头来，耸高颈脖，对着金色的阳光，缓缓张开嘴巴，片刻，闭嘴吞咽一下，旋即再张开嘴巴，停息片刻，闭嘴再行吞咽……如此反反复复，吞咽不止。

彭祖感到奇怪，心中不停地琢磨：它们在做什么？是对初升的太阳致敬吗？是跟人一样在锻炼身体吗？是集体进食？可它们什么也没吃啊！那么它们又吞咽什么呢？这太奇怪了！约莫半个时辰，彭祖还没想出名堂，太阳扭头，阳光已被遮住。几条黑花青蛇随之把头伏进草丛，潜伏片刻，洞口草窠抖动，又一阵窸窸窣窣的声音。它们便缓缓游回洞内幽暗处了。

蛇已游走，彭祖还立在洞口出神。此后一连数天，彭祖都来到洞口观察。在太阳初升时分，彭祖天天都提前来到此地，蹲守在洞口边，目不转睛地留心观察。好像与彭祖有个约定似的，山洞中的那群黑花青蛇也没有一次不按时游出草丛，来到洞口，昂首引颈，如饥似渴地吸食阳光。老人家一直在琢磨：这群蛇为什么要吞咽阳光呢？

彭祖观察了多天，也苦苦思索了多天，一心想破译群蛇礼敬太阳、吞咽日光的密码。彭祖思啊，想啊，苦思冥想多日，终于悟出一个道理：没有太阳，草不长，花不开，树不结果。万物生长都离不开太阳，蛇为百虫

之首，当然也不能例外。当前，大雨肆虐，洪水遍地，人类生存不易，各种动物也会遇到种种困难。这些蛇长期生活在山洞之中，环境必定阴暗潮湿，食物缺乏，生存受到挑战。它们崇拜光明和温暖也在情理之中。可是，它们又是依靠什么生存下来的呢？看到它们早晨游到洞口贪婪地吸食阳光的样子，很可能是阳光中存在一种非常宝贵的东西。早晨的阳光，不仅蕴含光明和温暖，而且一定蕴藏着无穷的营养和能量。这种营养和能量，一定对蛇的生命和生存至关重要，不可或缺。不然，它们何以从不爽时，天天准时游到洞口，昂首引颈，动作整齐，反复吸食下咽呢？阳光一定是蛇们的生命之光。推而广之，阳光对万事万物，不也是如此吗？

彭祖从蛇又联想到人。阴阳之道无所不在，人与蛇虽然有别，但是同为生命体，生存之道也一定相通相融。眼下，阴湿之气严重，侵蚀肌骨脏腑，阴气过盛，阳气衰薄，阴阳失去平衡，自然疾病丛生。要抵御阴气，必须补充阳气。阳光不仅是一种光明，更是一种不可缺少的营养。吸食阳光，不仅可促进体内阴阳平衡，身体康泰，也可弥补营养之不足。山间之蛇尚知如此生活，其他动物也不例外。动物食物匮乏，尚知道从吸食阳光中获取营养，人类不是更需要阳光吗？人为万物之灵，其他动物亦有灵性，亦有各自的生存之道。不仅如此，它们在感知阴阳的灵敏度方面，还是人类所不及的呢！千万不要小看小动物。在很多方面，人类还真是要以它们为师，向它们多多学习呢！

彭祖从蛇身上，悟出道理，一天，又来到那群黑花青蛇出没的洞口，深深地拜了一拜。从此，每天东方发亮，他就折身起床，做完养生的常规动作，便踱出屋门，来到户外，面向东方，端身昂首站立，等待红日从东方升起。当初升的太阳放出第一缕金光，他便学习蛇的样子，昂首引颈，张开嘴巴，大口大口地吐纳，把阳光和空气一起吞咽，把胸中污浊之气尽行排出，周而复始，反复做同一个动作。半个时辰过后，他感到神清气爽，体力充盈，一身轻松愉快。他日日如此，坚持不懈，久而久之，双目明澈，面色红润，耳中噪声渐消，白发又生黑丝。有时，他不带任何食物，外出

修炼多日，也全凭阳光和空气生活，居然也一切如常，身体强壮，精力旺盛。

彭祖作出示范，大彭国的臣民便紧随身后，起而效仿。彭祖早起，臣民也闻鸡鸣起床，不睡懒觉；彭祖凝神屏息，静坐揉体，臣民也跟着静心端坐，舒动筋骨；彭祖起身游走，活动腰身，臣民也随着迈开脚步，伸展四肢；彭祖到户外端身站立，迎接早晨第一缕阳光，臣民也紧随其后，学着彭祖的样子，一边沐浴着阳光，一边不停地深长呼吸，吞食阳光。渐渐地，人们学会了这种生活方式，养成良好的习惯，精力更旺盛了，筋骨更活络了，身上也更有力气了。人们高兴地说："早起祛阴壮阳，身宽体壮，养出了精气神。"

彭祖常告诫身边人说："蛇有蛇的灵性，其他动物也是如此，各有各的灵性，各有各的能耐，各有各的长处，其中的学问大着呢！咱们人类，真的要以动物为师，向生灵学习呢！你看，老虎受伤之后，知道吞食青泥疗伤；野猪受伤以后，知道嚼食桔梗草自疗；小黄鼠狼一旦受伤，老黄鼠狼会嚼碎豆叶，敷在小黄鼠狼的伤口上；小鸟被鹰咬了一口，赶紧找来黄豆叶，贴在自己的伤口上。这样的事情多着呢！所有这些，我们都可以借鉴啊！"

彭祖一启发，百姓都注意观察各种生灵了。有人发现，一头牛的腿被碰伤了，这头牛不停地用舌头舔舐伤口，那伤口也就慢慢愈合结痂了。消息传到彭祖那里，彭祖说："牛行动迟缓，看起来很笨，其实也是很有灵性的。它受了伤，知道用自己的唾沫可以疗治。看来，一切生灵的唾沫不仅能帮助消化食物，还有较高的药用价值。人的唾沫可不可以？大家也不妨试试。"

日常生活中，人们破皮流血的事情太多了，有人用唾沫抹拭一下，果然灵验，不仅不会化脓，而且很快愈合。还有人经过试验，说早晨醒来不张口说话的唾沫，抹在伤口上尤其灵验。彭祖认为，人的潜能很大，人本身就是一个宝库，只是人眼下还没认识到自己罢了。他饶有兴趣地为这种

唾沫起了个又通俗又好记的名字，叫"哑巴唾沫"。从此，"哑巴唾沫"疗伤就在大彭国盛行起来，一直延续至今。

彭祖看到有的动物生了病，静静地趴在地上，一会儿静静呼吸，一会儿闭目养神，过了许久，伸伸腿脚，走走遛遛，竟然又活蹦乱跳了。他观察琢磨很长时间，认为这是动物在静养，以气疗病。他在自己身上开始试验。哪里不舒服，甚至疼痛难忍，他便平心静气，慢慢吸气，吸到饱满，然后闭目，利用意念，一丝一丝，将气送到疾患处，如此一遍一遍，不厌其烦，原来疼痛的地方渐渐不疼了，不舒服的地方变得舒服起来了，难受的地方慢慢缓解了，还真的有疗效呢！彭祖把这种疗病的养生术总结整理，分门别类，命名为"吐纳术""服气术""导引术"。

很多人长年在大水中浸泡，关节酸疼，身体不适。彭祖流离西域多年，从师修行，知道这是风湿侵蚀所致。祛除阴湿之气，一靠活动关节，二靠心情愉快，三靠干燥除湿。彭祖动员大家活动身体，说："活动活动，要想活，活得好，就得动啊！动得好才能活得好，活得健康，活得长久。"他总结出一套简便易行的运动方式，归纳为通俗好记的八句话，向百姓普及：傍晚早睡，天明早起，抚摩全身，屈伸四体，面带笑容，开心健脾，祛除风湿，长期坚持。

天人合一，必须保持阴阳平衡。为帮助国人减少风湿之苦，彭祖费尽心思，在一个"火"字上做文章。他带领青壮年修建火神庙，分派专人，管理用火，不仅让国人都能吃到熟食，喝到开水，而且把火种引到千家万户。有条件的人家砌起火炕，用上火罐，寒冬季节，既能除湿，又能取暖。每逢天晴日出，彭祖就动员大家晒太阳，对着太阳吐纳乾坤之气，气行体内，血畅其流，身轻体健，满心愉悦，大大减轻了患者的痛苦，患风湿病的人也大大减少了。

平时，彭祖不仅自己钻研养生学问，而且留心百姓在养生方面的小发现、小发明、小创造，不断加以归纳、总结和提高，把成功的经验向全体国民推广介绍。百姓试验有效，便长期坚持，一代又一代传承下来。直至

今日，人们还用彭祖那时传下来的古老办法治病呢！

藜藿菜饭

洪水日渐消退，大彭国的山山水水露出真容，一百座青山逶迤连绵，一百条河流蜿蜒奔腾。大彭国名声在外，人烟越来越旺。一个人一张嘴，吃饭成了大问题。俗话说，民以食为天。吃饭可是人们赖以生存的头等大事。尤其是春暖花开、南雁北飞的时候，家家户户陈粮吃到囤底，新谷还未登场，很多人家无隔夜之粮，吃了上顿没有下顿，一天到晚饿肚子，心里惶惶不安，也影响了社会安定。

惊蛰一过，春雷滚过大地，自然界万物复苏，百鸟飞出丛林，群兽奔逐山野，鱼虾浮上水面。春天是生发的季节。它们都忙着产卵孵化、繁殖生育呐！

不少人为了糊口，开始忙着弯弓造箭、磨砺石矛，准备上山捕猎；还有人修网结罟，打算闯荡江河，捕鱼捞虾；甚至有年轻人登岩攀树，去鸟窝掏蛋了……

国人挨饿，彭祖能不心急吗？急着呢！但是，老人家说，再急，也不能饥不择食，违背天理啊！他把国人召集起来，训话说："大家挨饿，我老彭也着实忧心哪！天道有常，自然也有常规可循。违反常规办事，是会受到惩罚的。人无远虑，必有近忧。大家还是要眼光放远，不能做杀鸡取卵的事。春天是万物生发的季节。咱们现在不打猎，是为了今后多打猎；现在不捕鱼，是为了日后多捕鱼。爱护动物，就是爱护我们自己呀！在春天里，放动物一条生路，让动物大量繁衍生息，最终还是造福人类。春天里，咱们无论如何不能上山围猎、下水捕鱼啊！"

老祖讲得非常在理，大家也都点头称是，但是，肚子饿着的人是不讲理的。他们七嘴八舌，议论说："这不能做，那不能做，眼下揭不开锅，人

吃啥呢？总不能扎起喉咙等死吧？"这话虽然是挨饿者的见识，可也不是一点道理没有。春天正是青黄不接的日子，谁家有多少陈粮呢？饿肚子一天可以忍受，可不能天天米面不沾啊！大人可以饿一顿两顿，可老人孩子没啥吃咋行呢？

众人大眼瞪小眼，扎煞着手，都望着彭祖。彭祖捻着花白的胡须，跟大家念了几句顺口溜：

树上寻，

地里找，

野菜树叶都是宝。

愣了愣，彭祖又说："天上飞的，地下跑的，水里游的，有饿死的吗？没有！这些生灵都有办法，人为万物之灵，倒是没有办法了吗？有！关键是要动脑筋，想办法。树上结的，地上长的，不是都有吗？都说青黄不接。黄的还没到口，青的庄稼苗不能动，可是山上、地里、树上，青的东西多着呢！很多不都可以吃吗？大家要用心去找哇！"老人家一番话，指出了方向和路子，打开了国民的思路，也使国民找到了一条度过春荒的活路。

榆树发芽了，结榆钱了，彭祖指指树上，发动大家吃榆钱，吃榆叶；紫藤开花了，他又指指藤花，动员大家采集藤花吃；槐树开花了，香喷喷的，彭祖带头采摘槐花，吃槐花蒸饭。春天里，百花齐放，很多花都可以用来充饥。但是，毕竟不是所有树上的叶子和花朵都能吃，到夏粮登场，还有一两个月呢，这几十天该怎么过呢？不少人家缺米少面，一天又一天，还是打饥荒呀！

彭祖走家串户，听到大家念叨，了解国民的苦情，就跟大家念了个顺口溜：

天生人，地养人，

天地都爱世间人。
要活命，敬天尊，
大千世界去找寻。
放开眼，多用心，
养家糊口手要勤。
万物生发喜迎春，
野菜自可疗饥馑。

老祖唱罢，怕大家听不明白，又说："春天到了，漫山遍野都是野菜。天地都给我们准备好了，只要为人勤快，多方寻找，哪能饿着人呢？脑子不开窍不行啊！"

山上山下，百草丰茂，野菜遍地都是，可哪些能吃、哪些不能吃呢？彭祖带着百姓，来到山野，一起采撷，手摘口尝，凡是味道清香、略含小苦的，都可以充饥为食。

此地不管山间，还是田野，盛长藜菜，百姓通常称灰灰菜。藜菜开春就吐芽，夏秋疯长，枝嫩叶鲜，一片黛绿，满地生长，到处都有；还有一种蘼苗，俗称野豆棵，叶子稠密，生长鲜嫩，也可以食用。将灰灰菜和野豆叶采集而来，清水洗过，加点五谷面粉，可以蒸食，可以炒菜，可以烧汤，也可以做菜馍。尤其蒸菜，用辣椒等作料调拌，清香可口，又刺激食欲，被誉为一道美食，老少都夸好吃。彭祖一一记在心里，逢人就宣传推广，还就发动百姓，大量采集，晒干可以长年食用。

此地离东海不远，往日倒灌的海水退去时，留下几处盐池，经常结出雪白的盐花，高亢地段也往往能采集到一些盐屑。彭祖一尝，味道发咸，用来调和饭菜，有滋有味，便向国人推广。从此，大彭国的国民便养成了吃食野菜的习惯。一到春天，漫山遍野，挖野菜的人到处都是，灰灰菜、野豆叶尤其受人欢迎。人们还专门为这种野菜编了一首歌谣：

　　　　太阳照，雨水浇，
　　　　春风吹来遍地跑。
　　　　又像蒿，又像药，
　　　　又像青菜又像苗。
　　　　可以蒸，可以炒，
　　　　可以做汤可做糕。
　　　　藜藿菜，救命草，
　　　　青黄不接疗饥饱。

　　国人唱着民谣，挖着野菜，顺利度过了春荒。人们开玩笑说："难怪百姓被称为藜民呢！你看，咱们大彭国的老百姓，天天吃藜菜、藿菜过日子，不是藜民是啥呢？"后来，为避草民之嫌，不知什么时候，后人就把藜字的草头去掉了，百姓就被称为黎民了。

　　在彭祖领导下，大彭国战胜了滔天洪水，建立了自己的国家，百姓居住有屋，衣食有着，青年人身体健壮，老年人健康长寿，少男少女健康成长，呈现出一片兴旺发达的景象。饮水思源，国人对老祖充满无限感恩和敬意。人们外出，每当有人问起他们是哪里人氏时，他们都骄傲地回答："大彭国，彭祖国！彭祖老人家的国民！"

　　彭祖，成了大彭国的一面旗帜！国人过上了好日子，彭祖别提多开心了。他常常携上铜鼓，到处游走，特别喜爱坐到河边，看着滚滚东逝的流水，自娱自乐地擂起铜鼓："嘭、嘭嘭、嘭嘭嘭……"

　　流水湍急，鸣声溅溅。岸边黧黑的石头，经过河水长年的冲蚀，坑坑洼洼，布满洞穴，在湍急的流水冲击下，"铿铿"作响。彭祖的鼓声一响，鼓声、水声声声交错，相互融合，鼓声"嘭、嘭、嘭"，山石声"铿、铿、铿"，"嘭、铿，嘭、铿"地作响，形成一组美妙的交响协奏曲。

　　在鼓声、水声的相互交鸣中，彭祖经常自娱自乐，感觉是一种至高无上的享受。与当年在西域时相比，那时的鼓声响亮、狂放，能听到风卷飞

沙的声音，而这时的鼓声圆润、悦耳，伴和着叮咚的水声，更加美妙神奇。他怀念昔年的师父，心想，师父可能久已不在人世了。他的在天之灵，一定能看到自己，能听到今天这种金石和河水撞击的奏鸣曲。

彭祖在河边擂鼓的时候，周围往往聚集了很多百姓。人们敬佩彭祖，热爱彭祖，一天劳累之余，放松放松，也围聚而来，欣赏鼓声，也在鼓声中休息身心，陶冶性情。彭祖发现青年人喜爱敲鼓，便向他们传授击鼓的技巧，与他们同乐，"嘭、铿，嘭、铿"地响成一片。每天，青年人劳苦一天，主动找上门来，催老人家说："老祖，咱们该去'嘭铿、嘭铿'了啊！"

彭祖听到这里，高兴地说："是啊！人无论老少，都是天地之子，造化之女，就是要和自然融合一起啊！以后，你们就管我老彭叫彭铿好了。"

彭铿，这个响亮的名字，就这样叫开了。若干年后，彭祖离开了他们，但彭铿的名字，却像奔腾咆哮的泗水一样，长流不息。彭铿，逐渐成为一个时代的符号。

羊方藏鱼

彭祖身在人间，自然跟平常人一样，娶妻生子，过正常人的生活。第一位媳妇老死时，彭祖满面红光，还身强力壮哩！于是，彭祖为了方便生活，就再续弦生子。这样，他到六百七十岁时，已经娶了四十几位妻子，生了五十多个孩子。

眼看七百岁了，彭祖又生了个儿子。老年得子，彭祖想到自己的年龄，就像将要落山的一轮夕阳，就为儿子取名叫夕丁，寓意这个孩子是自己黄昏之年得到的宝贝儿子。天下父母爱小儿。彭祖和彭婆对夕丁真是捧在手里怕碎了，含到嘴里怕化了，疼得像心肝宝贝儿。

当时，国人食物粗粝，淡而无味。许多人食不甘味，了无食欲。身体营养主要从食物中来，一个人对吃饭没有兴趣，能不影响健康吗？为了让

国人食之有物，食之有味，彭祖老人家迷上了烹调。他一有时间，便经常下厨，掌勺炒菜，调和滋味。功夫不负有心人。经过长时间的琢磨和实践，他做出一道道美味佳肴，并把做菜的方法刻在石头上，介绍到老百姓那里去，大受国人欢迎。而彭祖呢？对烹调的兴趣竟一发而不可收拾，简直到了着迷的程度，过一段时间，便向外推出一道好菜。

老子酷爱烹调，小儿子夕丁恰好是个馋猫，一个刁嘴的吃货。这小家伙最爱吃鱼吃肉，三天不见荤腥，就心里痒痒，口水直流，向爹娘嘀咕。为了解馋，他经常今天掏个雀窝，明天下河摸鱼，尤其喜爱捞鱼摸虾，千方百计，想方设法，搞点野味，打打牙祭。那时，到处是水，河塘很多。大人一眼没看见，小夕丁就溜出门了，见到水，小褂一脱，裤子一褪，就跳进河里。多少次，家人喊他吃饭，没人答应，如到河塘水沟去寻，十有八九不会落空。

他老子爱养生，好烹调，活得可仔细了！彭祖走路都小心翼翼，生怕踩死蚂蚁，不仅自己不走近险境，对家人也要求严格。他对小夕丁经常耳提面命，一遍一遍叮嘱他："勿要爬高上低，千万别上树、下水，摔着、淹着可不是玩的！"如果儿子不听话，他轻则动怒，大声呵斥，重则脱下鞋子，抽打儿子的屁股。

小夕丁调皮捣蛋，哪能那么听话啊！对老子的告诫，他总是这个耳朵进，那个耳朵出，阳奉阴违，不当回事儿。不过，小家伙变得越来越精明了，明里不敢干，暗地里却照来，只要避开父亲的眼目，依然我行我素，想干啥干啥。

有一天，夕丁又犯馋了。他瞅父亲前脚离开家门，后脚"哧溜"就开溜了。溜哪儿去了呢？他左转转，右抹抹，又踅到了水塘边，围着水塘转了又转，一个猛子扎进水里，干起捞鱼摸虾的老营生了。

这小家伙还挺机灵，很有能耐呢！你看他，扎进水中，一口气潜游了一丈多远，才浮出水面，然后站在齐腰深的水里，手脚并用，在水里三搅和两搅和，把水搅得混浊起来。塘水一浑，鱼儿呼吸不畅，渐渐浮上水面，

大张着嘴,翕动着腮,一张一合地游水。夕丁瞄准目标,悄悄靠上去,两手往前一伸,像螃蟹夹子似地逮住一条黑草鱼,嚄,足有一斤多重呢!这小子倒是不贪,得手便收,一鱼在手,"霍"地冲上岸来,一身水淋淋拉拉,飞奔回家。

母亲彭婆正在锅屋做菜。做的什么?炖羊肉!她把一大块羊肉洗净剔骨,切得方方正正,配齐佐料,放进烧得"咕嘟咕嘟"的开水锅里。夕丁一头闯进锅屋,把鱼往地下一摔,伸出拇指甲,关节一拱一拱,干净麻利快,把鱼鳞收拾好了,再把鱼鳃抠净,将鱼肠子扯了,往母亲手里一塞,催促说:"好娘亲,赶快做了给夕丁吃吧!我实在馋得不行了!千万千万,别叫老爹看见噢!"

彭婆既担心儿子下水摸鱼惹老子生气,又拗不过小夕丁的央求,又是嗔又是爱,用眼睛"挖了"儿子几眼,还是掀起锅盖,把鱼塞到羊肉底下。为啥这么做呢?因为彭祖有个习惯,一回到家,先进锅屋,进了锅屋先揭锅盖,看看做的什么菜。为防鱼未烧熟老彭却回家了,知道儿子下河摸鱼,教训儿子,把鱼藏严实点,打一下马虎眼。

鲜鱼肉嫩,下锅好熟。才过片时,小夕丁怕老子回来发现,就迫不及待地催促母亲:"我的亲娘,鱼早该熟了,赶快盛吧!"母亲摁住锅盖,又焖了会锅,才将鱼盛到盘里。小夕丁把盘子一端,跑进屋内旮旯里,像多年没沾过腥味似地,手嘴并用,吃得"吱吱喳喳",有滋有味,不仅肉吃了,汤喝了,连盘子也舔得干干净净。

小夕丁才把嘴抹干净,彭祖就从大门进家了。老人家往锅屋门口一站,就闻到一股扑鼻的香味,忍不住走进锅台,边掀锅盖,边问:"烧的是什么菜呀,这么香喷喷的?"

彭婆回答道:"羊方大肉,能不香吗?"

俗话说,天上的龙肉,地下的羊肉。煮羊肉,上等菜,当然香喽!可彭祖感觉到,羊肉香是香,可今天的这香味,同以往不同,还有一种特别的味道,可哪里不同,要说又说不出来。锅内羊肉已煮得烂熟。彭祖不等

先贤彭祖

出锅，就拿起双箸夹了一块，吹了吹，放到嘴里，慢慢一嚼，细细一品，咦？果真别有香味，与往日不同。他若有所思地询问妻子："今天这味道怎么与以往不同呢？"

妻子把手一摆，说："别说胡话了，羊肉还是那种羊肉，佐料还是那些佐料，做法还是老一套做法，能有啥不同的？你莫不吃麻嘴了怎的？"

彭祖细细嚼肉，又品了品肉汤，哎呀，有一种异香嘛！他一边尝，一边细品，心里不停地琢磨，自言自语地说："羊肉还是那种羊肉，佐料还是那些佐料，做法还是老一套做法，怎么就味道不同了呢？怪哉！"

彭婆看老彭样子有些怪怪的，怔了一怔，忽然想起了鱼羊同锅的事，"噢"了一声，脱口说道："老头子，你别闷了。我想起来，做法是有点小小的不同。"话一出口，她又怕露馅，所以，吞吞吐吐，低着头，"嘿嘿"地笑。

彭祖"嗯"了一声，转身盯着彭婆，连声追问道："你快说，你快说，究竟做法有啥不同？"

彭婆一听，有点蔫了，说："你，你还真的要问吗？"

彭祖脸上一怔，大声说道："我问话还有假的不成？我真的要问，我现在就要知道！"

彭婆歉意地笑笑，望着老伴的脸，轻声说："他爹，我说出来，你不准生气，好吗？你如果答应，我就说；否则，我就不说了。"

"这说的什么话？"彭祖被逗笑了，"能吃到这么美味的羊肉，我老彭高兴还来不及呢，咋会生气呢？做羊肉菜，还有什么不能说？卖什么关子？说吧，我不生气。"

"保证不生气？说话算数？"

"保证不生气！说话算数。"

彭婆见丈夫高兴，才慢慢道出鱼羊同锅的原委，说完，还念咕道："咋能想到，羊方大肉下边藏条鲜鱼，鱼羊同锅，味道会还这么鲜美呢！哎，咱们有言在先，不准生气，不准发火！你千万不能为小儿子下水摸鱼打孩

子啊！"

彭祖听了，不仅不发火，反而细细一想，悟出一个道理：做菜必须讲究搭配，才能味道鲜美。猪肉萝卜、鸡块板栗一起烹烧，别有一番风味。今天的事实证明，羊方大肉配鲜鱼，鱼羊同锅，也能烧出一道上等的好菜哩！

为了弄清这道菜的来龙去脉，彭祖把小夕丁找来，笑着说："儿子，你今天擅自下水，虽然犯了家法，但老子不训你，也不打你。只是，老子也不能白白放过你。我罚你戴罪立功，在老子眼皮底下，下水再摸一条鱼来。"

小夕丁听了，一跳三尺高，大叫道："太好了！早该这样了！走，现在就去，一准儿手到擒来！"

就这样，彭祖亲眼看着儿子跳下水塘，一会儿工夫，又摸来上来一条斤把重的黑草鱼。彭祖让妻子看着，自己亲自操作，刮鱼挖腮，剖肚清肠，佐料下锅，烧水至沸，先下羊方，后放鲜鱼，大火烧开，小火慢煨。出锅后一尝，味道果然鲜美。彭祖频频点头，开心地笑了。

彭祖把这道菜定名为"羊方藏鱼"。他总结出这道菜的做法，向人介绍说："鱼要活鱼，羊肉要现宰现杀，鱼羊同锅，配齐佐料，味道才异常鲜美。"

从此，"羊方藏鱼"成了大彭国的一道名菜。人们还以这道菜作为谜底，编出一道有趣的谜语："半边鳞，半边毛，半边腥，半边臊，半边山上吃草，半边水里飘摇。"

据说，仓颉造字时，这个鲜字，一边是鱼，一边是羊，就是根据彭祖的这道菜造出来的。

六、筚路蓝缕

穷则思变

大彭国人丁日渐兴旺，地盘一天天扩大，国力也一天天强盛，彭祖的大名天下传扬。

水往低处流，人往高处走。当时的国家，方圆百里。国与国之间相互竞争。人民有选择国家的自由。哪位国君贤德，政治开明，人民安居乐业，百姓就归附哪个国家，做哪国的臣民。听说大彭国的酋长是位开明国君，国家兴旺，人民安康，方圆数百里的邻国百姓，谁不想做大彭国的臣民呢？于是，纷纷结伙成群，投奔大彭国而来，登记造册，纳土归附。天长日久，大彭国的地盘像滚雪球似的不断扩大，国力也越来越强。

国都是一国的标志和形象。一般说来，都城应该选择依山临水的风水宝地。依山筑城，得地势之利，一旦外敌入侵，易守难攻，相对安全；面临河流，得舟楫之便，方便贸易，发展经济。大彭国的都城在洪水中草创，当时主要考虑地势高亢，便于人们安居，解决住的问题。由于建设仓促，城市缺乏规划，建筑物过于密集，山腰、山麓和山下连成一片，呈环形带状，不仅取水不便，而且交通易于受阻。另外，山南向阳处温暖干燥，居民却要经常去山北劳作；山阴居民出门劳作便当，但却居住阴暗潮湿，尤其冬季，难以见到阳光。时间一长，都城的种种弊端日渐显露出来。当年搭建的临时窝棚，虽然可以遮风挡雨，但一到寒冬腊月的寒天，却难抵御严寒酷冷的侵袭；有的窝棚为仓促赶建而成，基础不牢，檩椽蠹蚀，虽然屡经修缮，依然有很多房屋墙体倾圮，屋面坍塌……

对于百姓的疾苦，彭祖能不着急吗？他看在眼里，急在心哇！都城是

国家的心脏，都城不安，影响全局；都城是国家的门面，有城无池，街道不整，有失尊严；都城是国家的门户，都城不固，影响安全……

彭祖围着大彭山转了一圈又一圈，脑子里也盘算了又盘算。他看到，山上虽说是盘不小，但是，发展空间、发展余地十分有限；上山、下山的道路崎岖不平，高高低低，经常发生车辆倾覆现象；城内街道普遍狭窄，弯弯曲曲，阻碍出行，两旁住户密集，山地拓宽道路十分困难……如若小修小补，于事无补；而大修大建，又会劳民伤财，伤筋动骨，引起社会动荡，弄不好事倍功半，半途而废。啊，实在是太难了啊！看来，在老城上改来改去，不是办法，就像一件衣服已经做好，穿在身上却不合适，再去修改，改来改去，顾上难以顾下，顾前不能顾后，再改也是个拙大襟！

彭祖不停地围着都城转呀，转呀，信步攀到山顶，放眼一看，豁然开朗：哎呀，大彭国大得很哪！山下大水早已退去，不能老是在眼皮底下打主意嘛！山山岭岭，川川水水，一眼望不到边的大平原，多好的地方嘛！当年大彭山建国，是大水之中，按当时条件，急就成章，属先天不足。当年感觉不错，还能凑合，可眼下家大业大了，感觉不合适了，修修改改既费财，又费时，何不改弦更张，重新量做，重做一件新衣裳呢？

看着万里风云，大好河山，彭祖蓦然一震，胸襟大开：都城建设事关国家安危，不可仓促行事，务必要立足全局，放眼长远，从长计议，卜择佳地，为大彭子孙千秋万代积德累功啊！

心中有了大路数，彭祖心里豁然亮堂了！他把日常事务都交老臣彭敬打理，叮嘱他对都城改造主要维持现状，重大问题只议不决，只说不做，自己便带上彭堪、彭舆等几个人，说是挑选风水宝地，就走出国门，到大彭国各地巡行去了。他们攀上一山又一山，跨过一水又一水，迈开双脚，丈量方圆百里的国土大地，把整个大彭国看在眼里，收在胸中。三个月后，彭祖一行又登上了九里山。

九里山，山岳连绵，蜿蜒起伏，东西长约九里，故名九里山。站在第五节山巅向北看，是一眼望不到边的大平原；向南看，云龙山曲折蜿蜒，

云蒸霞蔚；东西两面，山头林立，四围呈操手环抱之势，把方圆数十里紧紧围住，宛如一处天然的围城。九里山前，北来的泗水和西来的汴水交汇合流，浩浩荡荡，奔腾不息地向东南流去。看到河山如此壮美，彭祖手捻胡须，不由得一声赞叹："气象万千，山水天成，真是一方天府宝地啊！"他回头看着几位后生，问道："孩子们，要是在此处建立一座新城，如何？"

彭堪与彭舆打起眼罩，朝东西南北四个方向瞭望了一下，又合计一会儿，禀报说："群山合围，如天然屏障，可保城市安全；大河穿流，方便舟楫，利于交通，适合依河兴市；中间地势平坦，适合人们居住。风水俱足，大势很好，具体还要仔细勘察。"

彭祖听罢，心中有了底数，又不辞劳苦，带他们攀上群山，围着群山转悠；涉水渡河，顺着河势前行，边走边看，指指点点。彭堪、彭舆一边细心考察，一边手有所记。最后，彭祖带领大家，又聚集在云龙山上，问大家："孩子们，怎么样啊？"

两位风水师滔滔不绝地说开了。彭堪说："要说建城，方圆百里，未有如此地最佳者。国家都城，安危第一。此处地势险要，北有平山口，南有两山口，东西水路畅达，一旦发生战事，进可以攻，退可以守，这是最紧要的。其次，群山环绕，依山面河，方便整体规划，足可安置万家。四周土地肥沃，物产丰富，国人出城可以种田，农人进城可以经商，方便贸易，衣食无忧。此处确实是一块天赐宝地啊！"

彭舆接着禀报说："当年洪水滔天，千年一遇，在大彭山建都，实是不得已而为之。如今风调雨顺，天下太平，理应考虑造福黎民大计。此处建都，不怕战事，不惧天灾。平时安享太平，如果再遇大水，群山都可临时居住，定会大大减少损失。"

二人你一言，我一语，说得其他人也动心了。大家一致说好，望着彭祖说："既然这是一块福地，老祖拿个主意，在这里建设新都吧！"

彭祖表面矜持，心底喜不自胜，停了半晌，才慢慢说道："是啊！天与不取，反受其咎。唯有福人居福地，福地才有福人居啊！我看也是不能违

背天意。不过，建设新都城不是一桩易事，务须征求国人同意，还要大家做工作啊！咱们回去后，暂时还不能声张，要水到渠成，瓜熟蒂落，才能出台。否则，人心不齐，好事也难办好啊！孩子们，记住啊！"

谋建新都

奔波整月，彭祖带人回到大彭，一连多日，闭门不出。一则老人家的确累了，需要休息，缓解疲劳；二则迁都新建不是小事，更不是易事，得要深谋远虑，说服大家，人心齐才能成事啊！事实也正是如此。大彭国立国数年，如果迁都重建，国中上万臣民，兴师动众，不会是小动静，一定要顺从民意。俗话说，人心齐，泰山移。关键是百姓要心往一处想，形成大家共同的意志。如果人心七差八差，好事也很有可能办不好，甚至瞎折腾一番，既劳民伤财，又涣散人心，落下一大堆不是，与其这样，一动不如一静，还不如不做。

大彭山上，国人生活依旧。但是，表面上平静，其实并不平静。虽然彭祖闭门不出，杜口不言，但跟随他外出考察的一行人早已沉不住气了。虽然彭祖要求他们不说，可是谁没有家人，谁没有至朋好友，他们憋了三五天，就私下同家人、亲朋好友透露了消息。

迁都，这可是个大新闻。听到消息的人无不震惊。有的心中犹疑，但是更多的还是动心。是啊！水往低处流，人往高处走，谁不向往迁往一处福地呢？世上没有不透风的墙。你一言，我一语；你传我，我传他。没过几天，社会上就风言风语地传开了。不少人还找到彭祖，开口就问："老祖啊，迁都是件大事，你还守口如瓶呢，我们早就知道了，别再瞒着掖着了。请快拿大主意吧，咱们什么时候开工建设啊？"

这些日子，彭祖虽然闭门独处，没有开口说话，可心里一刻也没闲着。看到有人找上门来，有些风生水起，他才把群臣和几百名青壮年召聚一堂，

说："我一大把年纪了，多一事不如少一事。可是国家大了，人民多了，都城一扩再扩，还是居住不下。我也不得不思索这个问题，关于都城建设，下一步到底该怎么办？国是大家的国，家是全民的家。众人的事，主意还是得众人来拿。老夫很想听听大家的意见。谁有什么意见，谁有什么高招，都说说吧！"

人们一听，彭祖把这件事挑开了，会场像开了锅似的，议论纷纷，一片热议。有的说："如今都城一天天扩大，山上已无地可建，山下又地势低洼，要守住眼下的摊子，也能过，但也很难哪！"有的说："国都如不向外扩建，就只有向内挤压，拆旧建新，拆大建小，原来的一房建两房，原来的一家变两家……"话没说完，有人就打断了，说："一个槽上拴俩叫驴，不乱踢乱咬才怪呢！以后可有乱子拾掇了。"

彭祖轻轻拍拍案子，望望众人，说："办法是逼出来的。活人不能让尿憋死。大彭国贵在一个大字，方圆百里，地盘大着呢！咱不能只看到鼻子尖下一点，想问题不妨往大处想想，咋样啊？大彭国不是只有国都这地方，大彭国首先一个大字当头，不是有很多风水宝地吗？彭堪、彭舆是风水师，跟着我跑了个把月，有啥好主意没有啊？"

二人早憋着一肚子话，经彭祖一点拨，一五一十地说开了。他们一件件、一桩桩，先摆大彭都城眼下的顽症和痼疾，又说到九里山、云龙山之间建都的种种优势，条分缕析，振振有词。彭舆说罢，还站起身来，环顾全场，理直气壮地说："开天辟地以来，老祖宗就讲究风水。当年，祖上以狩猎为主，人们一般冬则穴居，夏则野处。现在，咱们半是狩猎，半是农耕。这对居住也提出了新的要求，那就是背山面水，向阳择居。九里山前，云龙山北，群山环抱，大河穿流，那可是要风有风，要水有水，是一块打着灯笼也难找的宝地。不管是为国家考虑，还是为子子孙孙着想，都应该迁都。这没啥说的！"二人的话很有煽动性。多数人迷信风水，对风水师的话双手赞成，大声叫好。

彭祖捻着胡子，慢声细语地说："两位风水师的话不无道理。固守摊子，

是一种办法；弃旧图新，也是一种考虑。俗话说，树挪死，人挪活。现在洪水已退，咱们大彭国是该考虑一个长远大计了。不迁都，还有什么好办法？迁都，又该咋迁？大家心要齐。人心齐，泰山移。人心不齐，寸步难移啊！"

对于迁都一事，彭祖虽未明确表示态度，但是却有明显的倾向性。众人听了，先是沉默片刻，随后，有人嘟嘟囔囔说："苦拼苦干多少年，才使都城有个样子，难道还真要迁都重建吗？就没有别的办法了吗？"也有人低声说："穷家难舍，再说，迁都哪有那么容易啊！这山看着那山高。我看这地方还就不错呢！"

彭祖望望大家说："这些，老夫倒是都考虑过了。大家有不同意见，再正常不过。迁好，还是不迁好？耳听为虚，眼见为实。彭敬，你过去在九里山一带生活过，对那片地方熟悉。你什么看法？"

老臣彭敬是位实诚人，深得国人信赖。他听彭祖一点，随即起身说："我是九里山人，几代人都在那居住。那时主要依靠打猎为生，夏秋季节也常采野果充饥。住的地方就是白云洞，靠近平山口，冬暖夏凉，进出方便，不是大水，我真舍不得离开那里呢！彭堪、彭舆说的都符合实际。那里的确好，真的好！大彭山这里虽然也不错，但是不怕不识货，就怕货比货。凡事总有个比较。大彭山简直没法跟九里山前相比。话说回来，对于建设大彭山，大家毕竟付出过艰辛劳动，流过很多汗水，热土难离，感情深厚，这可以理解。但是，时代变了，咱得跟上时代的脚步。俗话说，百闻不如一见。坐而言，不如起而行。有谁要去九里山前看看，我愿意给大伙带路，做个向导。"

这番话，说得大家心里热乎乎的。但是，仍有少数人恋旧，安于现状，举棋不定。彭敬像看出少数人的心理，笑着伸出两臂，高声说："国家要长治久安，必须深谋远虑。看准的事，就得脚踏实地地干，不能犹豫不决。"

彭祖频频点头，对彭敬说："大家的事，还得大家当家。如果还有人放心不下，就跟着你跑一遭吧！"彭敬一招呼，几十个人踊跃参加。

第二天,彭敬就带上人马出发了。对九里山一带,彭敬了如指掌。他带着大家,登上九里山远眺,攀上云龙山俯瞰,一边走,一边说:"这山,是咱们的天然城郭啊!这水,是咱们的财路啊!这一眼望不到边的原野,是咱们的大粮仓啊!这群山怀抱的大片土地,可是咱们的聚宝盆啊!"几十位青壮年不等看完,就异口同声地说:"不看不知道,一看还真是不错。这里同大彭山一个天上,一个地下。没啥说的,迁吧!咱一百个赞成!"

彭敬一听,乐得脸上笑开了花,说:"我有个建议,看大伙赞成不赞成?要迁都,先把彭老祖迁来。他是咱们的君主,德高望重,牵一发而动全身。他老人家来了,谁还抱残守缺,能不过来?"众人听了,齐声欢呼起来:"这主意高,赞成,赞成!"就这样,人还没回到大彭山,都城搬迁的大事就已形成共识,没有异议了。

彭敬一帮人回到大彭山,一传十,十传百,消息不胫而走,一阵风传开了。大彭国的国民,谁不关心这件大事呢?彭敬一帮老少爷们成了街头巷尾的解说员,向东一簇西一簇聚集的人们,"哇啦哇啦"地说开了,新都选址如何如何,说得绘声绘色,头头是道。老百姓还是没主意的多,一听宣传得那么好,一个个都动了心,盼望早日迁都才好呢!

彭老祖一看这场面,乐了:"行了,到火候了,迁都的事可以定下来了。"他又把彭敬、彭堪、彭舆找来合计,说:"既然这把火烧起来了,就得趁热打铁,事关百年大计,千年大计,务必精细谋划,步步到位,安排妥当。迁都是件大事,好事。但是,大事不能大意,好事一定要办好。要多动脑筋,大事靠大家来办,众人拾柴才能火焰高啊!好事须好好谋划,一件一件都要办好才行。万事开头难,一定要开好头,做出样子,叫大家跟着做。"

彭敬说:"俺们考察时就议了这个问题。大雁高飞靠头雁,羊群上山靠头羊。为了顺利搬迁,劳驾老祖先迁过去。行动是无声的命令。磨破嘴皮,不如做出样子。你老人家一迁过去,不说话,大家就会紧紧跟上,比着看谁迁得快吧!"彭祖想了又想,说道:"也好,这是个好主意。我就听大家的。既然正式迁建新都,国家的门面,不可掉以轻心。不建则已,建则建

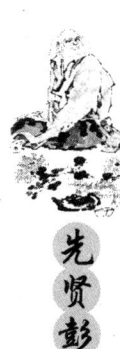

好。为此，你带人要先行丈量，把大局布好，做出总体筹划，画出草图，按图施工，有章有法。"彭敬等人一起应承，说："那是当然。"

在彭祖亲自安排下，两位风水师连日在九里山前拉竿丈量，按照国都建设制度，绘出草图。之后，彭敬组织一批壮丁，先行到九里山南、泗水南岸安营扎寨。大彭新都建设正式启动了。

规划中的大彭都城北依汴水，东临汴泗合流，南傍小南山，城墙九里，形如卧牛。彭祖大殿居于卧牛心脏，占乾坤大位。站在此处，四望群山巍巍，身后大河奔流，气势异常壮阔。新城以彭祖殿为中心，依山枕河，定东西南北四城之门。规划中的九里之城，外有天然护城河，南城墙东西平直，二三里长，其余三面呈半圆弧状，东西南北四座城门。全城城墙宽厚，威武雄壮。依照城门，规划街道，街宽一丈，四通八达，沿街建设商店，店后依次建设民居。

大水退后，黄沙遍地，随处可以取土。周围山上，乱石满冈，到处可以取石，占尽靠山吃山、靠水吃水之利。彭敬发动大家，打桩行夯，做实地基，挖土和泥，拣石垒墙，砍伐树木作梁椽，刈割山草苫屋面，不出旬月，彭祖殿就竣工了。彭祖殿居山水之中，坚实、厚重、高耸、大气，成为全城的标志性建筑。

彭祖一搬过来，整个大彭山像炸了锅似的。主心骨走了，家家户户，谁不想早日迁到新都，住上新房呢？老年人跟着彭祖走，年轻人更坐不住了。反正也没多少家当，锅碗瓢勺，旧衣破衫，收拾收拾，带上老婆孩子，一副扁担两条筐，什么东西都运来了。到了新城，他们先搭个窝棚，安顿下来，然后按风水师的安排，建设自己的新家。

民心向往是无穷的力量，大彭新都一天一个模样。彭祖带领大家边修城，边筑房，号子声声，彼此呼应，一片热火朝天的景象。云龙山、大山头和韩山之间，是一处漫洼，长年山水淤积，土层深厚。国人就从此处取土，筑城挑墙。城墙中间夯土为心，外砌石头作皮，筑成坚固厚实的城墙。

三山之间的漫洼，由于连连取土，形成大片的深坑，一到山洪暴发，

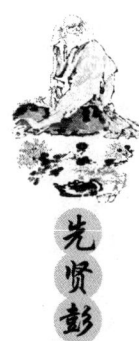

就是一片天然的水池,有时会灌进城里。考虑国人的生命财产,每逢大雨季节,彭祖就命家犬日夜守候在漫洼周围,发现险情随时预报。家犬不辱使命,恪尽职守,后来死在湖中,化为一尊石狗。人们为了纪念彭祖家犬,遂命名此洼为石狗湖。

东城门依城面河,舟楫如云,处于交通要道,是大彭国的门面,东望一览无余,地势平坦开阔,城门建得格外高大,号为大东门。外地人称之为彭门,成为大彭国的标志。舟人看到彭门,就知道大彭国到了。

几年过后,大彭国九里长的城墙高高筑起,巍峨高大,十分壮观。街道纵横,井然有序,民居鳞次栉比,市场繁华,生意兴隆,成为方圆几百里首屈一指、数一数二的大商埠和大都市。

大彭国迁都后,国民绝大多数迁到新都,只有少数人没有搬离,原来的篱笆土石城日渐凋零。后来,外来流民又迁来一些。在大彭山周围,逐渐形成一个大而松散的村落,人称大彭村。

水火攻石

围绕彭祖殿,民舍民居相继开工建设,呈群星拱月、百鸟朝凤之势。百姓如潮水般涌来,围着彭祖殿左看右看,"啧啧"称赏不已,同时设想自己的房屋如何建设。过去,人们在大彭山下长期居住草棚,一看到风雨不动的石头房屋,顿时开阔了眼界,不由自主地提高了施工标准。官方又推荐一套土坯石垛房的样板房,百姓遂自动结合,互帮互助,共同建设新的家园。

百姓自己建房,热情难以想象。他们把自己的理想编成顺口溜,唱道:

> 石头垛,土坯墙,
> 合拱木头作栋梁。

秫秸笆，茅草房，
冬天暖和夏天凉。
再起一堵四合院，
全家老小喜洋洋。
勤劳节俭度日月，
日子过得赛天堂。

　　谁不向往这样的好生活啊？可建设这样的家园谈何容易呢？虽说泥土野草遍地都是，和泥脱坯也用不了多少力气，可山上山下的石头，要一块块找，一块块运，一块块去垒去砌啊！劳动量还是蛮大的。然而，建城建家的热情一旦被调动起来，简直不可想象。人们不怕苦，不怕累，起早贪黑，翻山越岭，到处挑拣和搬运石头，背的背，搬的搬，挑的挑，抬的抬，车载肩挑，络绎不绝，运到建设工地上来。

石头岭，石头山，
满山乱石不稀罕。
石头疙瘩石头片，
建房都是宝贝蛋。
大人挑，小孩搬，
老老少少齐参战。
出大力，流大汗，
累死累活建家园。

　　建房子，土坯不缺，最缺的是石头。平时用不着石头时，进山石头碰脚，可真要用石头建房子时，挑来拣去，并不是所有石头都能派上用场，大石头不如小石头，石头蛋不如石头片。山上石头多，可是，建设一个都市，得用多少石头啊？经不住千军万马天天上山，不停地搬运。毕竟不是

所有石头都能用来建房，不到一年，山上能用的石头捡得差不多了。人们守着大山无石用，出现了石头荒。

　　老年人操办建房，急着为儿子娶媳妇，早一天抱上孙子；年轻人忙着建房，那是为了孝敬爹娘，让辛苦一生的老人住上好房子，孝顺不能等啊！可眼下，盖房缺石头，咋办呢？男子汉说："咱膀大腰宽，有胳膊有腿，不怕出力流汗，守着大山，就得向大山要石头！"那时，没有火铳炸药，开山只有"石打石"，拿起石头砸石头。有的搬起一块大石头，向山石上砸去，"啪"的一声，火星四溅，碎石乱迸。还有的用石锤不停地往山石上敲、砸，手上磨出血疱，磨出厚茧，身上甚至被飞石击伤，流出鲜血。这样硬干，力没少出，汗没少流，却仍然事倍功半，进展缓慢，打出的石头不仅少得可怜，而且零零碎碎，远远不能满足建筑的需要。

　　一天一天又一天，一伙一伙的青壮年开山不止，打石不停，人困马乏，却收效甚微。因为石头少，大家都急着建房，你也争，我也抢，还闹出不少矛盾，惹出不少闲气，有的人甚至想撂挑子不干了。更多的人则是摇头叹气，口出怨言，感到无助和无奈。

　　俗话说，年轻人有力气，老年人有心计。彭祖并不天天安坐彭祖殿中，而是到处走动，到处察看。对于开山打石遇到的问题，彭祖看在眼里，急在心里，肚里早就在盘算了。一天，一伙年轻人在山上正愁眉不展、唉声叹气的时候，彭祖老人家不吱声上山来了。

　　老人家笑眯眯地看着大家，轻声问道："小伙子，怎么样啊？开山取石不容易吧？"

　　一个年轻人光着脊梁，汗珠子直往下滚，摇摇头，大发牢骚："老祖看看吧，这太难为人了！俺们不怕出力流汗，可拿着石头打石头，把吃奶的力气都使出来，往往也只能砸出个白印儿。手里的石头打烂了，可山上的石头连纹儿也没裂！这守着个大山没石头，算哪回事呢？真是窝囊死了！老祖宗，老神仙，你给拿个主意吧！"

　　其他人也附和着说："没招儿啦！老祖宗支个招儿吧！"

彭祖站在一旁，捻着胡子，抿着嘴儿，笑而不言。

"你老人家经多见广，有什么好办法，快说说吧！"小伙子们见老祖不开口，心里着急啊！

心急喝不得热粥。彭祖停了半刻，慢声细语地说："硬碰硬地打石头，当然得要力气，要吃苦。可光是苦干还不够。干啥事，一定得顺物理，使巧劲，多动脑筋，多想办法，琢磨点子。力不够，点子凑。要坚信，多用心思，就没有做不成的事儿！"

年轻人不服气，说："俺们啥办法都用了，不行呢！"

彭祖弯下腰，关切地问："孩子们，你们真想办法了吗？"

年轻人脖子一梗："那还有假。石头磕，锤子敲，该使的办法都用上了。"

彭祖"嗨"了一声，说："那不都是些笨办法吗？咋使的巧劲呢？"

这一问，把大家问住了，你看看我，我看看你，傻眼了。彭二愣子"呼啦"一声站起来，恳求老人家说："老祖，你老人家经多见广，赶快支个招吧！"

彭祖并不直言相告，莫名其妙地张开嘴巴，用手指着，问："你们看，我有多少颗牙？"

众人齐说："您老多大岁数了，哪还有牙？只剩牙壳了！"这样一说，大家都笑了，彭祖也笑了。的确，老人家一口牙全掉光了。

"好。"彭祖又伸出舌头，问："你们再看我的舌头，掉了吗？"

众人感到奇怪，不由得笑了起来："老祖真会说笑话，舌头好好的，怎么会掉啊？"

"好。"彭祖再问大家："舌头成天跟牙齿磕磕碰碰，谁能碰过谁呀？哪个更坚硬？"

二愣子想也不想，张口回答："当然牙硬了，吃饭不留意，还会会咬破舌头呢！"

彭祖又问："既然牙硬，为什么先掉了？既然舌头软，为什么到现在还好好的？什么道理？"

"这个嘛，还真没想过。"二愣子和一批年轻人张口结舌了。

过了好大一会儿,彭祖才慢条斯理地说:"年轻人,这就叫天地之道,'柔能克刚'哪!没想过吧?上牙磕下牙,以刚对刚,结果都磕掉了。舌头软软的,却完好无损,比牙齿寿命还长哩!"

小伙子沉不住气了,说:"老祖,你别卖关子了。你说牙跟舌头,跟咱打石头有啥关系呢?"

"哎?"彭祖说了,"咋没关系啊?同样的道理,打石头也要动动脑筋。硬碰硬,要了命;软碰硬,柔弱胜。要换一个想法,以柔克刚啊!"

年轻人一听跟打石头扯上关系,一个个瞪大了眼睛,但又想不出道道,急切地问:"俺的好祖宗,你倒是说说,指指路子,有什么好办法,俺们该怎么办吧?"

大家越急,彭祖还是不急,柔声细语地说:"大家想一想,舌头软软的,咋的就能长寿?唉,别看它软,可它有水有火、水火相生啊!哪来的水?舌头轻轻一搅,就有津液出来,这就是水。哪来的火?舌头是热的吧?热就是有温度,这就是火。三点水,加上舌,这字念什么?不就是个活字吗?打石头,也要向舌头学习,用火和水去攻才行啊!用这个办法,再坚硬的石头也能攻下来,是不是这个理啊?"

年轻人听出点名堂,但还是云山雾罩,不太明白。彭祖手一摆,说了声:"跟我来!"就带着年轻人攀上山头,来到一处。这里石头经过日晒雨淋,已经出现裂纹。

彭祖指着这片石头说:"这里石头为啥开裂了?太阳晒,大雨淋,冷热一激,'噼里啪啦',山体破裂,石头不就有了吗?"

几名年轻人怔了一下,眼睛一亮,突然领悟,随之一片欢呼:"老祖,你太聪明了!哈哈,我们终于找到开石头的法子了!"

第二天,年轻人在山上摆下了战场。在彭祖的指导下,他们选中一大片山石,架起柴火,点起火来,中间,又不断往火中添柴,直到把山石烧得滚烫发红。然后,他们从山下挑来冷水,往滚烫的山石上泼去,只听一阵"噼里啪啦",山石炸裂了,裂成大大小小的石块。人们再用石锤略微敲

击几下，石头就下来了。

这样炸开的石头，没有圆滚滚的，或长或方，或长或短，都是石头块、石头片，拿来盖房砌墙，正好派上用场。

激动的二愣子一下子跳了起来，山间一片欢呼声："成功了！成功了！我们有石头了，有石头了！"

年轻人高兴了，彭祖也为年轻人的高兴而高兴。他老人家一高兴，又搬出铜鼓，擂了起来，庆祝胜利："嘭！嘭嘭！嘭嘭嘭……"

大彭山上，激越响亮的鼓声，传得很远，很远。听到铜鼓声，人们都来现场观看，取到开山取石的真经，回去也大干起来。

开山取石头，笨力加巧劲。彭老祖琢磨出了开山取石的办法，青壮年只要不惜力，就有取到石头。大彭国的百姓，建设家园的劲头更足了！谁不想住上好房子，过上好的生活呢？那就上山去吧，开山取石头。

有了石头，一栋栋平房、一个个四合院自然而然加快了进度，顺理成章地建起来了。

一个石头和牙的故事，把人们引入一个新的时代。人们喜笑颜开，奔走相告："彭老祖，真是我们的好祖宗，活神仙啊！"

有了石头，彭祖又发动人们加固城池，筑砌城门城墙，修筑护城河堤。大彭国城门巍巍，城墙坚固，街道整齐，民房肃整，河中舟楫云集，道路四通八达，一时间名扬四方。

七、云游养生

彭祖仙室

大彭国都城初具规模,人民安居乐业,彭祖这才感到身心俱疲,想走出国门,到山水之间修身养性去了。

古历阳(今安徽和县西北)半山向阳处,有一个幽深的石洞,不仅能遮风避雨,冬暖夏凉,而且环境优美,空气清新,人称彭祖仙室。

当年,彭祖身为大彭国之主,把国人当作自己的孩子,重在教育,让百姓明理,按照事物规律办事。有人说他是无为而治。他是顺应天理,按自然规律办事,以德治国,从不弄权,做劳民伤财的蠢事。

彭祖是养生大家,深明"文武之道,一张一弛"的道理,每过一段时间,就把政务向大臣们交代一番,自己给自己放假,外出云游去了。随着岁月流逝,年龄增大,他要去山水之间静心怡性。

彭祖去哪里云游呢?他往往寻找人迹罕至的山川旷野、风光优美的人间仙境。别看他经常携杖而行,那是他活得仔细,以防不测。彭祖出门云游,一旦上路,手杖一提,可是行走如风呢!日行百里,那是常事。彭祖外出云游,曾多次来到历阳的石洞落脚。

老人家一到此地,常多日端坐幽室之中,闭目静心养神。端坐石室之中,他闭上双目,摒去杂念,灵魂渐渐飘升半空。在静寂之中,他检视一生经历和行状,事无巨细,皆清清楚楚,是非曲直,也明明白白,欣慰也好,愧悔也罢,一点一滴,全都放下。他身心一空,自由自在,感到无比轻松。清晨,他走出洞门,在山水之间信步游走,吐纳虚无缥缈的山间大气,真有飘飘欲仙的感觉。

说来神奇，彭祖一到此地，山巅经常飘起一道祥云，此地便气候温润，风调雨顺。

彭祖安住下来，往往经月不归，全身神清气爽，好像年轻了几十岁。

彭祖初来这里时，总是悄悄而来，悄悄而去，不事声张。但是，当地人看到山上飘起祥云，感到奇怪，便不时寻觅而来。人们初见彭祖，看他气宇轩昂，一身清气，认为一位老仙人，从此便二三相约，隔三岔五，上山探望。老祖修炼时，不吃不喝，不言不语，若身外无物，常端坐终日不起。不速之客来了，他既不睁眼相望，也不起身招呼，一概视若无人，只顾潜心修行。百姓们也很自觉，来到洞外，或远远站立，或席地而坐，并不上前打扰。两个时辰过后，彭祖才以手洗面梳发，睁开双眼，起身言笑，有时也和百姓一起，走出洞门，到山间转悠。

彭祖向当地百姓问长问短，从山川风物到风土人情，从衣食住行到百姓疾苦。百姓询问修炼的方法，彭祖总是态度和蔼地耐心回答，要人们把世间一切看淡，尤其是把金钱、财物、名利、权势看淡，视如粪土，心如止水，不为所动。他不时还停下脚步，进行解释，时而做出一些修炼养生的动作，让百姓仿效。百姓如有请求，彭祖总是力所能及地给以帮助。

百姓认为，彭祖一来，就带来吉祥和福气，于是心存感激，无论大事小事，都来向他请教，家中有什么新鲜果蔬、风味产品，也争着送给老人家品尝。

十个指头有长短，山中树木有高低。当地多数是善良的百姓，但也有一伙为非作歹的恶棍。这几个人拉帮结伙，杀人越货，无所不为。他们看到百姓成群结队到仙人洞，给彭祖送时鲜水果，便密谋绑架彭祖，霸占仙室，以便打着仙人的旗号，祸害百姓，为自己聚敛钱财。

俗话说，没有不透风的墙。百姓听到这个消息，火急火燎地赶上山来，向老仙人通风报信，劝老人家注意安全，避开风头，想办法躲避一时。

没想到，彭祖听了，淡然一笑，说："谢谢各位相告，请大家把心放宽。身正不怕影子斜，吉人自有天相。好人哪能怕坏人呢？"大家尽管相信彭

祖的话，但在心里，还是为老人家的安全捏一把汗，放心不下啊！

一个天黑风急的夜晚，那帮歹徒经过周密策划，带着刀枪棍棒，悄悄摸上山来，一步步逼近山洞，打算以武力劫持彭祖，把彭祖控制起来，让彭祖为他们效劳。

歹徒们刚要冲进洞中，没想到，山洞之中，突然"嗷"的一声巨吼，传出令人毛骨悚然的虎啸。两只老虎从洞中一跃而出，张开血盆大口，直向歹徒们猛扑过来。夜色中，四只虎目，犹如四只鲜红的灯笼，灼灼发亮，咄咄逼人。这伙毛贼虽然人多势众，毕竟做贼心虚，一看此情此景，吓得屁滚尿流，扭头落荒而逃，唯恐落入虎口，哪还敢再往里闯呢？歹徒们的恶作剧，就这样草草收场了。

此后，仙室门外，夜晚常有两只老虎蹲守。晨星一落，东方一亮，两只老虎便悄然离去。两只老虎就像两个卫士，夜夜把守洞口，保卫着彭祖的安全。从此，坏人们再也不敢打老仙人的主意了。

彭祖离开此地后，两只老虎依然忠于职守，夜夜守洞，忠贞不渝。若干年后，彭祖不来这里了，老虎也不见了。但是，仙室洞门两侧，老虎蹲守的痕迹，依然清晰可见。

当地人崇拜彭祖，经常来这里求风求雨，占卜吉凶，据说，还非常灵验呢！

西汉末年，文学家刘向曾来此考察，了解情况后感叹不已，并写下一首《彭祖仙室赞》：

遐哉硕仙，时惟彭祖。
道与化新，绵绵历古。
隐伦玄室，灵著风雨。
二虎啸时，莫我猜侮。

鸾山石火

一日，正是隆冬季节。彭祖外出，向南方云游，望见一处山峦。此山灵秀瘦削，连绵起伏，好像一只五彩凤凰，在翩翩起舞。于是，彭祖就命名此山叫鸾山。

彭祖喜欢鸾山，四处游览，来到一个山头，嗅到一股香气，沁人肺腑，不绝如缕。于是，彭祖心中一高兴，又命名此处为香山。

彭祖一到，感召得野兽飞禽从四面八方飞来，围聚一起。时值严冬，寒风刺骨，有的动物冻得瑟瑟发抖，缩成一团。彭祖是有爱心之人，一看这种情况，担心冻着它们，便随地捡取一些石块，聚成一堆，拿起两块石头，用力打击，迸出点点火星。火星溅落石堆上，石头便烘烘地燃烧起来了，而且火焰越烧越红，越烧越旺。

野兽飞禽一见有火，便纷纷围绕在火堆周围取暖。它们烤得暖洋洋的，又是叫，又是跳，热热闹闹，无比欢畅。飞禽走兽一欢腾，彭祖那个开心劲儿就别提了，咧嘴哈哈大笑，笑声传得很远很远。

恰好，张果老巡行四方，路经此地，听到一阵熟悉的笑声，便循声赶来。他看到彭祖和一群动物在烤火，便跳下毛驴，驻足观看。彭祖一见贵客到了，便热情相邀，让他也来祛祛寒气，暖和暖和。

彭祖和张果老是多年的老朋友，在此不期而遇，也是有缘。二人见面，有说不完的话。

张果老喜欢同老友开玩笑，见彭祖用一堆石头取暖，便半真半假地板起面孔，对老祖说："修道之人不生不灭，不冷不热，不饥不饿，不病不疾。老彭，你既然长年修道，当以修身养气为本，由丹田生发内功以驱除寒气，怎么还要燃石取暖呢？"

彭祖说："我不冷，不过为这群生灵……"

张果老不容分说，抡起巴掌，朝驴屁股"啪"地一拍。这毛驴也是一宝，跟随张果老修炼多年，早已成精。张果老一巴掌，毛驴心领神会，仰

天一声长嚎，然后一炮蹶子，冲进火堆，一条后腿跷起，对着熊熊燃烧的火堆，"哗哗哗哗"，就撒了一大泡臊尿。这泡臊尿撒完，一堆熊熊燃烧的石火竟被浇灭了。

正在燃烧的石头，经驴尿一浇，"咻咻"地冒着白烟。张果老还嫌不解气，又冲上前去，左一脚，右一脚，把石堆踢散，再抬起脚来，把滚烫的石块一一踩入山体。他一边踩，一边说："只有享不完的福，没有受不了的罪！现在有福，也别享完，还是多积德行，广行善事，替子孙后代着想，把福报给后代子孙留着吧！"

火烤不成了，飞禽走兽一哄而散。张果老骑上毛驴，继续云游四方去了。彭祖站起身来，对此地依依不舍，徘徊良久，不忍离去。

时光匆匆，一晃过去几千年。彭祖当年点火取暖的石头被踩入山体，滚烫的石头并未熄灭，而是不断引燃，烧来烧去，渐渐形成丰富的煤矿。后来，这里建成攸县东乡煤矿，真的造福后人了。

人们说，当年，如果不是彭祖燃石取暖，这里哪会有煤矿呀？就这样，人们便把彭祖看成东乡煤矿的鼻祖，认为正是彭祖，为当地带来了福气。

相传，彭祖喜爱香山，在此修炼养生成仙，造福百姓良多。人们为纪念彭祖，在香山岭修建座彭祖庙，年年岁岁，供奉香火。

南宋咸淳九年（1273年），圆照祖师在攸县香山开山建寺，将彭祖庙迁入寺中，仙佛同居，遂命名为香山仙寺，寺中供奉观世音佛像和彭祖仙师像。

香山仙寺成了鸾山著名古迹，现在尚存。寺中两排大殿，前殿供奉观世音菩萨，后殿供奉彭祖仙师。

苦竹岭下

浙江杭州的附近，有一个临安县。临安县城的东面，有一个苦竹岭，后来改称百江里。相传，彭祖为了修炼养生，云游天下，曾经在苦竹岭下

居住。

苦竹岭前临苕溪水，背靠美女山，满山竹木葱茏茂密。十冬腊月，站在苦竹岭下，放眼望去，到处白雪皑皑，一片银色世界，景色十分美丽。

彭祖常常早上养生饮茶，白天上山打柴，夜晚月下来到屋后庭院，虽然年届高寿，乍看上去，却生龙活虎，活力四射，冬天也凌寒打着赤膊，浑身热气腾腾。有人向他求教养寿秘方，他总笑笑，说："人要神旺体健，就要动静结合。静以养神，动以健体。俺天天早上静坐修炼，白天进山打柴，晚上打拳练武，所以神旺体健，青春永葆。瞅俺这样子，哪怕是阎王老子来了，他也拿俺没办法啊！"

傍晚时分，彭祖从美女山把两千多斤松柴挑回家中，常用冷水擦擦身体，打过一套虎拳，用热水泡泡双脚，往床上一躺，浑身舒舒服服，不知不觉，就鼾然入睡了。彭祖睡觉，睡形似弯弓，卧虎盘苍松，也与常人不同。

第二天清晨，彭祖一觉醒来，先是静坐练习养生功，然后起身活动筋骨，到屋后打了一路长拳，身上汗出，便收住拳脚，进屋吃茶。彭祖喜爱吃茶，却不吃隔夜茶。他端起茶壶，先把剩茶倒个精光，再用水涮涮茶壶，才添上新茶，以落滚沸水冲沏，手捧茶壶，悠然自得，细啜慢饮。

彭祖常为当地百姓医病。有的儿童腿部受伤，上门求治，彭祖总是热情接诊。只见他舒展十指，按到儿童伤处，微闭双目，屏息运气，待到双手渐渐发热，指力渐次加重。大约半个时辰，彭祖猛然将儿童伤腿用力向下伸拉，拉到极处，顺势往回一顶，"咔嚓"一声，断骨接上了。

接着，彭祖又顺手从棚上扯下杉树皮，把儿童伤腿紧紧裹住，再用稻草绳精心扎好。做完这些，彭祖取出三粒"接骨丸"丹药，叫伤者用水服下，嘱他静卧片刻。一会儿，他把伤儿腿上杉树皮取下，小儿就能行走自由，痊愈了。

彭祖会弹琴，还根据自己的养生经验，创作了一首《长寿歌》，闲暇时自弹自唱。每次吟唱前，他总是净手，焚香，然后再从墙上取下古琴，手

抚琴弦，弹起曲子。那琴声，美妙悦耳，如高山流水，似龙吟鹿鸣。彭祖弹得高兴，一边抚弄琴弦，一边轻轻地唱起《长寿歌》：

> 茗溪碧水啊，
> 叮咚日夜流，
> 问君何以啊，
> 能得享高寿？
> 淡泊甘蔬啊，
> 吾不缅旨酒；
> 调和化纳啊，
> 饭后百步走；
> 太极常运啊，
> 服劳自动手；
> 沐日颜黝啊，
> 空气通窗牖；
> 遇事不怒啊，
> 坦荡无忧愁。
> 若能遵行啊，
> 定卜登上寿。

彭祖边弹边唱，上身时而俯，时而仰，时而左摇，时而右摆，超然物外，怡然忘我，身心完全陶醉在美妙的乐曲和诗意中了。

一天晚上，他老人家悄悄离开苦竹岭，又到名山大川云游去了。

苦竹岭的百姓为了纪念彭祖，就在他居住之地立碑，上写"八百岁高寿老彭祖遗迹"几个大字；另外，又建了座彭祖庙，造了座长寿亭，并把苦竹岭改名"八百里"。

江口山水

不知是什么年代，彭祖来到四川现在彭山这个地方。此处与大彭国相距千山万水，彭祖因为什么、又是怎么到彭山来的呢？这里，有一段故事。

传说殷王颁诏，命令各诸侯国寻找风水宝地，建设新的都城。这可是一件大事。彭祖修身养性，经常云游四方，遂把这事儿记在心里。

一次云游，他跋山涉水，历尽千辛万苦，来到江口。他到这里一看，哎呀，处处百鸟争鸣，百花盛开，五谷繁茂、山清水秀，认为这里不仅是一修行的好地方，而且建设都城，打着灯笼都难找呢！这地方，他一眼便相中了。

向殷王禀报，不能光凭一张嘴，空口说白话，而需要绘出一张山川地形图。于是，彭祖急忙从囊中掏出工具，实地勘察，进行测量，绘制图纸。经过勘察，这里山水天成。彭祖的底气更足了！

彭祖着手绘图，从哪里绘起呢？仁者乐山，对，从大处着手，先画山。他刚刚动笔，闻到一阵浓郁的花香，就被阵阵扑鼻的花香陶醉了。一拿起笔来，望山闻香，就陶醉不已，画不下去了。山画不成，他再去画水，哪知还没动笔，听到江水浪花溅溅，又被清澈发蓝的江水迷住了。结果，彭祖望山山美，瞅水水美，看啥都赏心悦目，让人爱个不够，赞叹不已，绘图无从下手。

他口中不停地赞叹，太美了，太美了！结果，眼前好景画不出。最后，他只草草地画了一张水形图，就带在身上，亲自跑到都城，向朝廷汇报。

殷王拿到彭祖画的图纸，左看右看，看来看去，看不出个名堂，于是连连摇头，说："山管人丁水管财。这图上只有水，看不到山啊！选这么个地方建都，虽说有些财气，但是没有人气呀！有人才有土，有土才有财。没人就没土，土生金，没土哪来的财呀！没人没土没财，国家能富强吗？没有人气，财气就是空的。假如人丁不旺，后继无人，将来大好江山谁来掌管？不好，不好！"

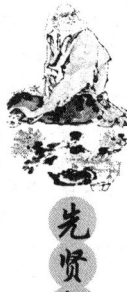

彭祖一听，急了，连忙分辩说："大王，这地方有山有水，实在好，太好了，好得叫我画不出。不是常说眼见为实吗？这是我亲眼所见啊！只是那里花香醉人，山水醉人，我一醉，就没画出来。要知道，好山好水是画不出的。我跑了好多地方，哪里也没这地方好呢！"

一个说好，一个说不好。天子先入为主，已经不满意这地方了，彭祖不识相，还在进行争辩。一个要争，一个摇头。彭祖越是坚持，殷王越是反感。最后，殷王一生气，反而将了彭祖一军，说："老彭祖，既然你说好，这地方我不去，就赐给你好了，你去吧！这样称你心、满你意了吧？"

彭祖本来是给朝廷挑选建都新址的，并没考虑自己啊！天子一赌气，把好地方让给他了。他一则确实喜爱这个地方，再则自己不去，又会落下个欺君之名，于是，就当场表示："君王无戏言。大王赐给我，那我就去！"

这样，彭祖就回到大彭国，准备行装，带上三女儿，搬到江口修身养性去了。

父女俩先在象耳山安顿下来，在这里治山治水，种植养殖，健体服气，指导当地百姓如何发展生产，如何养生健体，同百姓相处得非常融洽。

在这片青山绿水中，彭祖带着女儿一边修行，一边垦植，生活优哉游哉，怡然自得，心情异常舒畅。

就在彭祖住在江口修行的日子里，一次女儿上山垦植，被野兽追赶，掉下山崖。彭祖伤心不已。当地百姓感戴彭祖开发荒山的恩德，把彭祖女儿葬在江口背后一座形似座椅的山腰山上，还把山腰山改名为彭女山、仙女山，山顶上又修了座仙女庙。仙女山成了当地一处风景名胜。

每年农历三月初三，人们成千上万、成群结队从四面八方赶来，朝拜仙女山。历代文人学士也接踵前来览胜，凭吊遗踪，赋诗作文，寄托思念。

八、开发武夷

彭祖寻梦

武夷山上，有一尊彭祖塑像。为啥这里塑一尊彭祖像呢？因为彭祖是武夷山的开山老祖。他为打造这片胜地，耗尽心血，造福万世，使代代武夷山民受用不尽。

殷商末年，彭祖已经七百多岁了。可是，由于修炼养生之术，他依然满面红光，双目有神，浑身充满活力，风采不减当年，看不出一点龙钟老态的样子。

殷王看彭祖如此精神，要封他做大夫，可彭祖并不愿当官，连连摆手，百般推辞。殷王霸道得很，根本不听彭祖的意见，牛不喝水强按头，不管你同意不同意，声言非征调他到朝中做官不可，要强迫彭祖就范。

彭祖琢磨：事大事小，一跑就了，三十六计，走为上策，得远走高飞。可是，说归说，做归做。有了这个心，也还要有这个机缘才行呢！

夜间，彭祖做了个奇怪的梦。在梦中，他来到一片大山，山上云遮雾罩，山下流水潺潺。山水之间，有一处洞穴，洞口掩映一片藤萝，洞中传来美妙的仙乐。他情不自禁，脱口而出："这真是一片神仙福地啊！若能在此长留，此生无悔无怨。唉，怎奈殷王要封我做大夫呢！"刚说罢，忽然射来一道金光。金光中，走出一位慈眉善目的老人。老人微笑着，口诵几句偈语：

老彭不为官，
父子上南山。

跋涉三千三，

落足云水间。

老人诵毕，转身而去，彭祖连忙去追。他追得紧，老人行得紧，追得慢，老人行得慢，一路紧追慢追，可就是看得见，追不上。彭祖急得大叫一声："老仙人，请留步！"这一喊不打紧，梦醒了，老仙人无影无踪了。

彭祖醒来，无限惆怅，反复琢磨，认为这个梦就是仙人指路啊，自己躲避殷王封敕的时机到了！对，事不宜迟，一定要按仙人所示，赶快寻找这个好地方去。

次日，彭祖沐浴洗手，向殷王写下一封奏章：

尧封数百年，

治彭尚称贤。

问心已无愧，

甘居蓬草间。

身心已疲惫，

养生傍溪川。

心中梦美景，

自有新地天。

彭祖写罢，放在桌上，用石块压好，嘱人送往京都，夜半起身，带上两个儿子——彭武、彭夷，不声不响离开国门，踏上征途，开启了寻梦之旅。

殷王一看，以为是彭祖闹情绪，便暂时不再征调他入朝；派人前往大彭国巡查，国人只说老祖临时外出云游，不日便可回来。此事便不了了之。

按照老仙人的指点，彭祖带儿子一路向南，跋山涉水，晓行夜宿。彭祖一边走，一边向儿子讲述梦中的情景，述说梦见的地方如何如何好，引得两个儿子也非常向往。可是，走啊，走啊，走了多日，并没有看到这么

好的地方。

彭武、彭夷走累了，脚上打了疱，恨不得赶快来到父亲梦见的大山。刚走进一座大山，二人就问："爹，是这个地方吧？"彭祖看看，摇摇头。父子三人再往前走。

越过一马平川，又走进一座大山，两个儿子腿走酸了，又停下脚步，问道："爹，是这个地方吧？"彭祖站住，看了看，又摇摇头，带着儿子再往前走。

就这样，父子三人走进一座大山，又走出一座大山，不知赶了多少路程，越过多少平原，又走过多少大山。两个儿子筋疲力尽，疑惑地问："爹爹，真的有这个地方吗？你毕竟是做了一个梦，现实生活中，哪有这么好的地方呢？"彭祖坚信不疑，鼓励他们说："天下之大，无奇不有。只要不断追求，一定会梦想成真。"就这样，他们脚步不停，又向前走去。

不知过了多少天，也不知走了多少路，他们走啊，走啊，不停地走。饿了，嚼口干粮；渴了，喝口山泉；累了，就互相搀扶着；困了，就互相依偎着打个瞌睡。父子三人一直走了几千里，终于来到八闽之地，来到荆南山幔亭峰下。

彭祖放眼望去，大山横亘，层峦叠嶂，山上云起云飞，山下流水潺潺，半山腰里，洞穴幽邃，洞口掩映一片藤萝。他心中一阵惊喜，说道："哎呀！这不正是老夫梦见的仙境吗？真是一处养生修行的好地方啊！"他瞅了又瞅，兴高采烈地对两个儿子高喊道："孩子们，咱们要找的地方到了！这里，正是我梦见的仙境！"

两个儿子一听，不约而同地跳了起来，大叫道："好啊，到底找到了！"

彭祖父子把行李搬进山洞，在此住了下来。他们远离人间，饿食芝草，渴饮瀑泉，神清气爽，好像到了世外一般。两个儿子跑啊，跳啊，到处游玩，高兴极了。可令他们奇怪的是，一连多日，老爹每天除了早起养生，就是在山间游走，回来就屈身洞中发呆，或坐或卧，沉默不语，眼睛半开半合，神志半清半醒，说醒，迷迷糊糊；说睡，又若有所思。

两个儿子不解：跋涉几千里，好不容易来到这么好的去处，老爹这是怎么了啊？

垦植荒岭

不知不觉，时间过去一个多月。

彭祖南行数千里，瞒得了世人，瞒不了天上的神仙。一天，各路神仙前来拜访彭祖了。他们一见面，就唠个没完没了，彻夜未眠，通宵达旦。他们都说的啥呢？大人的事，彭武、彭夷听不懂，也不便多问。

第二天天亮，两兄弟睡醒时，彭祖早起床了。与以往不同的是，父亲一反常态，不打坐，不游走，也不吐纳清气，反而脱掉一袭长衫，挽起裤腿，扎紧腰身，穿上了草鞋。

弟兄俩问："老爹，这是要干啥去呢？"

彭祖说："咱爷仨来了多少天了？七七四十九天了。你们以为我来做啥哩？天天在洞中发呆吗？不，我可一天也没闲着，干啥呢？做梦。这些天，我总共做了九九八十一个美梦，梦见这里的一切都变了，青山绿水，风景优美，一片人间仙境啊！"

儿子打断他的话，说："爹的梦是美。可梦再美，也是梦啊，美梦能成真吗？"

彭祖"嗯"了一声，头一昂，斩钉截铁地说："咱就得叫它美梦成真！"

说罢，他带领两个儿子，背起行李，携带刀斧，肩扛山锄，走出山洞，往大山深处走去。彭祖一边走，一边眉飞色舞地讲述着梦中的情景，这里要怎么改，那里要怎么治，这里要栽种什么，那里要移植什么……两个儿子被他说得动心，摩拳擦掌。

爷仨走进大山深处，安营扎寨了。从此，山里热闹起来了。今天劈山开路，明天引水改道，后天栽树种竹，再后天栽种奇花异草，往后又建设

茶园果林……打柴的人看到这种情景，先是驻足围观，后来也纷纷加入他们的行列。彭祖决心把九九八十一个美梦变成现实，时间不等人，不玩命地干不行啊！

彭祖心里有图，眼里有活，时刻手不失闲，不知疲倦。人们送他一个绰号，叫"老顽童"。

幔亭峰过去是荒山野岭，人烟稀少。夏秋季节，山里暑热蒸人，隔山岔五来场狂风暴雨。大雨一下，山洪暴发，洪水像牤牛一样"嗷嗷"叫着，横冲直撞，能把人吓破胆，可厉害了！大水无情，淹死的人、畜无法计算。山民们为了活命，经常拖儿带女、拉家带口，在山间避难。百姓住在山旮旯里，靠山吃山，靠水吃水，有上顿没下顿，日子过得紧紧巴巴。

彭祖最关爱百姓，看到老百姓受苦受难，心里十分难受！活到几百岁，都成老寿星了，百姓都跟他自己的孩子一样，他老人家多想让山里男男女女都过上好日子啊！

俗话说得好，荒山无有头，谁开谁拥有；荒地无有主，谁勤谁有土。要致富，靠勤苦。彭祖为使山民不愁吃，不愁穿，过上安居乐业的好日子，就组织山里的百姓开山治水，开山种田，植树造林。彭祖一生见多识广，经验丰富；山民勤劳淳朴，有力出力。就这样，在彭祖的带领下，一年又一年，老老少少齐心合力，拼命苦干，山变得越来越青，水变得越来越绿，物产也越来越丰富，老百姓的日子越过越红火，就像山间芝麻开花——节节高哩！

看到老百姓过上好日子，彭祖心里就像喝了美酒似的，那个高兴劲儿，简直没法说啊！

就这样，在开山劈岭的鏖战中，彭祖迎来了七百七十八岁寿诞。这一天可热闹了，四面八方的名流大佬纷纷赶来，向彭祖贺寿。大家兴高采烈地喝寿酒、品寿桃、吃寿面、诵寿诗、敬寿星。并祝他松鹤延年，像幔亭峰一样，青山不老。

送走各路客人，彭祖感到有点累了。他想，两个儿子也都长大了，应该叫他们挑起改造荆南山的大梁了，便把彭武、彭夷叫到跟前，说："儿啊，你们跟着老爹来到此山，这几年忙忙碌碌，出了不少力，流了不少汗，做了件大好事。爹爹老了，力量不济了，但是，爹的美梦还没实现哪！怎么办？以后，你兄弟俩就把这副担子挑起来吧！一定要让老爹的美梦成真啊！"

彭武、彭夷看到，爹爹这几年也确实消瘦多了，苍老多了，不禁有些心疼。二人不忍心让老人家再这么操劳，爽快地答应道："古有遗训，子承父业。爹爹已经开了一个好头，开山治水的事情，就交给儿子吧！您老人家放心，儿子再苦再累，也要让您的美梦成真！今后要怎么做，爹爹动动嘴，儿子来动手吧！"

彭祖看两个儿子这么孝顺，打心眼里高兴，说："常言说得好，妻贤夫祸少，子孝父心宽。你弟兄二人孝顺，子承父业，我高兴啊！开山事业，造福苍生，荫佑子孙，是千年大计，功德无量。你们弟兄俩有志于此，完成老夫心愿，我就放心了。好事要做好，但好事并不易做，须克服千难万险，百折不挠，代代相传，不要断线，坚持不停地做下去，直到把我的九九八十一个美梦变成现实！"

从此，彭祖掌掌眼，动动嘴，指点指点，开山治水的重担，就落到了彭武、彭夷身上。彭祖又把九九八十一个梦想绘成画图，贴在石壁上，叮嘱儿子一一对照去做，千万不要懈怠，不要走样，不要半途而废。两个儿子谨遵父亲教诲，一一记在心里。

彭武、彭夷兄弟没有辜负父亲的期望。二人按照父亲的嘱咐，天天五更起床，束装进山，"叮叮当当"忙个不停，直到日落西山，才收工回来。一天一天又一天，一月一月又一月，一年一年又一年，真是使尽了力气，吃尽了苦头，流尽了汗水。

常言道，功夫不负有心人。在父亲的指导下，彭武、彭夷携手并肩，共同努力，吃苦耐劳，不知过了多少年，终于开出山南、山北、九曲溪三个风景区，造了九十九座岩，竖了三十六座峰，凿了七十二个洞，修了九曲十八弯的溪河，还种下数也数不完的山草竹树，养殖了漫山遍野的雉凤、

麋鹿,还有那守护山林的狮虎龙蛇……

原来荒无人烟、穷山恶水的山区,一年年变了,变成了青山绿水、环境清幽的风光胜地。彭祖的九九八十一个美梦,终于变成了活生生的现实,美梦成真了!彭祖笑了,彭武、彭夷也笑了!

神侣游山

大山面貌日日新,神仙见了也动心。一天,铁拐李拐来拐去,拐到了荆南山,看到风光如此优美,哎呀,人外有人,天外有天,简直目瞪口呆了!这么好的地方,我怎能独自享受?于是,他灵机一动,就盛情邀请其他七仙,让他们都来这里游览一番。

要知道,爱美之心,人皆有之,天上神仙也爱美,都喜欢游览胜景。其他七仙一听人间有此仙境,也都乐于走一遭。

这一天,八位仙人驾起彩云,不大工夫,来到棋盘岩上。他们一边品尝美酒,一边欣赏美景。酒是瑶池佳酿,景是人间天上,好酒难禁贪杯,美景目不暇接。结果,八仙一个个都喝醉了。人一喝醉,话语自然就多,无不盛赞荆南美景,好话说了一大箩。

八仙吃饱喝足了,可好景还嫌没看够,余兴未了。张果老振臂一呼:"高处看景不过瘾,何仿乘兴山中游呢!"八仙一起回应道:"好啊!"遂由铁拐李带路,他们边走边看,边看边说,在山中溜达起来。他们走过一山又一山,走过一川又一川,好山好水看不够啊!

八位仙人山中一转悠,惊动了山民。老百姓听说神仙来欣赏山中美景了,一传十,十传百,纷纷走出家门,迎上前来。有的人自告奋勇,充当向导,引领着八位仙人前行,恨不得让八位仙人把好山好水看个够。山民们想,天上神仙都爱这里,说不定以后给咱造多大的福呢!

仙人问:"几年没来,这里怎么变化这么大呢?"老百姓都是实在人,

那就石头碰石头——实打实地说呗："嗨！多亏彭祖他老人家，领着咱开山治水哪！"你一言，我一语，百姓不约而同，异口同声，都夸赞彭祖带领百姓开发荒山的丰功伟绩。一位老者说："可惜彭祖年纪太大了。如果他老人家跟咱大山一样，能够长生不老，咱大山的风景一定还会变得更美呢！"

众人听这位老人说得挺有道理，便纷纷央求八仙道："彭祖改山治水功劳齐天。求求各位仙人，给彭祖他老人家延年益寿吧！"八仙互相看看，私下一咬耳朵，说："彭祖确实有功。论功行赏，我等返回天宫，一定要向天帝禀报，给彭祖赐福。"

彭祖知道百姓这么爱戴自己，带领两个儿子和山民，干得更起劲了。这里山川河流，一年一小变，十年一大变。山民的生活就像爬山似的，步步登高。可彭祖呢？他以九九八十一个美梦对照，还感到不满足呢！他日复一日，攀山越岭，涉水渡河，绘制蓝图，忙个不停。

又过了几年，眼看九九八十一个美梦完成了八八六十四个，彭祖想到，应该返回大彭国去了。他看看山，充满爱意；看看水，情有不舍。这里山山水水，留下他多少心血，洒了他多少汗水啊！经过多少年的奋斗，他和这里的山民百姓结下深厚的友谊，山民就是自己的亲人，百姓不就是自己的孩子嘛！他看来看去，想来想去，实在难分难舍啊！

彭祖就要离开这里了，可他心里装着大山，装着百姓，感觉开山治水还有很多大业没有完成，不能半途而废啊！这可怎么办呢？思来想去，他就把这件大事交给两个儿子。俗话说得好，有其父必有其子。彭祖的这两个儿子，一个叫彭武，一个叫彭夷，跟老子一模一样，不光头脑聪明，而且任劳任怨。

彭祖走后，彭武、彭夷就遵照老人家的嘱咐，带领百姓开山治水，逢山开路，遇水搭桥，栽花种树，垦荒种田，丝毫也不敢懈怠。又不知多少年过去，全山的面貌又发生了翻天覆地的变化，山上花果满园，香气四溢；山下良田万顷，稻浪翻滚；处处青山绿水，四时风光宜人。百姓安居乐业，都过上了好日子。彭祖的九九八十一个美梦成真了，这里简直变成一处人

间仙境。

彭武、彭夷死后,当地百姓为纪念彭祖及其两个儿子的丰功伟绩,就从彭祖两个儿子的名字中各抽一字,把这片碧水丹山名之为武夷山。

从此,武夷山就名扬天下了。

九、商贤大夫

彭祖大夫

殷王朝后期,彭祖已八百多岁。世人众口相传,说彭老祖有一套养生秘诀,假如学到手,不仅能强身健体,而且能延年益寿,甚至长生不老呢!

世上之人,谁不想健康长寿呢?于是,人们纷纷登门,拜彭祖为师,习养生之术,在社会上掀起一股养生热。

此风也刮进王宫。殷王称孤道寡,富甲天下,三宫六院,美色如云,哪能不追求长生不老,青春永驻呢?他想:如果长生不老,世世代代,永久天子,不是千秋万代享不尽的荣华富贵吗?彭祖活了八百多岁,身体还这么健康,我要是能把他延年益寿的妙方学到手,永远活在世上,做人上之人,那该多好啊!

为了达到目的,殷王接受上次的教训,亲自草拟诏书,敕封彭祖为大夫,特许彭祖仍然担任大彭国君,奔走大彭、京都两地之间。为此,殷王指派朝臣,带上安车驷马,亲往大彭国迎接。面对突然而来的变化,彭祖却之不恭,只好屈从,随车赴京了。

大夫是天子的左右手,一人之下,万人之上,地位仅次于天子。这种位高权重的职务,一般说来,只有道德高尚的人才能担当。

殷王封彭祖为大夫,目的是让彭祖到朝中做官,享受最高的俸禄,直接在殷王手下,为殷王效劳。看到彭祖没敢违抗王命,殷王满心欢悦,打起自己的如意算盘:彭祖呀彭祖,我这么重用你,你一定会对我感激不尽,把长寿秘方乖乖地奉献给我。这样,我就会轻而易举地得到彭祖修炼多年的养生法宝,长生不老了。

殷王的如意算盘尽管打得"噼里啪啦",可是,他做梦也没想到,彭祖并不是世俗热衷功名利禄之人,对做官当老爷看得平常,对金钱也丝毫不感兴趣。所以,彭祖虽然做了大夫,平时根本不上朝理事,反而借口年高体弱,身体欠安,平日也只是在大夫府第赋闲,并不料理政事。

殷王的算计落了空,一计不成,再生一计,便厚着脸皮,多次登门拜访,请教长生不老的法术。彭祖听了,摇摇头,莞尔一笑,从早到晚,旁若无人,一言不发。殷王数次拜访,每次都是乘兴而来,空手而归。

为了笼络彭祖,殷王又想方设法跟他拉关系,套近乎,今天送许多珠宝珍玩,明天又送许多金银财物,一心想收买彭祖。没想到,彭祖对这些东西还是不动心,甚至连眼皮也不翻。但是,彭祖深知殷王本性残暴,如果坚决拒绝,又会激怒殷王,遭来祸端。如何是好呢?想来想去,彭祖只好很不情愿地接收下来,东西尽管接收了,但对金钱却是分文不取,对财物也无所保留,这边收下来,那边一转手,就施舍给穷苦的百姓了。

这样,殷王的第二计又没有得逞。说真的,殷王心中对彭祖十分恼怒,牙齿咬得"咯嘣"响,恨不得一刀杀了他。但是,不行啊,彭祖的养生真经还没有学到手啊!所以,他尽管心中恼怒,表面上却又不好发作,把手下的一帮歪头师爷召聚一起,交头接耳一合计,又推出这第三计——直取不通,曲线讨教。

怎么个曲线讨教呢?当时,有一位采女,也是位养生专家,二百七十岁了,容光焕发,身体健壮,看模样,只像五六十岁的年纪。殷王把采女恭恭敬敬地请进宫中,安排她住进堆金砌玉的华屋紫阁,出门乘坐豪华的辎軿宫车,把她伺候得体体面面,舒舒服服。然后,殷王便拜托采女,请她向彭祖讨教长生不老之术。

采女本来心慈面善,一朝被请进王宫,受到这么高规格的接待,自觉无功受禄,心里很是不安。殷王一拜托,碍不过情面,便答应下来。

采女问道

　　受人之托，忠人之事。采女鼓足勇气，来到彭祖的住处，毕恭毕敬，再三施礼，代表殷王，诚心诚意地讨教延年益寿的方术。彭祖见到养生道友，而且是位女性，当然热情接待，敞开心扉，直言相告说："一般人修炼，最高的追求，是修到白日升天，上补天界仙位。达到这种境界，应服用金丹，吸食紫气。但是，君王很难做到。退而求其次，他可以学习养生，平时爱惜身体，保养好精气神，再服用些药草，相对而言，这比较容易。如果认真做到，也会对延年益寿有些帮助。但是，这些看似简单的事情，对君王而言，也不易做到。为什么这样说呢？养阴护阳十分重要。君王三宫六院，美女如云，能不贪恋女色吗？纵欲无度，又不懂得男女交接的正确方法，即使服用药草，那有用吗？没有。至于养阴护阳的奥妙，只可意会，不可言传。我也只能点到为止。对我的话，要细心领会，悟出道理，在日常生活中好好修炼。这一点，至关重要。"

　　采女听他一说，心中还是不甚明白，就问："老祖，你是怎样修炼的呢？"

　　彭祖沉吟片刻，长叹口气，慢慢地、有时断断续续地说："说到我自己，话就长了。我历尽多少磨难，才活到今天啊！这些不提便罢，一提起来，我内心真是难过，感到切肤之痛啊！唉！还没出生，我父亲就死了。我是个遗腹子，从没见过父亲的面啊！我刚三岁，正是需要母爱的时候，祸不单行，又失去了母亲。小小的年纪，父母都不在了，这是天大的不幸啊！母亲死后不久，犬戎国攻打华夏。我遭遇一场战乱，又被犬戎国士兵掳去，颠沛流离，到了西域。唉！这一去，就是一百多年。从小遭受磨难，到了异国他乡，又饱经忧患，坎坎坷坷，曲曲折折，吃的苦，受的罪，真是没法说，一言难尽哪！我活到现在，算起来，死了四十九个妻子，失去五十四个儿子，刻骨铭心，受到多大的伤害，有谁像我似的？元气受到损伤，内脏受到损害，活到如今，容易吗？不容易啊！往前看，不知还能活多久，还得受到哪些伤害呢！真是多亏师父教诲，走上养生之路，学到真经，不

然，也没有我的今天。但是，说到向别人传授，我感到自己实在知识浅薄，说不出什么道道，哪有资格为人之师，指点他人呢？要学习养生之术，我想起一个人——大宛山的青精先生。他一千多岁了，面色像童子一般，身强体健，一天能行五百里，还不累不喘；能一年不食人间烟火，不饥不饿，但也可以一日多餐，够神的吧？真要学习养生之术，该去请教这样的大家，而不是找我。"

采女听了，一赞三叹，问道："青精先生，他是哪路仙人呢？"

彭祖摇摇头，说："青精先生不是仙人。他虽不是仙人，却称得上一位实实在在的得道之人。所谓仙人，能够耸身入云，没有翅膀，却能在天上飞行；能够腾云驾雾，乘着云雾，一举飞上天宫；能够千变万化，变成鸟兽，飞入云霄，翱翔在名山大川，或者变成鱼鳖，潜形江海，任意悠游；能够吸食大千世界的元气，服食深山奇珍的灵芝，出入人间而人们认不出，隐身化形而人们又看不见，长得骨骼奇特，一身毛发，异乎常人。不过，话说回来，凡是仙人，并不喜欢招摇过市，处处卖弄，显摆自己。他们都偏爱幽居深藏，不结交俗流之辈。仙人虽然长生不老，却远离尘世的荣辱沉浮，不沉溺于常人的儿女之情。他们修炼到隐身变形，必须秉持奇异气质，抛弃他本真的性情。说来惭愧，我在人世间，现在还不想过他们那样的生活。"

采女好奇地问："你又为什么不愿过青精先生那样的生活呢？"

彭祖笑了笑，说："我这个人，不追求成神成仙，充其量，不过是个求道之人。既然求道修道，就应该像平常人一样生活，顺应天地阴阳的变化，把自己融入到社会人群中去，在尘世中修炼。这就要求，修炼之人又不能混同常人，不能随波逐流，沾染俗气。也可以说，身在世俗，心中无染。修身求道，就要努力保持骨节硬朗，面色和润，耳聪目明，老而不衰，做到寒暑风湿不受伤害，鬼神妖怪不敢侵犯，刀枪毒虫不能近身，嗔喜毁誉不为所累。唉！这说起来容易，真正做到，很难哪！一般的人虽然不懂方术，但能合理运用真气，保护得体，涵养得法，活到一百二十岁，应该没

有大的问题。如果活不到这个年龄，那一定是受到伤害了。在求道修炼的基础上，如果再多掌握些养生的方法，还可以活到二百四十岁；再提高一步，可以活到四百八十岁。如果真正精通养生之道，长生不老也有希望，并不是可望而不可即的。话说回来，即便长生不老，也只能称得上是得道之人，仍然称不上仙人。"

"什么是养生？"彭祖自问自答说："养生并不神秘，说到底，就是不使身体受到伤害。如果不被美色、身姿、闲逸、玩乐所诱惑，精神可通天地神明；对车乘、服装、威权、仪表等知足而止，不宜一味苛求，这有助于立志。八音五色，赏心悦目，虽然可陶冶身心，但是，纵欲无度，有害无益。古代的高人，唯恐才智低下的人不明事理，随波逐流，无有节制，所以提出从源头上杜绝后患，比如对男女之事，提出'上士别床，中士异被，服药百裹，不如独卧'。意思是说，一流的养生之士，夫妻虽然可过男女生活，但是不能同床而卧；二流养生之士，夫妻虽然同床而卧，但是并不盖同一条被子。为什么呢？主要是人为地防止纵欲无度。如果男女交接无度，性生活糜烂，必然造成血气亏损，身体受伤。一旦造成这种情况，病就发作了，纵然服用再多药物，也于事无补。相比之下，不如人为地加强自我约束、自我控制为好。美妙的音乐可以致人耳聋，使人感觉麻木；天天美味佳肴，吃常了必然会倒胃口，不以为然。所有这些，假如节制得当，把握分寸，不仅不会减寿，反而可以增寿。这就像水火一样，使用得当，大有益处。反之，就会造成灾难。经脉损伤，血气不足，内里空虚，髓脑不实，身体垮了还不知道怎么垮的，一旦受到外部伤害，就借着'气、寒、酒、色'发病了。一个人，本来是元气充盈的，怎么会生病呢？说起来，是人们太容易受到伤害了。比如，过分用脑伤人，忧、喜、悲、哀伤人，喜乐过度伤人，愤怒不止伤人，欲望过盛伤人，阴阳不调伤人，等等。"

"使人受伤的原因很多，不单单是房中男女交接之事。如果一味戒房中之事，自然令人大感不解，关键是掌握好度。无论男人女人，若要成功，都离不开双方结合，就像天地结合才能生育万物一样。所以，以神、气、

导引术修炼养生,可以促进人的身心和谐。天地按规律正确交接,故能天长地久,无有终极;人们不能正确交接,才会造成受到伤害的恶果。假如能避开伤害,掌握阴阳调和之法,不就可以长生不老吗?天地昼分夜合,一年三百六十次,天公地母,精气和合,所以能绵绵不断地养育万物。人如能像天地这样,交接恰当,也可长久生存下去,这是其一。其二,要掌握服气的方法,使邪气不能侵入。这是治身的根本和要点。其余吐纳、导引法,以及神游体外、四时律己、检讨过失、起居睡眠的方法,不过是教初学者端正自身罢了。"

"人们吸纳天地精气,保养身体,服气运气,强健体魄,则精力自然旺盛。不如此,则必然造成内脏干枯憔悴,精神一垮,前景不妙。一般追求长生不老的人,不相信简明扼要、通俗易懂的至理名言,反而认为道理粗浅,不屑一顾,不愿深入体会,却舍本求末,对认为高深的《太清》《北神》《中经》之类乐此不倦,至死不悟,岂不太可悲了吗?另外,有人苦于繁杂的世俗事务,能力不济,逃避到深山老林和山洞岩穴中修炼养生之道,却又不依道行事,也有违初衷,难以取得成功。"

彭祖最后说:"修炼并不困难,学会房中术、闭气术,节制用脑,注意饮食起居,就算初步掌握养生之术了。我的老师撰写出《九节》《都解》,尤其是《开明》《四极》《九室》各经典,一万三千多字,易于学,易于理解,也易于掌握,可以作为初学人的启蒙读本。"

采女默记下彭祖讲述的要点,回去后,一五一十地向殷王禀报。殷王如获至宝,便遵照彭祖所说,潜心修炼,确实体力增强,精力旺盛,收到一定成效。

殷王是个极端残忍自私的人。他虽身居王位,但是无有修养,德不配位。自从学了点彭祖养生术,试之灵验,他就以为尽得养生秘诀,脑子里打起小九九,心想,现在,天下修养生神功者不外三人——彭祖、采女和自己。彭祖已经老迈,采女一介女流,均不足为虑。今日,我费尽周折,终于得到养生独家秘传,身居帝位,长生不老,享不尽的荣华富贵,真是太好了!

殷王淫威

殷王通过采女得到彭祖养生秘诀，如获至宝，从此不理朝政，冷落三宫六院，远离酒池肉林，一门心思，在采女指导下，潜心修炼彭祖养生之术。过了一段时间，殷王果然耳聪目明，神清气爽，面色红润，身体一天天强壮起来。由于亲身受益，尝到甜头，他便对彭祖养生功赞不绝口，张口闭口，直夸管用。

一个月后，殷王听完采女讲授的课程，又在采女指导下完成系列规定动作，心中窃喜，认为养生功法好像也并不神秘莫测，如今业已学到，从此就可以长生不老了。为感恩老师，殷王在宫廷摆下盛宴，招待恩师采女，并且赠送给她很多金银财宝。

采女却并不爱财，一再向殷王表白说："大王说到感谢，最要感谢的不是我，而是彭祖大夫。老身虽然修道多年，也积累相当成量，但是未遇名师，始终徘徊宫墙之外，未能入门，得其要领。多亏了彭祖大夫指教，我才一通百通。大夫一番教诲，如雷击顶，又如点石成金，老身才豁然开朗，走上通途。若非彭祖大夫传授养生秘诀，我采女又有何能耐呢？"

一听提起彭祖，殷王一脸不屑，阴阳怪气地说："彭祖的道术自是高超，但是，其人却未免不识时务，不识抬举。我对他十分尊重，封他高官，赐以厚禄，金钱万贯，这个老头子居然无动于衷，丝毫不知感恩。我亲自登门，请教养生之道。想不到，老家伙竟然不把我放在眼里，终日一言不发，守口如瓶。多亏恩师亲自登门，老头子看在恩师面上，才私相传授。彭祖是我所封的大夫，不为我效劳，轻慢君亲，已犯大不敬之罪。我虽然学到养生之术，实是出于恩师亲自授给。所以，我感恩，只感谢您老人家，并不感谢彭祖大夫。"采女再三解释，百般劝告，殷王仍然充耳不闻。

面对殷王奖励的一大堆金银财宝，采女却之不恭，受之有愧，心中忐忑不安，思来想去，便化整为零，私下都送到彭祖大夫府中。彭祖一概视为身外之物，虽然接收下来，也不过是这手进，那手出，安排专人管理，

全部转送给受苦受难的平民百姓了。

采女每次来见彭祖，都是循规蹈矩，怀有敬畏心理。她把修行中遇到的问题，一一记在帛布衣袖上，一有机会，便见缝插针，逐一向老师讨教。彭祖看采女是真心修道之人，志同道合，便毫无保留地进行传授。所以，这一段时间，采女在彭祖精心指导下，修行精进，日臻圆熟。每次回到宫里，她照例为殷王开课，用心传授知识和技能。

殷王一旦进入养生之门，欣喜若狂，便到处炫耀卖弄，一心要把彭祖养生术据为己有。一次，他冷不防地询问采女："老师，彭祖修行多年，道术高深，将来也会死去吗？"

采女回答说："作为彭老夫子的学生，老身实在不敢妄议老师。据我所知，但凡是人，有生必然有死。所谓长生不老，无非是比常人多活若干年罢了。不过，彭祖大夫并不是一般人。他修炼较早，道术高深。据我观察，夫子已是介于人、神之间的超人了。人外有人，天外有天，养生有大道，修行无止境。夫子为人谦卑低调，胸襟宽阔，崇德尚道，德艺双修，术业专攻，永不满足，潜修不止，业已达到超然物外的至高境界。为防误人子弟，他一向不愿正式收徒相传。现在好了，夫子通过一个时期的开门交流、闭关反察，已经客观认识到自己的实力，为了造福黎民，即将公之于世，开门收徒，向世人广泛传授了！这对天下百姓，实在是一个大大的福音！"采女说到这里，停了停，又说道："像彭祖夫子，你说是人，他其实是神；你说是神，他目前又确实还是人。他在人神之间游走，难道还会死呢？我想不会的。他会天长地久，与三光同在。"

听了这话，殷王立即警觉起来，问："如果彭祖大夫公开传授养生之术，人人都来学习，那不就没有秘密了吗？我实在想不明白，如此养生秘诀，奇货可居，金银不换，为什么他不作为家珍秘传，却要向社会公开呢？"

采女不屑地说："彭祖修炼养生之术，并非为一己之私、一家之私，而是为了继承民族精华，造福苍生黎民，传之子孙万代。彭祖夫子胸怀博大，实在是天下为公啊！"

殷王高傲地说："普天之下，莫非王土。率土之滨，莫非王臣。彭祖是我之民，大夫是我敕封。彭祖养生绝技传与不传，传给何人，如何传法等，不能由他个人做主，而是由我发布政令决定。养生神功，只能由高贵者才配修炼。不分贵贱，私相传授，条条王法，不会容情啊！希望老师务必劝阻彭祖大夫。"

采女淡淡地说："大王自然是天下至高无上的有冕之王。可是，不要忘记，彭祖大夫才是天下爱戴的无冕之王呀！大王既然说了，不许私相传授。想来彭祖夫子作为大夫，可能会从命一时，但是决不会从命一世！"

在殷王的一再指令下，采女还是答应，尽快到彭祖府上走一遭。

面见彭祖夫子，采女惴惴不安地说明来意。彭祖淡然一笑，不以为然，说："殷王贵为天子，是上天之子，苍生父母，理应出以公心，为着百姓，保护百姓，救助百姓。殷王高高在上，心地褊狭，自私自利，视百姓如草芥，竟然与民争利，真真让老夫看不懂了。养生之术来之民间，传之祖宗，老夫不过信而好古、述而不作而已。无论如何，这项养生绝技不能失传，一定要世世代传承下去。此处不许传，我宁可大夫不做，挂冠而去，返回大彭国！"

采女说："殷王不道，倒行逆施，天怒人怨，自有天谴。不过，他眼下还是一国之君，至高无上，言出法随，令行禁止。既然殷王明令禁止，夫子为自己人身安全考虑，为百姓长远利益考虑，还是三思而行，留有余地，后退一步吧！"

辞别京都

采女回到宫中，把情况向殷王禀报一番，并说彭祖夫子愿意考虑大王的意见。殷王一听，气得面色铁青，火冒在丈，大发雷霆道："不是愿意考虑不愿意考虑，而是必须无条件执行！君无戏言，言出法随。他彭老头子

不要当成耳旁风,拿君命当作儿戏。这一次,我铁面无私,绝不留情。告诉他,决不要心存侥幸。"

殷王发了一通脾气,觉得还不解气,径自带上人马,驾临彭祖大夫府。彭祖起身相迎。殷王假情假意地向彭祖拱了拱手,然后怒气冲冲地质问道:"关于大夫意欲公开传授养生神功之事,我曾下旨,采女恩师都向大夫传达了?"

彭祖端坐,欠欠身体,点了点头。

殷王接着问:"大夫意向如何?"

彭祖低下头去,没有回答。

殷王迫不及待,公开挑明话题说:"我命你不得向贱民传授养生之术,大夫考虑如何?"

彭祖一字一句地说道:"老夫自幼父母双亡,沦为异国奴隶,本为贱之又贱之民。而今虽然贵为大夫,却未敢一日忘本。为贱民效力,是彭某本分。君,人也;民,亦人也。自古以来,无有民,何来君?养生之术既为君,亦为民,方为大道……"

殷王不等听完,就怒吼道:"人!人!人!大夫可知,人有贵贱轻重之分?君贵民贱,君重民轻。天下只有贵人,才配享养生延年之术,才有资格长生不老。现在,我已习养生之术。大夫如果向贱民传授,还有贵贱吗?还有轻重吗?还有尊卑吗?对于我之命令,大夫理应三思,慎勿相违。否则,将自取其辱!"

彭祖并不正面顶撞,而是语调平缓地自言自语:"养生养生,但凡生民,皆可习练。在老夫眼里,生民平等,无有贵贱尊卑。大王自有王命,老夫自有大道。"

殷王见彭祖软扛,更加气急败坏,板起面孔说道:"彭大夫,你是本朝命官,须知王法大如天,王命不可违!如果抗命,罪不容赦。彭大夫,你须考虑后果,勿谓言之不预。"

面对殷王的淫威,彭祖又恢复往常,沉默不语、一言不发了。既然殷

王以势压人,彭祖不动声色地站起身来,慢条斯理地翻箱倒柜,一样一样把大夫官印、绶带等找出,摆到案上,轻轻往殷王面前一推,叹了口气,说:"这些东西,压在老夫心头好久了,交还大王,老夫一身轻松了!老夫纵然理大,比不过大王权大。现在,就请大王将这些东西收回好了。从今而后,老夫无官一身轻,返回大彭国了!"

殷王没了辙儿,便强词夺理,怒吼道:"彭老头子,你就是不做大夫,还是我的小民!国有国法,王有王命。我之言,你听也得听,不听也得听!"

俗话说,咬死牙根不开口,神仙见了难下手。面对滥施淫威的殷王,彭祖软硬不吃、水火不进。殷王自讨没趣,一脸无奈,最后只有自找台阶,说了声"好好考虑",便溜出大夫府第一边走,一边大骂彭祖老东西不识抬举,欲除之而后快。

殷王一走,彭祖辞官封印,锁上大夫府的大门,决定连夜返回大彭国。

当天夜里,采女悄悄潜出宫门,立在彭祖大夫府外等候,见到老师,奉劝快走,以防夜长梦多,发生不测。

彭祖想到采女的处境,悄声问道:"殷王喜怒无常,以天下为私。我走了,会不会城门失火,殃及池鱼,连累于你?你该何去何从呢?"

采女毫不含糊地回答:"伴君如伴虎。殷王连夫子都要加害,对我还能有个好吗?"

彭祖眼盯着采女,犹疑莫定。采女望着老师嫣然一笑,含情脉脉,轻声说:"学生也跟随夫子走吧!"

彭祖说了声好,便和采女一起,一路东行,往大彭国而去。二人修行多年,身轻似燕,一旦上路,即健步如飞。

十、亡命天涯

殷王无道

彭祖重返故国，如鱼得水，顺应天时，尽得地利，国家无为而治。大彭国百业兴旺，繁荣昌盛，国泰民安，国力蒸蒸日上。

殷王对彭祖仍然耿耿于怀，但又无计可施。对于大彭国的兴盛，殷王一则以喜，一则以惧，心情十分复杂。喜的是可以把大彭作为大棒，无偿征用调遣其军队，借力打力，镇压其他诸侯的反叛；惧的是大彭崛起之后，称霸一方，对殷王朝的统治造成威胁。殷王盘算再三，决定对大彭国采用两手策略。一方面，邳人、姺人发动大规模叛乱时，王师不派一兵一卒，敕令大彭国举全国之力，镇压邳人、姺人。面对邳人、姺人的顽强抵抗，大彭之师英勇作战，虽把反叛镇压下去，但因以硬碰硬，损失也很惨重。在战争中，姺人侥幸逃脱，流窜班方。

殷王三道金牌，急令大彭军队马不解鞍，人不卸甲，移师班方，穷追姺人，严令除恶务尽，不留隐患。命令如山倒，大彭军队没有喘息，再杀奔班方而来。这一仗，打得尸骨成山，血流成河，姺人全军覆没，大彭军队也三损其一，元气大伤。

殷王窃喜，彭祖陷入困惑。

残暴的殷王对外开疆拓土，武力征伐，又调动一批批大彭子弟开赴战场，致使数百名大彭儿女埋骨异乡，其中就有彭祖子孙彭百寿、彭松、彭原等数十人。

此外，殷王还把大彭国看作一块肥肉，年年横征暴敛，要粮要钱不止，甚至逐年加码，压得百姓喘不过气来。

起初，彭祖认为，普天之下，皆是王土。殷王贵为天子，一言九鼎，诸侯国只有服从，尽量满足，别无他法。没想到，大彭国越是顺从，殷王越是变本加厉，胃口越来越大。眼下，殷王大兴土木，修建豪华宫殿，又要征用一批大彭青年去服徭役；宫殿尚未落成，荒淫无道、贪图美色的殷王，又要各诸侯国挑选美女进宫了，指名大彭国每年选送少女百名，而且限期送到。无道昏君的胡作非为，给多少家庭造成妻离子散、家破人亡的悲剧！

彭祖看在眼里，痛在心里，一次次向殷王上书，言辞恳切、语重心长地劝谏，要殷王为了殷商天下的长远大计，为了苍生黎民的福祉，改弦更张，迷途知返，立即停止对外战争，罢修宫殿，减免赋税，与民休息，并且停止选美，顺应民意……这些话虽然刺耳，但却反映出一位诸侯的忠心赤胆和拳拳之意。哪料到殷王丝毫听不进去，反而咬牙切齿地大骂："老彭愚昧昏聩，老迈糊涂，辜负我躬！"从此恼羞成怒，更加忌恨彭祖。

彭祖一次次上书不仅石沉大海，而且还遭到殷王的嘲笑辱骂，渐渐认清殷王是千夫所指的独夫民贼，是荒淫无道的残暴君主。从而，他抱定"用之则行，舍之则藏"的信念，以种种借口，对殷王的政令既不下达，又不执行，束之高阁，视同一纸空文。

殷王政令不通，气急败坏，面对群臣，像狮子一样咆哮道："大彭国目无君主！老彭祖违抗圣命！反对我躬，就是反抗朝廷，就是造反，就是叛乱！"他想，如果借机灭掉大彭国、除掉彭祖，可谓一箭双雕！我不仅消除了强大的侯国威胁，而且我躬是名副其实的养生之王了，一举两得。

专会看风使舵、拍马奉迎的一伙奸臣，立即火上浇油，奏道："启禀大王，彭祖不明事理，倚老卖老，倚仗养生薄技，根本不把天子不放在眼里。大王已掌握养生大法，彭祖已无有丝毫存在价值。目中无君，就是无父，就是不忠不孝，就该罪恶不赦。这个老朽今天对抗君主，明天就会叛乱造反，若不及早征讨，明天坐大，更加目无君王，而且各国起而效仿，岂不天下大乱吗？事不宜迟，务须决断，调集兵马，斩草除根，以儆效尤！"

听这样一说，殷王更感事态严重，立即颁旨，调集御林军，择日出师，征伐大彭国。

吉人自有天相。彭祖在朝中时，对府中衙役百般爱护，关怀备至。彭祖走后，留守人员均怀念不已。他们听到攻打大彭国的信息，连夜派出役卒，快马加鞭，赶往大彭国报信。彭祖得知后，心情极为沉重，感慨道："天子无道，滥征杀伐，大彭何辜，遭此荼毒啊！"

在殷王进攻之前，彭祖派出探马，刺探情报，但左思右想，感到为难。为啥呢？王师前来征讨，如若进行抵抗，就会落下反叛的罪名；如若束手就擒，任其杀戮，百姓就会遭殃。这该如何是好呢？他一夜无眠，在大殿门里门外踱来踱去，彷徨不安。

正在左右为难、举棋不定时，探马传来消息，天子之师已经浩浩荡荡朝大彭国开来了。是束手就擒，引颈就戮；还是奋力反击，保国卫民？现在，必须作出决断，不能犹豫不决了！

抗暴圣战

彭祖立即召开殿前会议，通报军情，集思广益。会议开了一天一夜。对于殷王近年的倒行逆施，大彭国的臣民早就切齿痛恨、义愤填膺了。听说殷王要派兵剿灭大彭，举国上下群情激昂，一致要求动员国民，迎头痛击！

但是，兵者，凶事也。生命无价，刀兵无情，务须慎之又慎，不可大意。彭祖在西域侨居多年，受能征善战的犬戎军方影响，后多年训练大彭卫士，也略谙用兵之道。为了抵御王师，他绞尽脑汁，反复思虑。打仗，首先是打气势，先声夺人，震慑对方；其次是用智谋，出奇制胜，不打无准备之仗，不打无把握之仗；最后是以己之长，克敌之短，知彼知己，百战不殆。大敌当前，必须秣马厉兵，鼓舞士气，摸清敌情，以逸待劳，审

时度势，把握有利时机，一鼓作气而战胜之。

次日一早，彭祖立即召集文武百官，作战前动员，他说："殷王残民以惩，对我大彭国无理征剿，妄图一举灭掉大彭，置于死地。现在，我们已无路可走，不打是死路一条，打或可死里逃生。真理在我，正义在我。正义之师必胜。大彭国不仅必须打，而且也一定能够打赢！举国上下，都要充满信心。王师东来，长途奔波，是疲劳之师；我以逸待劳，养精蓄锐，择时择势而发，此即取胜之道。为使百姓免受战火，我们应将战场前移，御敌于国门之外，不等对方站稳脚跟，不给对方喘息机会，猝然发起进攻，立足早打快打，战而胜之。这是一场你死我活的战争，切切不可粗心大意。两军交战勇者胜。大彭国的将士们，为了保家卫国，要勇往直前，杀敌立功啊！"

大彭将士个个士气高昂，摩拳擦掌，决心在保卫大彭国的战争中，同王师御林军决一死战。国师彭敬代表彭祖，向领兵元帅彭武授旗，再三叮嘱道："王师已动，时不待我，时间就是生命，速度就是胜利。领兵元帅彭武，勿辱使命，速速行动吧！"

彭武作元帅，彭勇作先锋，彭元筹粮饷，彭智为军师，遂誓师出征，带领八千精兵跑步西进。军队开出国门，又向前挺进五十里，选择有利地形埋伏，以逸待劳，关注敌情，时刻准备出击。

大彭国西界，通往商丘途中，有一座芒砀山。山中有一条狭长的谷道，是东往西来的必经之路。彭智经过实地考察，认为此处地形得天独厚，有利于打狙击战，便建议元帅预设一个"口袋"，山上山下埋伏得当。彭武认为有理，便巧妙布阵，并向西再派出一路侦探。

殷王之师跋涉六日，长途行军四百余里，一路逶迤东来。这天下午，王师大摇大摆地开进狭长的芒砀山谷。再向前数十里，就是大彭国的国界了。御林军首领鸣金，传下号令："天色已晚，就地宿营，烧火做饭，早早休息，次日早起，攻打大彭国，听号令发起攻击，誓要踏平大彭国，活捉老彭祖！"全体军士一声"得令"，遂解鞍下马，就地宿营。山谷内，炊烟

四起，王师人困马乏，丢盔卸甲，东倒西歪，躺倒一片。

突然，两侧山上，鼓声大作，埋伏山谷中的大彭将士迎面杀来，杀声震天。山顶上，滚木垒石"乒乒乓乓"，一齐滚落下来，吓得王师到处躲藏。殷王之师毫无防备，仓猝披挂应战，中间已被截断，首尾不能相顾。前有大军拦截，寸步难行；两侧有大彭兵士包抄，围得像铁桶一般，左右被死死钳制；后半截急着后退，粮草辎重堵住退路，更有大彭元帅彭武横刀勒马，大叫道："放下武器，速速投降，免得一死！"

官兵行军几日，疲惫不堪，眼下又饥又渴，纷纷丢下武器、物资，抱头狼狈逃窜。王师遇到偷袭，中军人马杂沓，被滚石砸伤无数，一个个哭爹叫娘，少数人伺机逃出，各自寻找活路；多数人为了保命，缴械投降。

先锋彭勇率领部队向西追击一百多里，又俘虏一批王师将士，连同山谷中俘虏人员和伤病员，一起押回都城，向彭祖请功。彭敬按照彭祖嘱咐，好好招待俘虏，善待伤病员，教育他们王师灭大彭实属不义，大彭国抗击王师是迫不得已，对认识错误、洗手不干的，释放还家；愿意留下为大彭效力的，准予入籍，给以田舍；个别顽固不化的囚禁起来。大部分俘虏愿意回家，再三感恩而去；自愿留下的，便做了大彭国的臣民。

大彭国首战告捷，举国上下一片欢腾。国民强烈要求，为大彭勇士召开庆功会，以表彰其丰功伟绩，鼓舞全军将士。彭祖听罢，沉默片刻，说："水无常形，兵无常道。此次战役，敌强我弱，能够取胜，在于知彼知己，善于用兵。打了胜仗固然可贺，但是前景险恶。切不可沾沾自喜，得意忘形。殷王是一位残暴的君主。殷王不死，大难未已。独夫此次失利，决不会善罢甘休！大彭国不能陶醉眼前的胜利，要时刻保持警惕。"

逃亡图存

殷王剿灭大彭国碰了钉子，吃了败仗，大丢脸面，不禁恼羞成怒，把

御林军首领赐死，将逃回的官兵全部坑杀，征用各路诸侯之兵，调集十万精锐之师，由殷王亲自统率，浩浩荡荡，杀奔大彭国而来，扬言务必要踏平大彭国，活捉彭祖，以谢天下。

消息传来，大彭国上下群情激愤，摩拳擦掌，要再接再厉，杀退王师，夺取天下，让彭祖取殷王而代之。彭武、彭勇面见彭祖，慷慨陈词，一致请战，并表示要在上次胜利的基础上，扩大战果，活捉殷王，扬大彭国威，振国中民气，为天下除害。

关键时刻，彭祖沉默不语，表面异乎寻常地冷静，内心却翻江倒海。文臣武将聚集在彭祖周围，纷纷建言献策，决心打赢第二次殷彭之战。在群情激昂面前，彭祖表现出异乎寻常的静气，字字千钧地说道："现在的问题，不在输赢二字，而是打与不打。战争一开，吉凶难卜。唯有知彼知己，权衡利弊得失，才能断死求生。殷王贵为天子，调集天下兵力，敌我力量悬殊太大，敌强我弱之势十分明显。一旦大兵压境，势如垒卵。我大彭如果自不量力，死打硬拼，无异于以卵击石，极可能全军覆没，国破家亡！万千生命，非同儿戏，务必要慎之又慎啊！"

彭武、彭勇一帮武将听到这话，瞪着迷茫的大眼，问道："殷王蓄意镇压我们，血洗大彭。我们如若不打，那不是等于缴械投降，死路一条吗？"

彭祖压低声音说："天子无道，自有天谴。方今彼强我弱，万万不可逞强。死打硬拼，绝不可行；坐以待毙，也不可取；唯有避开锋芒，走为上策！相信天无绝人之路。千古胜负，决不在一城一地的得失。大彭万千臣民，万千生命啊！我们得对百姓负责，对将士们负责。只要国民安全无恙，我老彭才能心安。横竖殷王来了，这里有我顶着，量他能奈我何！国无常君，地无常主。大彭国的子孙走到哪里，哪里就是大彭的土地，就有大彭国民的立足之地。"

说罢，彭祖悲壮地连呼三声："走！走！走！"

将官和大臣虽然认为彭祖说得有理，可是，毕竟家国难舍，热土难离啊！走？好端端的一个国家，怎么说没就没了？好端端的万千国人，怎么

能说走就走呢？走，不就是逃吗？有谁愿意背井离乡、外出逃难呢？对于彭祖的意见，人们虽然没有明确反对，但一个个真是心中不平、情有不舍呀！

彭祖看大家犹豫不决，态度便严肃起来，斩钉截铁地说道："事情紧急，事态严重，生死存亡之秋，不能再坐而论道，徘徊观望了！天底下，人为贵。没有人，就没有一切；有了人，就有一切。为了保存力量，我劝大家，舍不得，也要舍！不愿走，也得走！远走高飞，走得越快，走得越远越好。事到临头，不能犹豫了！否则，后悔就晚了！"

老祖的话语重心长，掷地有声，把全体在场人员震住了。大家面面相觑，一时无语。可是，老祖为保护百姓得罪殷王，大家咋忍心让老祖一人留下遭难呢！彭敬和彭武、彭勇坚决地说："带兵将军就是保卫国家的。乍一说走，我感到是军人的耻辱，确实难以接受。听了老祖的话，想到对国民负责，这个明知失败之仗，不打还是明智的。我表示服从老祖的安排，尽快离开这里，远走高飞！但是，老祖也一定要听从儿孙们的一言劝告，要走，大家一起走，你老人家也和大家一起走！如果老祖不走，我们也都不走，要活活在一起，要死死在一块！"

此话说出大家的心里话。众人齐刷刷地跪倒在彭祖面前，异口同声地说："求求老祖，你老人家同我们一起走吧！"

面对大家恳切的目光，老祖沉吟片刻，郑重其事地说："原来考虑，老夫是大彭国的头号人物。事情因我而起，一人做事一人当。老夫一人留下，可以顶万民之罪。八百春秋，已经死不足惜。既然大家听我的话，我也听大家的，和大家一起走！留得青山在，不怕没柴烧。"

众人忧心忡忡的神色，这才露出一丝欣喜，一颗颗悬着的心落了下来。

彭祖摆摆手："既然统一了认识，各自散去，做出走的准备吧！"

彭祖仍然放心不下，又把各位首领召进内室，面授机宜。他把大彭国民分成七支，四面八方，唯独空出正西方向，一个一个吩咐道："你往东，你往北，你往南，你往东北，你往西北，你往东南，你往西南，各自逃命

去吧！兵士也编成分队，随同家人一起，路上预防不测。"

彭武问："为什么独独缺少向西一支？"

彭祖说："殷王率领大军自西而来，我们当然要避开王师，不能无谓地迎面送死。无道昏君灭掉一个大彭国，大彭国的百姓要像种子一样，撒遍天下，到处落地生根，看殷王还能奈我大彭国何！"

老臣彭敬带领第一支人马，先启程上路。彭祖把他们送出国门，嘱咐彭敬说："你们先走一步，我送送他们，回头就来追赶。这支人马，你是首领。不论哪支人马，从今日始，首领都称彭祖！七支人马七个彭祖，加上老夫，就是八彭祖了。记住，开弓没有回头箭。只要走出去，就不许回头，往前就是活路，回头死路一条！能走多快走多快，走得越远越安全！"

彭敬听了，不敢怠慢，带领人马赶快上路，日夜兼程，逃命他乡去了。

彭武、彭勇、彭元、彭智、彭堪、彭二愣各带一支人马登程。彭祖像对彭敬一样，对他们几人，也如此这般嘱咐一番。六人也各自带领人马，匆忙逃命去了。

就这样，彭祖把一支支人马安全送离大彭国，踏上逃亡之路，才长吁了一口气。

空城妙计

经过八百多年苦心修炼，彭祖早已心无外物，身轻似燕，能够隐身化形了。百姓、儿孙都已远走。他孑然一身，端坐在彭祖殿中，意念早已随七支人马亡命于途了。

他闭上眼睛，看到彭敬带领人马已走二十里地，彭武带领人马正在跋山涉水，彭勇带领人马在月夜兼程……

他一会儿到这里看看，一会儿又到那里看看，一路上，他的心始终跟随着大家前行。哪一支人马遇到困难，呼唤一声老祖，他听到彭敬、彭武

和彭勇都应声回答。老祖笑了,认为就应当这样啊!他身居大彭,心向天下,跟随七支人马,万里迢迢,亡命天涯。

再说殷王大举发兵,对大彭国大加挞伐,一路杀气腾腾,必欲灭之而后快。接受初次攻打大彭国的教训,临近大彭国的边境时,殷王反倒小心翼翼起来。他先让小股部队试探前行,竟然异常顺利,无有设防;为防意外,殷王又兵分三路,稳扎稳打,步步为营,渐行渐近,一直开到大彭国城下,没遇到任何抵抗。殷王做梦也没想到,此次征伐如此顺利。

现在的大彭国,城里城外,空空荡荡,寂静无声,大街上竟然看不到一个人影。殷王和将领们都疑惑了:大彭国向来人烟兴旺,市场繁华,为何突然变得冷落起来了呢?彭祖这老儿又在耍什么花招?

举目四望,彭祖殿上,大彭国的旗帜在蔚蓝的天空猎猎飘扬。殷王用手一挥,咆哮道:"走,找彭祖老儿算账去!"殷王一马当先,率领大队兵马像潮水一样朝彭祖殿涌去。他们穿过大街,越过小巷,远远看去,彭祖竟然端坐在彭祖殿中。彭祖看到殷王率兵来了,从椅子上站起身来,走到门前,朝殷王摆了摆手。殷王还以为彭祖出门迎接呢,哪知彭祖向前走了两步,往门后一闪,便无影无踪了。

殷王咆哮道:"我要重赏,活捉彭祖!"将士们奋勇争先,呼声震天,一举冲进大殿,可是,大殿中竟空无一人。

怪哉!明明还看到彭祖在这里,他还能上天入地不成?殷王带领将士们搜来寻去,发现后殿地上,写着几句留言:

>王向东来,
>
>老夫西走。
>
>空城一座,
>
>一无所有。
>
>大彭让你,
>
>王位让叟。

速速回军，

迟了授首！

殷王读了，大吃一惊：啊？我发天下精锐之师，前来消灭大彭，彭祖竟然派兵马抄我后路、进攻京城了？不好，上了这老儿的当了！于是，他气急败坏地下令，急急班师回撤，守卫京都！

殷王带领全部人马连夜奔波，赶回京城，却发现京城安然无恙，并没有大彭国的一兵一卒。彭祖的本意，在于虚晃一枪，让殷王赶快回军，以掩护七支人马安全逃离。想不到，殷王真的上当，几句诗便调虎离山，不仅确保逃离人员的安全，而且完整保存大彭国的城池。

殷王知道中计，气得大口大口地吐血，喷着满口鲜血，仍然狂叫："追！哪怕彭祖跑到天涯海角，也要把他缉拿归案！"然后分派兵马，四处追赶。数日过后，向东、向南、向北的三路人马都返回了，说是毫无踪影；只有向西追赶的一路人马，追了多日，说远远看到彭祖和采女的影子，可是无论如何，总是可望而不可即。数月后，殷王的兵马追到流沙国边境，看到彭祖和采女二人的身影湮没于漫天黄沙之中，再往前赶，天地混沌，荒无人烟，路径也无法辨认，才不得不怏怏而返。

殷王兴师动众，无功而返，心理扭曲，更加变态。从此，他更加穷奢极欲，作威作福。天下百姓不堪重负，怨声载道，反抗的烈火到处燃烧，殷王朝遂在风雨中飘摇。

十一、神仙彭祖

天涯芳草

大彭国的七支人马逃往天涯海角,都忘不了自己是大彭国的子民。他们把逃亡落脚的山叫彭山,地叫彭土,水叫彭水,村庄叫彭庄、彭村、彭店和彭家寨……大彭国的后裔,在各地山山水水黄土地上落地生根,发芽开花,并一代代繁衍生息,发展壮大起来。

晚年的殷王喜怒无常,虽也想继续修行彭祖养生之道,但终因背离道义,离养生真谛已越来越远。不久,他迷恋上妖艳淫荡的郑姬,荒淫无道,交接无度,无心修炼,致使多年养生之功废于一旦。

阴阳之道,物极必反。殷王剿灭大彭国,追杀彭祖,倒行逆施,胡作非为,招致天下人的反对。周文王挑起义旗,领兵反殷,号召天下百姓都起来造反。分散各地的七支彭祖人马积极响应,踊跃参加推翻殷王朝的人民战争,反抗殷王统治的烈火越烧越旺。墙倒众人推,殷王朝多行不义,民心尽失,终于被人民起义的浪潮所埋葬了。

大彭国的七支人马,就像七朵红灿灿的云霞,从九里山前飘向天南海北,九州大地。他们在那里生根发芽,红红火火地投入山山水水的开发建设事业,一代又一代地延续大彭国的故事,也不断用自己的勤劳和智慧,创造出新的业绩,讲述着古老的和创新的故事。

大彭国的人民安全转移了。人们无不关心,彭祖他老人家到底何去何从了呢?

有人说,当殷王向大彭国扑来的时候,彭祖精心安排七支人马安全出走之后,沉着应对殷王,稳坐彭祖殿中,同独夫民贼打了个照面,就下到

大殿地洞，从大东门的一条暗道潜出，不慌不忙地来到城东河边。

泗水、汴水在此交汇，水势浩大，波涛滚滚。早已在此等候的采女立即招呼渡船，可是，汹涌澎湃的河面上，哪里有渡船的影子呢？

正在这里，江面上，一阵团雾飘来，团雾中，乘风破浪，飞驶来一叶扁舟。老艄公把手一招，彭祖、采女急忙上船。老艄公划动双桨，小船穿波越浪，箭一般向东岸飞去。

彭祖、采女上得岸来，回头感谢舟人，哪知河面上空空荡荡，早已不见小船的影子了。

从此，大彭国东门渡口，就被人唤作"仙人渡"。

神游天下

彭祖洒泪告别故国，从此云游天下，四海为家。他走遍名山大川，到风光优美的山水之间陶冶情操，修身养性，并向天下人广泛传授养生功法，造福于天下黎民百姓。他走到哪里，就在哪里招收弟子，苦口婆心，传授养生精要，在天南海北，留下很多很多传人。

有人说，彭祖为兑现自己的诺言，足迹遍及神州大地。他按照七支人马出走的方向，一处一处地寻找，看望在各处定居的大彭子民，并同他们一起谋划生存和发展大计。

他曾到过八闽山水，看望两个儿子彭武、彭夷落足的山区，视察九九八十一个美梦的实现情况，并共商下一步的开发大计，绘制新的蓝图，为荆南山锦上添花，又苦心经营数年，种植万亩茶园，移栽花木竹草，把一处处荒山野岭变成明山秀水，变成驰名天下的风景名胜。人们为铭记彭氏父子的功绩，塑了彭祖像，还以彭武、彭夷的名字命名此山为武夷山。

彭祖和采女一起，曾云游西南，来到巴蜀岷江中游，看望彭勇率领的一支大彭子民。滚滚岷江水流入成都平原后，流速锐减，泥沙淤积，极易

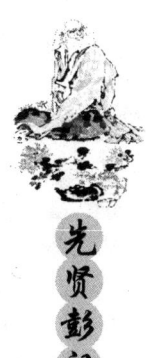

决口泛滥，危害人民的生命财产。彭祖带领后裔，用以火攻石的方法，从玉垒山上开凿出一道支河，形成一处离堆，分流了湍急的岷江流水。后来，到了战国时期，李冰父子在此基础上，因地制宜，因势利导，把岷江变成内江、外江，完成了都江堰排灌水利工程。这样，不仅解决了水患，而且灌溉农田三百万亩。从此，巴蜀之国沃野千里，良田万顷，变成天府之国。彭祖和大彭子孙一起，来到武阳。此处人烟稀少，山水天然，气候温润，阴阳调和。彭祖带着子弟们在此垦植，打造出一个优美的养生胜地。

  彭祖带着采女一路向西，看望大彭国德高望重的老臣彭敬。彭敬带领人马西行时，忠实执行彭祖的命令，走得最早，走得最远，直到走进大漠，进入流沙之国。当彭祖和采女跨越千山万水，找到这支人马时，彭敬早已不在人世。此处十分荒凉，生活条件恶劣。彭祖就组织子孙们修炼养生之术，在艰难困苦的条件下，顽强地生存下来，在异域开创出一片新的天地。在这里，彭祖又想起当年师从青精先生的情景，更感到总结发展传统养生术的重要。彭祖到处走，到处讲，并且演示，做出示范。采女把夫子这次大漠之行的言论记录整理下来，向百姓传授。采女所记所传，整理成一部书稿，就是《彭祖经》。后来，《彭祖经》被收进《道藏》，成为后世养生指南。

  彭祖和采女一边云游，一边修炼养生。他们还跑遍塞外幽燕二州、九曲黄河两岸、长江三角洲下游以及荆襄、岭南不毛之地。后来，彭祖念念不忘自己的封国，又回到了大彭国。大彭国被灭亡之后，国都已改称彭城。事过境迁，物是人非。尽管昔日大彭国已经换了新的主人，但是，彭祖看到故国城池巍然屹立，仍然感到一丝欣慰。听说大彭山下还有一些大彭遗民，他又拄杖前来看望，同孩子们促膝交谈，畅叙往事，抚今忆昔，无限感伤。想不到，此行伤心过度，他从此一蹶不振，身心疲惫。孩子们侍奉床前，到处求医问药。老人家摆摆手，微笑着说："人生一世，谁能不死？天命攸归，不可抗拒。治病不能治命，一切顺其自然吧！"

  彭祖历尽磨难，最后，还是倒在了受尧帝敕封、艰苦创立的大彭国土地上……

六月奇寒

古人说，死生有命，富贵在天。凡是在历史上建功立业有大成就者，都有不同常人的奇特经历。彭祖的一生，可说跌宕起伏，具有传奇色彩，就连人生谢幕，也与常人不同。

彭祖生在六月初，活了八百八十岁，又死在六月初。母亲怀他时，三年不育，六月六日剖腹而产。说到彭祖之死，更是惊天动地呢！

六月，正值盛夏。赤日炎炎，热风炙人，蛙鸣蝉噪，响成一片。彭祖抱病卧床时，天上像下了火一般，暑气蒸人。老人家这边咽气，天幕突然低垂，天光立刻暗淡下来，阴云浓重，霎时淅淅沥沥地下起雨来。

雨一下，气温直线下降，暑气一扫而光，天气陡然凉爽下来。人们说，彭祖是天上的神仙，一辈子做了那么多好事，老人家去世感动了上天。苍天落雨，那是老天爷为彭祖老人家流泪呢！

泗水河边，一抔黄土，是彭祖最后的归宿，永远的天堂。人们根据他临终的嘱咐，确定六月初三盛殓出殡，入土下葬。

初三一早，雨渐渐停了，东方升起了太阳。令人奇怪的是，气温不仅没有回升，反而骤然直线下降。人们先是从盛夏回到了春天，接着又从春天回到了冬季，甚至比十冬腊月还要冷呢！冷气森森，寒风彻骨，人们冻得哆哆嗦嗦，又穿上了棉袄棉裤。

盛夏季节，家家冬衣都已拆洗，还没缝制，谁家有那么多棉袄棉裤啊？老老少少把家中的衣裳都穿上了，还是冷啊，冻得打战！村社里，老人钻进被窝，下不了床，出不了门。青少年们冻得搓手跺脚，跑里跑外，忙着办理丧事。可是，年轻力壮的小伙子终于抗不住严寒，也一个又一个冻病冻死，一天就死去六十多人。

就是在这奇寒的天气，人们把彭祖埋葬在西山脚下。

彭祖这边下葬，那边气温直线回升。人们又回到炎热的夏季。怪哉！

村社把冻死的六十多位青少年埋在彭祖墓附近，因为多人合葬，人称

社儿墩。

不久，社儿墩前，长起一片蘸林，春天不播种，自然生发；秋天不收割，自然枯死。

蘸是多年生草本植物，鳞茎可食。有一年，人们想把这片蘸林耕掉，改种庄稼。这边套好牲口，刚要动犁，突然，天空阴云布满，雷雨大作，若有神护。一看这种情况，人们便只好收手。谁敢得罪天神呢？从那以后，再也无人动社儿墩土地的念头了。

从此，社儿墩的蘸林便保存下来，春荣秋枯，一直守护着彭祖和青少年们的坟墓。

心系民间

彭祖生前治理大彭国政绩卓著，百姓民心所向，有口皆碑，死后惊动天宫。各路神仙眼观六路，耳听八方，也都夸赞彭祖才能出众，治国有方，政绩显著，确实是位难得的人才。玉皇大帝知人善任，就把彭祖的灵魂收归天界，位列仙班，让他做了天上的神仙。

彭祖不是最关心百姓疾苦嘛，玉皇大帝就让他专门掌管人间的气候，负责刮风、下雨、降霜、落雪等事项。彭祖深感责任重大，自然兢兢业业，尽心尽力，力求把工作做得尽善尽美。他治理大彭国多年，对老百姓感情深厚，知道什么节气播种，什么节气除草，什么节气收割，总是按照节气，不违农时，照顾天下老百姓的需要，要风来风，要雨来雨。至于对大彭国的百姓，那更是格外照顾，所以，大彭国的庄稼长得特别茂盛，年年五谷丰登。

大彭国的百姓深知，年成好，收成多，那还不是彭祖他老人家的特殊关照吗？咱们要知恩报恩哪！所以，粮食一入仓，家家户户杀鸡宰羊，蒸馍做饭，把好吃的饭菜先敬彭祖他老人家。

心到神知，虔诚则灵。彭祖知道百姓对自己这么尊敬，很是过意不去，心里觉得还对百姓有亏欠呢！不然，再多下几场及时雨，百姓还能多收几斗小麦，还能多吃不少白面馒头呢！

就这样，彭祖把百姓时时装在心里，对百姓总怀着歉疚心理。一年冬天，到了冬至节，进入"三九"寒天，该安排下雪了。一想到白色晶莹的雪花，彭祖就想，这么多雪，跟白白的小麦面一样，要是都是白面，该多舒心啊！老百姓拼死拼活，出力流汗，忙活大半年，才收百把斤小麦，三顿两顿就吃没了，到了开春，青黄不接，还得吃糠咽菜，日子过得太艰难了。

玉皇大帝召集诸神议事，彭祖安排下雪事情紧急，例行缺席。彭祖想，天上一刻，地上几年。何不趁诸神闭门议事，失察下情，趁着下大雪，给人间百姓下场白面呢？

彭祖功利心切，心里这么一想，手下就这么安排了。这一场好下，一连三天三夜，天上不下大雪，全下的小麦面。老百姓一看，哎呀，下的小麦面，真是天赐洪福！家家户户，大人孩子，也不缩在屋里烤火了，都操起家什，冲出家门，一笸箩一簸箕地往家收白面，把瓦缸、条囤、筐子和秫秸折子，都装得满满腾腾的。不是快过春节了吗？老百姓提前过年了，载歌载舞，杀猪宰羊，蒸白面馒头，到处喜气洋洋，热闹极了。

彭祖做了这桩好事，瞒着天界，谁也没告诉，连玉皇大帝也蒙在鼓里。下界百姓得到这么大的恩赐，感恩戴德还来不及呢，自然没有人向上举报。彭祖对百姓做了好事，心里高兴，像喝了蜂蜜似的，甜丝丝的，别提多"恣儿"了。他这一"恣儿"，又想与民同乐了。这么一想，他就悄悄离开天宫，自由自在地去下到人间去了。

彭祖化装成一个土不拉叽的小老头，穿得衣衫不整，邋里邋遢，步履蹒跚地来到大彭国。路过一家门口，他装成个过路人，进去寻点吃的。这家人摆着满桌饭菜，正在"扑扑嚓嚓"地吃饭呢！彭祖故作可怜相，苦苦哀求道："老乡啊，我是个过路的，大年间，肚子饿得撑不住了，请你们给

点吃的,好不好?"

常言说,富而好礼。这户人家日子过得蛮不错哩!看到一位老人上门讨饭,主人便热情地招呼说:"天底下都是一家人,有俺吃的就有你吃的,还什么好不好的?快坐下,一块儿吃吧!"

一个小孩伸手递给一个白面馍。这个白面馍上面尖,里面空,吃起来又香又有味。彭祖没吃过这东西,就好奇地问:"这个馍叫啥?"

小孩抢着说:"叫窝窝。"

彭祖吃着挺筋道,问:"喷香、有味又耐嚼,咋这么好吃呢?"

小孩娘说:"做窝窝时,大揉揉,擀开擀薄,再加些葱花油盐,这就是油盐窝窝。"

彭祖说:"有意思!里面为啥掏空了?这有啥好处?咋想的这个点子?"

小孩娘回答说:"以往把面团贴锅里,烧的火也不小,老是外熟里生。我生气了,揪一个面团,不知道咋办了,气得一木棰攎过去,砸出个窝坑儿,往锅里一贴,就熟了,还挺好吃。"

彭祖连咬了几口,嚼了嚼,连连称赞:"嗯,好吃,真好吃!"

女主人很高兴,见客人赞不绝口,临走,又送他几个。彭祖连连道谢,感激不尽,小心翼翼地把窝窝揣在怀里,胸口被捂得暖烘烘的。

彭祖赶到另一村,到处走,到处看,看到一家家房是房,院是院,满村看不到一个叫花子,一切都变了,感到挺新鲜,脸上笑眯眯的,心里甜丝丝的。

转来转去,又到该吃饭的时候了,他又踅进了一户人家,还是装作赶路的,找口吃的。这家人一见是位老者,大人孩子又客气又热情,一边递过小板凳,招呼坐下,一边端过馍馍盘子,招呼吃饼。这饼像水筲口那么大,白白的、圆圆的就像十五的月亮;掂在手里热热的、轻轻的,薄得像树叶一样,用手一卷,又香又好吃。

彭祖好奇,一边吃,一边问:"这饼叫啥?咋做的?"

主人回答:"单饼,也叫烙馍,和好面,用擀轴子转着圈儿擀开,摊到

热鏊子上翻两番，一反一正，就熟了。"

彭祖一边吃，一边支棱着耳朵听，说："俺还是头一回吃这饼哩！"

主人看彭祖吃得津津有味，又听客人说是头一回吃这饼，喜得脸上笑成一朵花似的，骄傲地说："不是俺吹，这烙馍，在外地吃不到，只有咱大彭国时兴。这都是托玉皇大帝的福哇！天帝和一帮神仙体察民情民苦，十冬腊月大雪天，不下大雪下白面，太体恤百姓啦！不然，咱哪能吃上这么好的饭呢！真谢天谢地了。"

彭祖听了，喜在心里，笑上眉梢。吃罢饭，临走时，主人看他爱吃单饼，又热情地送他一些。亲不亲，故乡人；甜不甜，家乡饭。彭祖连声道谢，说声"打扰了"，又把烙馍揣在怀里。

彭祖走东家，串西家，吃了南家吃北家，腰包揣得满满的，再也装不下了，才返回天宫。

百姓过上好日子，彭祖太开心了。回到天界，他总是情不自禁地把大彭国人民的生活谝一谝，夸一夸。这样，还嫌不过瘾，一天，他把天兵天将、各路神仙都请进官邸，亲手烹制了一锅雉羹，把大彭国各家赠送的油盐窝窝头、烙馍、白面馍等土特产摆了一桌，美其名曰"彭祖宴"，盛情招呼大家品尝一下，评价一番。

雉羹是天帝美食，土饭是人间美食。天兵天将、各路神仙哪吃过这样的饭菜呢？一个个赞不绝口，异口同声，都说好吃，夸奖彭祖不愧是天上人间美食家，烹调祖师名不虚传。美得彭祖只顾咧着嘴笑，眼睛眯成一条线。

铁拐李爱喝酒，说："好饭好菜，不能没有酒。"说着，从腰里解下酒葫芦。彭祖一看，又端上几盘水果和时鲜蔬菜，一个个开怀畅饮起来。

一端酒杯，大家自然纷纷向东道主轮流敬酒。一闻酒香，彭祖喉咙又痒痒了，接过酒杯，一饮而尽。一杯一杯美酒下肚，他浑身快活得都要酥掉了。你一杯，我一杯，大家都向彭祖敬酒。彭祖又不禁让，又贪杯，左一杯，右一杯，不一会儿，就喝得酩酊大醉了。

彭祖一醉酒，容易得意忘形，话也稠了，嗓门也高了，说着说着，不禁手舞足蹈，咧开大嘴唱了起来：

自从老彭当神仙，
年年思乡泪涟涟，
一尝人间家常饭，
等于天上过个年。

他这一唱，唱到天兵天将、各路神仙的心灵深处，也勾起他们的思乡之情。大家齐声夸道："唱得好，唱到俺心里去了，奖励一杯！"

彭祖特别不经夸，端起酒杯，一仰脖，又干了个底朝天。大家一起叫好。彭祖一来劲，摇头晃脑，放开嗓门，十分动情地又唱了一曲：

自从老彭当天官，
呼风唤雨护人间，
冬天下雪下白面，
玉皇大帝也被我瞒。
……

彭祖这一唱，露出了马脚。客人一听，噢？原来彭祖当了神仙，自作主张，下雪天竟然不下大雪下白面？这触犯天条，还了得吗？

要知道，人间有人间法规，天界也有天界律条。天宫也有监察官。即便是当了神仙，也不能为所欲为，任意胡来。一旦违犯天界律条，玉皇大帝也是不容情的。彭祖不打自招，自我暴露，违反了禁令。对此，天兵天将、各路神仙谁也不敢袒护，不敢包庇，否则，犯法者和包庇者同罪，同样会受到惩处的。

情况很快反映给玉皇大帝。玉皇大帝察知实情，大发雷霆，为警其余，

发威要斩杀彭祖。多亏八仙一个个出面讲情，说彭祖触犯天条是实，应该受到惩处。但是，彭祖之所以这样做，说到底，并不是图一己私利，而是替天界做好事，为天下百姓造福。从这方面说，不应处以极刑，理应从轻处罚。

玉皇大帝的气消了消，这才对照律条，从宽从轻，把彭祖放逐人间，要他戴罪立功；并且颁下命令，三年之内，不准往大彭国降一滴雨雪。

就这样，彭祖离开天界，又回到大彭国了。彭祖心里当然懊悔，但是被贬回大彭国，他又一丝欣慰。惭愧的是，大雪天下白面，本意为天下百姓造福，现在却给大彭国百姓造罪了，百姓要受三年大旱之苦啊！惭愧归惭愧，自己不能躺下，要对得起百姓。不管怎么说，自己要戴罪立功，带领百姓战胜旱灾，渡过难关哪！

大旱三年，万里无云。河水干了，湖泊见底了，地里禾苗枯了，头一年颗粒无收，老百姓有陈粮吃着，还无大碍。可日子一长，坐吃山空了，咋活命呢？百姓心急如焚。彭祖心里，比百姓还急。要是饿死了人，我老彭的罪过就大了。有的怨老天不下雨，彭祖心里更难受了，这是我老彭的罪过，要一人做事一人当啊！他公开向百姓下《罪己诏》，检讨自己的错误，连累了百姓，向百姓公开道歉！

彭祖抱定一个信念，天下万物人为贵。天无绝人之路。天不落雨不靠天，排除万难地下寻。无论白天黑夜，他一刻也不停歇，带领百姓掏土挖井，一直挖到甘泉。井挖了一眼又一眼，眼眼井里都出水。百姓就饮用地下的甘泉，用井水浇灌枯萎的禾苗。地里的庄稼始终是一片绿油油的。彭祖和百姓年年从旱老虎嘴里夺粮，不仅没有饿死，相反还磨炼了意志，增强了战胜困难的本领。彭祖感谢百姓，百姓更是感谢彭祖他老人家啊！

三年过去了。玉皇大帝派天官下到人间，察看大彭国百姓的生活状况。一看，大彭国的百姓安居乐业，生活得好好的。天官奇怪了，大旱三年，怎么庄稼照长、粮食照收呢？一了解，原来是彭祖带领百姓挖井抗旱，立下了大功。

天官返回天宫，连忙向玉皇大帝报告。玉皇大帝也为彭祖的精神所感动，于是，高抬贵手，赦免了彭祖的罪过，又把他调回天宫，补了神仙之位。

彭祖官复原职，接受教训，谨遵律条，更加勤勤恳恳，兢兢业业，再也不敢擅自作为了。但是，他并没忘记百姓的苦难。一上任，他就恪尽职守，给大彭国降下一场甘霖，落下一场透雨，人间一片欢腾。

大彭国的旱情从此解除，又进入风调雨顺的好年月。

十二、青山不老

华夏奇观

彭祖死后，采女奔走天下，向各地大彭子民报告噩耗。各地大彭子民无限伤悼，不约而同地把彭祖衣冠收集起来，就地筑成彭祖衣冠冢，春秋仲月（二月、八月）以时祭奠。这样，就出现了中华彭祖墓奇观：

浙江临安彭祖墓。《浙江通志》记载，临安县城东南十里有彭祖墓。明代嘉靖年间《临安县志》还记载，因为彭祖活了八百岁，所以，后代将彭祖生前活动的山，命名为八百山；将彭祖居住过的村，命名为八百里。《名山胜概》一书描述说：横空出世、绵延不断的八百山下，临安有一个墓地宽敞的孤坟。这就是商朝贤大夫老彭的坟墓。墓旁有一石碑，已经仆地，因岁月历久，风剥雨蚀，碑上的字迹已经模糊不清。

浙江孝丰彭祖墓。据浙江《孝丰县志》记，孝丰（今浙江安吉）县广苔乡有彭宅里、彭祖墓。

江苏徐州彭祖墓。据北魏郦道元《水经注》一书记载，彭城（今徐州）有彭祖墓。墓在原徐州城东北角城墙内侧。附近有彭祖祠（亦称彭祖庙）。北宋大诗人苏轼任徐州知府时，曾写《彭祖庙》诗一首：

> 跨历商周看盛衰，
> 欲将齿发斗蛇龟。
> 空餐云母连山尽，
> 不见蟠桃著子时。

苏轼的弟弟苏辙到彭城看望哥哥，住在逍遥堂，也写了一首诗专咏此事：

  猖狂战国古神仙，
  曳尾泥途老更安。
  厌世乘云人不见，
  空坟聊复葬衣冠。

现在，徐州还有彭祖楼、彭祖祠、彭祖庙、彭祖园、彭祖井、彭祖塑像等。20世纪末，彭祖墓已迁铜山大彭镇、古大彭村之北。自古以来，拜祭彭祖者络绎不绝，留下大量诗文。

四川彭山彭祖冢。郦道元《水经注》"江水"条云，江水武阳东至彭亡聚，此地有彭冢，即彭祖墓。宋代乐史《太平寰宇记》一书"彭山"条说，在彭山县城东北十里，有彭女山，也称彭祖山，山下有彭祖墓、彭祖祠。《续汉国图志》引《益州记》注释也证实，武阳彭亡聚有彭祖冢。汉代武阳县，从唐代贞观年间起改为彭山县。相传彭祖和采女在流沙国居住数年，辗转来到蜀中，看到彭山一带山水宜人，便在那里居住下来，继续修炼，养生传道，死后也葬在那里。采女死后，和彭祖葬在一起。埋葬他们的青山称彭祖山，又叫仙女山。

如今彭山彭祖墓、彭祖祠仍在，墓室宏大，环境优美，游人如织，养生气氛浓厚。

陕西宜君彭祖墓。据三秦出版社《宜君县志》记载，宜君县东北十五里偏桥乡彭村，有彭祖故园和彭祖墓。相传，彭祖晚年云游来到此处，住在一个岩洞里修身养性，遂在此定居。彭祖修行的石洞和彭祖下棋石还在。1980年，此处曾出土商代陶鬲两个。1981年文物普查时，发现明嘉靖年所立的石碑一座，系彭祖墓前遗物，字迹依稀可辨。此彭祖墓地共二亩七分七厘七毫。

河南鄢陵彭祖墓。据《河南通志》记载，鄢陵县城北，有商贤大夫彭

祖墓。又据民国十四年（1925年）钱文选辑《钱氏家乘》卷十二世系记载：河南省鄢陵县北二十里有彭祖岗，彭祖岗上有一处彭祖墓。

河南洛阳偃师彭祖坟。伊河南岸，风景秀丽，环境优美，有彭祖庙和彭祖坟。坟前曾有石碑。多年来，彭祖庙香火鼎盛，人们常来此处祈福祛病。附近居住众多彭祖后裔，西有大彭店，东有小彭店，东南有彭店寨。遗憾的是，彭祖坟已于20世纪60年代平掉，墓前石碑业已移作他用，当作修桥石了。

山西长治彭祖墓。长治市黎城西井镇，有彭庄村，相传为彭祖故居，此处有彭祖庙、彭祖墓。

山西沁县彭祖墓。沁县南里乡石火村、侯家庄、上张庄村交界处，有一处彭祖洼，洼南有沟，传为彭祖故居，山坡上有一大墓，即彭祖墓。墓前有一残碑，碑上依稀可见"商大夫"字样。

山东临清彭祖墓。据清光绪《馆陶县乡土志》记载，馆陶县城东三十里有彭祖店村，村中有彭祖墓。民国二十五年（1936年）《馆陶县志》也记载，"彭祖墓在馆陶县城东北三十里彭祖店村西南，高约六七尺，占地约二丈多。"馆陶县城，即现在山东临清馆陶镇。

甘肃庆阳正（真）宁县彭祖墓。据《庆阳府志》记载："商大夫彭祖墓在（正宁）县北十里。彭祖墓即彭祖遗丘，在罗川城东南五十里的香初塬（今三嘉乡境内），地名彭祖坳，墓址宽阔，墓前有石马。

湖北蕲春彭祖墓。蕲春县漕河镇有彭祖村、彭祖湾、彭祖庙，离湾一公里，有蘘梨山，亦称彭祖山，山上有一孤墓，即彭祖墓，墓前有碑，现已风化难认。

江西南昌彭祖墓。据《南昌府志》记载："商彭祖墓在（进贤）县七都百家岭下。"进贤县明清属南昌府，今为南昌县进贤镇。

以上仅是不完全统计。全国各地，真不知还有多少彭祖墓呢！

也有人说，其实，彭祖修行养生，已经长生不老，根本就没有死。他是大彭国一面鲜艳的旗帜，永远在蓝天白云下飘扬，和大彭儿女同在，和

华夏儿女同行，和普天下之人共奔养生大道……

从西汉起，文学家刘向把彭祖视为神仙，写入《列仙传》，之后便延续下来。彭祖到底活了多大岁数？没有人能说得清楚。八百八十岁，已经作为长生不老的符号，写入全人类健康长寿的史册，并激励人们在南山松途上不停地登攀……

彭祖没有死，他还活着。他的子孙，他的徒子徒孙，遍布华夏大地，遍及五湖四海。

在人生的道路上，我们能够望见彭祖的背影，追寻到他的足迹。

在生活着的人群中，我们能感受到彭祖的体温，聆听到他的呼吸和声音。

彭祖，永远和我们同在。彭祖经典，字字千金，言之谆谆，与大地同在，与日月争辉，哺育着中华儿女，成为全人类的宝贵财富，永远永远不会过时。

大哉彭祖！伟哉彭祖！

参考资料：

1. 《论语》（见清嘉庆辛未璜川吴志忠意真堂校刊本《论语集注》）。

2. 屈原《楚辞》（见上海古籍出版社1989年11月出版蒋天枢校释《楚辞校释》）。

3. 汉代司马迁著《史记》（光绪十年上海同文书局用石影印殿版）。

4. 汉代刘向撰《列仙传》（清嘉庆十七年刊本）。

5. 汉代宋衷注《世本》（时代文艺出版社2008年7月出版）。

6. 晋代葛洪《神仙传》（清刊十卷本）。

7. 北魏郦道元著《水经注》（见上海人民出版社1984年5月出版王国维校《水经注校》）。

8. 宋代李昉等编《太平广记》（上海古籍出版社1990年10月出版）。

9. 明代李攀龙撰《列仙全传》（明万历二十八年刊本）。

10. 明代朱国祯著《涌幢小品》（见江苏广陵古籍刻印社 1995 年 5 月出版《笔记小说大观》第六册）。

11. 清代王聘珍撰《大戴礼记解诂》（中华书局 1983 年 3 月出版）。

12. 朱浩熙著《彭祖》（作家出版社 1994 年 9 月出版）。

13. 刘湘林、邹启祥作《湖南攸县民间传说》（2013 年 10 月 23 日百度）。

14. 胡存英收集整理《彭祖醉酒》（江苏少年儿童出版社 1984 年 11 月出版《徐州民间传说》）。

15. 曾震中编撰《武夷山水传奇》（海潮摄影艺术出版社 1963 年 6 月出版）。

16. 余金福口述、刘帑玲整理《山名的由来》（武夷山市民间文学集成编委会 1990 年 1 月编写出版 《中国民间故事集成·福建卷·武夷山市分卷》）。

17. 曾行龙撰《扑鼻花香醉彭祖》（彭山县编史修志领导小组办公室编《彭山县志通讯》1988 年 12 月 28 日第 6 期，总第 82 期）。

18. 胡月耕收集整理民间故事《八百里》（载浙江省临安县地名普查办公室 1981 年 12 月编辑出版《天目山地名故事》）。

挽 歌

惠风和畅兮，
云山苍苍。
大地锦绣兮，
沧海茫茫。

泉水清冽兮，
美酒芬芳。
百花吐艳兮，
果品列张。

整我衣冠兮，
肃穆端庄。
诚意拳拳兮，
一瓣心香。

瞻望彭祖兮，
谁不景仰？
八百春秋兮，
千古传扬。

顶天立地兮，
勇于担当。

修身修道兮，
泽布四方。

彭祖之德兮，
至大至强。

彭祖之道兮，
至柔至刚。

彭祖之功兮，
福佑绵长。

彭祖之泽兮，
荫佑无疆。

为民立极兮，
功德无量。

洪福齐天兮，
弥耀弥光。

彭祖之道兮，
灿烂辉煌。

彭祖遗训兮，
语重心长。

胸怀天下兮，　　　　　　千言万语兮，
庶民榜样。　　　　　　　难表衷肠。
启迪后昆兮，
恣肆汪洋。　　　　　　　滚滚长江兮，
　　　　　　　　　　　　前浪后浪。
遥祭先贤兮，　　　　　　秉继祖德兮，
天青气朗。　　　　　　　子姓繁昌。
一片丹心兮，
赤诚向阳。　　　　　　　追踵彭祖兮，
　　　　　　　　　　　　添花锦上。
追思追念兮，　　　　　　发扬光大兮，
永世不忘。　　　　　　　万古流芳。

　　　　　（2016年6月26日于彭城燕子楼下）

钱伟长先生与彭祖文化

朱浩熙

钱伟长（1912—2010 年），江苏无锡人，著名物理学家、力学家、应用数学家，中国科学院院士，曾任清华大学教授、副校长，中国科学院力学研究所副所长、自动化研究所所长，上海大学校长，全国政协副主席等职，在板壳理论、广义变分原理、环壳解析解和汉字宏观字形编码等方面作出突出贡献。①

20 世纪 90 年代，钱伟长先生三次来徐，每一次都谈到彭祖文化，尤其 1996 年 7 月来徐，专程考察徐州历史文化，重点考察彭祖遗迹，返京后题词："研究彭祖即对华夏文化开创之探索。"②肯定彭祖对开创华夏文化的贡献，并对彭祖研究给予热情鼓励。钱伟长先生关于彭祖和彭祖文化的见解，对弘扬中华传统文化、开展彭祖文化研究，促进人的全面健康发展，无疑具有重要意义。

一、彭城本是旧家乡

1993 年 4 月 14 日，钱伟长先生来到徐州，参加第五届全国现代数学、力学学术会议，并考察徐州和中国矿业大学（以下简称矿大）。其夫人孔祥瑛、孙女钱泽红和秘书刘小明同行。先生八十初度，应学生要求，庆祝八十岁生日，同时告知力学界同人，行程安排较满，15 日全天出席学术会议；16 日上午参观淮海战役烈士纪念馆，下午向矿大师生作报告；17 日全天参观徐州景点和建设工程，晚上返京。

钱伟长先生和夫人下榻矿大专家招待所。到徐当晚，市委副书记张连

---
① 据 2005 年 8 月 19 日《光明日报》"走近大家"专栏《钱伟长》一文。
② 据拙著《彭祖》，作家出版社，2006 年 10 月出版书前扉页插图。

珍登门看望钱老,笔者作为市委副秘书长随同前往。先生童颜鹤发,精神矍铄,思维清晰敏捷。当张连珍同志向先生祝贺八十寿辰时,钱伟长先生像游子归故乡一样,亲切地微笑着说:"到了徐州,我就是徐州人了!我的籍贯是彭城!"

17日,钱伟长先生在市领导陪同下,参观即将竣工的三环路、汉画像石馆和电视塔。笔者在参观间隙问先生:"先生来徐当晚,曾说自己籍贯是彭城,是戏言呢,还是确有根据?"钱老肯定地回答:"有根据!"接着,他解释道:"彭城,源自彭祖的大彭氏国。彭祖是颛顼帝的玄孙,陆终氏的第三子,姓篯,名铿。我所姓的钱字,就是篯铿的篯字,去竹字头而来,祖先在彭城,我是彭城钱!"

讲到祖籍,先生谈笑风生,颇有数典不可忘祖的古风,说:"到了徐州,我就回到老家了!咱们都是老乡啊!"

当天下午,笔者因事到先生住处小叙,话题自然又讲到彭祖。钱老说:"《百家姓》第一句就是'赵钱孙李'。钱姓在《百家姓》中排在第二位,是有说法的。《百家姓》是宋朝人所作,皇帝姓赵,自然把赵姓排在第一位。至于钱姓能排在第二位,那要归功于钱武穆肃王的功劳。赵匡胤统一天下时,杭州有个小国,叫吴越国,头头姓钱,吴越国很富,钱塘江就是因国王姓钱而命名的。赵匡胤要灭掉吴越国,钱王为使人民不受涂炭,主动投降,并捐出钱来,供作宋军的军饷,为和平统一立下大功。所以,《百家姓》把钱姓排在第二位。孙姓排第三位,是因为皇后姓孙。李姓排第四位,是因为姓李的当宰相。宋王朝给钱武穆肃王很高礼遇,可见钱氏当年地位之隆。"讲到此处,先生神采飞扬,很为自己的这位先祖骄傲。

讲及彭祖是华夏烹调的始祖,其首创的雉羹(今称SA汤)流传至今时,先生高兴地说:"下次再来,我住到地方,也品尝一下SA汤的味道。雉即野鸡,一些偏远的山区还有。徐州可以引进一些来,在周围的山林里放养。野鸡飞不远,又易于繁殖,还有观赏价值,野鸡繁殖多了,也可以做雉羹嘛!"

说到彭祖寿长八百岁，先生似乎不以为然，说："彭祖长于养生，多活几年是可能的，说七八百岁无非表示寿命长。其实，彭祖同传说中的西王母一样，一代一代世袭，头领都叫彭祖。我认为，彭祖七八百岁，是指彭祖封国绵延七八百年，并非指一个人的寿命。"

中午，钱伟长先生讲到对徐州的印象，说了八个字："印象很好，一定再来。"他关切地询问，当地有哪些彭祖遗迹，彭祖后裔多不多，居住在什么地方，这里姓钱的多不多，等等。他说："我虽然八十岁了，身体尚健，打算用五年时间多跑跑，多看看，争取不久再来徐州，把徐州的名胜古迹，特别是有关彭祖的遗迹、景点，包括大彭山下的大彭村，都实地看一看。"①

二、做好文化大文章

1996年7月6日晚至8日，钱伟长先生实践诺言，和夫人孔祥瑛先生再次来到徐州，下榻南郊宾馆。这次，先生的目的十分明确，考察徐州历史文化，重点考察彭祖文化遗址，并且点名要去大彭村。

7月7日，先生在市委副书记胡振龙、吴晶和政协副主席邵元亮、孟庆华等陪同下，考察文化景点，下午来到铜山县夹河乡大彭村。

钱伟长先生在大彭村口驻足良久，观察村后连绵起伏的山岳，询问当年获水流经之处，沉思良久，说，此处背山面水，山水形胜。不过，酋长国经常迁徙，大彭氏国原址当不只一处。

钱先生来到彭祖井，仔仔细细地观察，一块块光溜溜的井石和长满青苔的砌井石块，好像在讲述一个古老的故事。先生怀着景仰的心情，缓缓来到彭祖墓前，肃然站立，表示无限敬意。先生又来到彭祖庙，细细阅读大殿前《重修彭祖庙记》碑文，进大殿瞻仰，在院中徜徉，留影纪念。

在大彭村访古，钱伟长先生经常脸上堆满笑容，对这片土地充满深情。这一天，他也考察了楚王陵和龟山汉墓，对徐州的同志说，徐州是彭祖文

---

①据笔者根据接待钱伟长先生手记为文《钱伟长，徐州人也》，见《彭祖》第149页，作家出版社，1994年9月出版，并参看《徐州日报》1993年4月20日第一版谭学新、谷德润、王成采写《全国政协副主席钱伟长来徐考察》一文。

化的发源地,又是汉文化的发源地之一,文化资源非常丰富,这是一笔巨大的财富。过去,徐州在发掘、利用文化资源方面做了不少工作,今后还须进一步努力,做好这篇大文章。要加强彭祖文化研究工作。彭祖是养生大家、烹饪祖师。饮食文化不可小视,在四千多年前,它对人类文明进步做出过巨大贡献。

笔者编撰的《彭祖》一书,已于1994年9月在作家出版社出版,书中收入钱伟长先生1994年4月来徐时,采写的文章《钱伟长,彭城人也》。我敬赠先生一册。先生细细读了上述那篇文章,并对全书粗翻一遍,表示满意,并提出多要几册,赠送朋友和同宗。先生回赠笔者他自费印刷的《八十自述》一书。从书中,我得知先生当年就读苏州高中时,数学老师、班主任是严晓帆,是后来的徐州中学校长。

笔者请先生赐以墨宝,先生满口答应。一个月后,笔者就收到先生寄来的题词:"研究彭祖即对华夏文化开创之探索。浩熙同志雅属。钱伟长一九九六年八月。"这是肯定和鼓励,也是期望和鞭策。[①]

三、魂牵梦绕徐州城

2000年10月8日,钱伟长先生为出席矿大90周年校庆,又一次来到徐州。在京时,先生就提醒秘书朱兆智:"记住,到徐州要见朱浩熙。"上了火车,先生又叮嘱朱兆智:"最好要先同朱浩熙联系一下,不要忘了。"朱兆智秘书当即打电话给笔者,叮嘱这两天钱老要见,最好不要外出。"9日上午,笔者接市政府接待处通知,下午一点半到云泉山庄大厅,钱副主席召见。

笔者准时到达地点,朱兆智秘书即接笔者上楼。他一边走,一边说:"钱老像着了迷,唯恐我把这事儿忘了,见不到你,一天念叨多少遍。"

钱伟长先生住在后二楼一个套间,这次只一位秘书来徐。先生见笔者进来,笑容满面,说:"这次来徐州,想找你谈一谈彭祖研究。"

先生上次回京后,把《彭祖》一书仔细看了一遍,又查阅了《史记》《世

[①]据《徐州日报》1996年7月10日第一版邢丽采写《钱伟长同志来我市考察工作》一文,并根据笔者所记。

本》《竹书纪年》等历史文献，脑子里形成一种印象，要与作者沟通一下。他说，彭祖不仅是位养生学家，还是一位军事家。要加强这方面的研究，写点文章。在商代，彭祖国的军力比较强大，商王朝通过军事手段平叛时，有时要征用彭祖国的部队。彭祖国不仅军力强，而且能打仗。彭祖被誉为商贤大夫，不是偶然的，彭祖在当时很有影响。即使商朝末年，政治也比较开明，不是史书所写的那样。商纣王不是传说中的暴君，而是一位明君。周武王造反成功了，就把商纣王说得一塌糊涂，事实不见得如此。不久前，看到一个材料，讲得颇有道理。一批忠于商纣王的人失败后逃到海外，漂流到北美。他们怀念商纣王，见面都恭祝祈祷，问候"殷帝安好"。殷者，殷商也。殷帝就是商纣王。因而，这部分华夏逃民成了北美土著人。欧洲移民到北美后，听不懂他们的话，只听他们说"殷帝安好"，就称他们是印第安人了。

　　钱伟长先生对《彭祖》一书提出一些意见，作为修订再版时的参考。他说，这部书总体写得不错，对了解彭祖很有帮助，宣传彭祖，就是宣传徐州，宣传古代文明。当年，人类处于蒙昧状态，外部环境十分艰难，饮食、疾病等严重威胁人类生存。养生学应运而生。彭祖调和鼎鼐，是适应人类生存的需要；彭祖研究养生，是适应人类生存和发展的需要。彭祖厥功至伟，功不可没。比如烹调，彭祖做了开创性的工作，意义重大，当然，饮食文化还要发展。在养生术中，房中术不要过分强调，这不是养生的主要内容。如果修订《彭祖》一书，还可进行压缩。此书收集很多珍贵资料，有一定阅读价值和学术价值，但《民间说彭》这部分可以抽掉，这样，书会更加庄重，也更有价值。①

　　钱伟长先生的《八十自述》一书，1998年12月已由海天出版社正式出版，先生又签名赠笔者一册。这次会见，持续两三个小时。

　　四、开创伟功永不没

　　我国具有五千年的悠久历史文化。许多古圣先贤对开创华夏文化作出

---

①据拙作《彭祖还是一位军事家》一文，见《彭祖》第45页，作家出版社，2006年10月出版。

卓越贡献。彭祖就是其中一位。钱伟长先生关于"研究彭祖即对华夏文化开创之探索"的题词,为评价彭祖、研究彭祖指出了方向。

(1)彭祖是开创华夏文明先贤之一。文明建设是一项伟大工程,需要一代又一代人奋斗不息,贡献才智。所谓开创华夏文明,是一项开拓性、历史性、奠基性的工程。彭祖对华夏文明的贡献,是前无古人的,也是别人无法替代的。其养生学说和养生实践,不仅当时百姓受其惠,而且照亮民族文明历史的天空,福佑后代子孙乃至整个人类。由于历史条件限制,彭祖文化很大程度上靠一代又一代人口传心授,很多没有流传下来。研究工作难度很大,但是,又非常重要,非常值得,非常可贵,非常有意义。

(2)彭祖是上古养生文化的集大成者。彭祖养生学说不仅是中华文化瑰宝,也对世界文明做出了贡献。彭祖养生学说,无疑得益于其天才和实践,但更得益于华夏儿女的集体智慧。孔子有言:"述而不作,信而好古,窃比于我老彭。"① 历来人们往往释为孔子自谦之词。清代严元照《娱亲雅言》写道,汉代博陵太守孔彪的碑文中,有"述而不作,彭祖赋诗"之语。如此看来,"述而不作,信而好古"应该是老彭的诗句。另外,根据清代学者钱大昕研究,"作"与"古",在古代谐韵。② 可见,古圣先贤都是民族优秀文化的集大成者。

(3)彭祖文化研究要不断拓展。由于年代久远,记载缺失,彭祖形象或者模糊,彭祖事迹或者不清,彭祖学说或者不够完整和系统。这都在情理之中。但是,其养生学说非常重要,内容博大,与人的发展息息相关。所以,彭祖虽然离我们四五千年,但一直活在人们口头上和生活中。一个时期以来,彭祖热升温,研究队伍壮大,研究成果层出。但是,总体来看,彭祖研究还缺乏深度和高质量的文章,对有形养生重视较多,对无形养生(如养性)重视不够。当前,弘扬传统文化大环境很好。我们应该借东风,正确认识彭祖文化的价值和意义,继承古圣先贤的智慧,古为今用,造福

---

① 据《论语·述而第七》第48页,吉林文史出版社,1999年3月出版。
② 据清代俞樾撰《茶香室续钞》(见江苏广陵古籍刻印社1995年5月出版《笔记小说大观》第十六册)卷十二《述而不作二句为彭祖诗》。

当代。

（4）弘扬彭祖文化意义深远。健康长寿是人们永远的追求。只要有人类，就会有养生。彭祖在养生方面做了开创工作，惠泽了一代代人，永远不会过时，但是，彭祖养生文化还不是养生文化的全部，它也需要随着时代的发展而发展，不断充实内涵，激发活力。即如烹调术，物质极度匮乏时，需要通过食物调味，刺激食欲，补充营养，保证身体需要；物质丰富时，怎么有益健康，又成了一门大学问。吃得饱，吃得好，过量摄取营养，又会吃出疾病，有害健康。因此，适应时代需求，烹调文化也要不断发展。养生要坚持以人为本，为不断提高人的生活质量、生命质量服务。人类虽然已经进入 21 世纪，仍然需要从彭祖那里汲取智慧。彭祖，作为东方养生代表，在世界上的地位也举足轻重。

彭祖是徐州的开山人物，但彭祖不仅仅属于徐州。彭祖是华夏民族的古圣先贤，但彭祖不仅仅属于中华民族。彭祖属于世界，属于整个人类。纪念彭祖，弘扬彭祖文化，徐州当仁不让，高举彭祖的旗帜，研究、发展彭祖文化，让彭祖养生文化铁树开花，焕发活力，造福当代，惠及后人。弘扬彭祖文化，重在内容，但也需要一定的形式、抓手和载体。建议由徐州牵头，定期组织全国"当代彭祖"评选活动。相信这一活动一定会得到社会广泛的支持，大大提高徐州的知名度，对普及和发展彭祖文化，提高人们的健康水平，弘扬孝敬老人社会风尚和建设文明和谐社会，发挥不可估量的巨大作用。

下 篇

彭开富

  彭开富，四川兴文人，大学文化。作家，学者。曾任泸州市委办公室副主任，泸州市工商局副局长，泸州市委"农民、农村、农业"工作办公室副主任，泸州市扶贫开发领导小组办公室主任。为四川省作家协会成员，四川省书法家协会成员，泸州市第三、四届书法家协会副主席。出版专著：《酒城泸州》(中共党史出版社2000年)、《参谋与实践》(天地出版社2000年)、《开富诗联》(中国统一出版社2012年9月)。多年来，在全国及省市报刊上发表学术论文、文学作品120多篇，并多次获奖。其散文《人尽其才，荐贤者赏》，曾荣获1991年全国首届"冰心杯"文学大赛三等奖。近年来，从事姓氏学、谱牒学研究，创作出版了《彭氏春秋》《大彭史记》《彭祖全传》等专著。其业绩入编《中国百科学者传略》(巴蜀书社1998年3月)、《中国当代艺术家名人录》(中国人才出版社1996年9月)。

彭祖传记——谈彭祖的传奇人生

彭祖何许人也？彭祖，姓彭名铿，又名篯铿。彭祖是黄帝的八世孙、也是颛顼大帝的玄孙，吴回之孙，陆终氏第三子。彭祖是中国古代最负盛名的长寿之星，也是中国古代养生学的鼻祖。彭祖出生在帝王之家，是帝尧的大臣，也是大彭国的开国君王。彭祖在彭城（今江苏徐州）开创了诸侯国——大彭国，从帝尧时代开始，经过舜禹和夏商，一直传到商代后期，才被商王武丁所灭。大彭国在中国历史上延续了 800 多年。这个事件的本身，在中国历史上也是一个罕见的历史奇迹。

黄帝曾教诲其孙颛顼说："大圜在上，大矩在下，汝能法之，为民父母。"（《吕氏春秋·序意》）这一非常重要的教导，是教人要效法天（大圜）地（大矩），亦即效法自然，掌握包举天地人的大观照、大审美、大思维。彭祖深得黄帝教诲的精要，发展为养生学，既以养生治国，又以养生治身，使自己成为中华大寿星。为此，楚之大夫屈原曾对天发问说："彭铿斟雉，帝何飨？受寿永多，夫何长？"（《天问》）问彭祖烹制雉羹（野鸡汤）敬献帝尧，病患中的帝尧是怎么通过食疗法而康复的呢？彭铿的寿命远比别人长得多，彭祖究竟是怎样的一个人呢？这是一个千年之问。要回答这个千年之问，我们就要深入研究彭祖，了解彭祖。

提起彭祖，自古以来就引得不少文人墨客触景生情，诗韵悠悠。元代诗人杨少愚，有一首赞誉彭祖的诗云："七七鸾弦续未休，韶光八百去如流。当时若解神仙术，更许春龄亿万秋。"对于彭祖，许多人只知其名，而不详其事。我们拂拭积年的尘埃，就可以发现，在中国远古时期，彭祖就是一位誉满华夏的圣贤人物，他是中华民族千古传诵的养生鼻祖。彭祖的故事，从远古一直流传至今，被历代许多历史名人、文化泰斗、文史大家入史、入文、入诗、入画。彭祖是四朝元老，帝尧的大臣，大彭国国君；他的学问渊博，人格高尚，是中华民族的长寿之星；他善于养生，医德高尚，开

创了中国摄养术、导引术、气功术、吐纳术、房中术、烹调术、食疗术，是中国养生术的鼻祖。彭祖一而再、再而三地出现在历史上众多政治家、文学家、史学家的笔下，说明彭祖不愧为中国远古时代一位伟大的政治家、军事家和养生家，是永远值得中华民族敬仰和歌颂的历史伟人。

现从以下五个方面，来谈谈先贤彭祖的传奇人生。

彭祖出生于王室——他是黄帝、颛顼大帝的后裔，是真正的帝王之胄

据《史记·楚世家》记载：彭祖为黄帝的八世孙，是颛顼帝的玄孙。因此，我们有必要先谈谈黄帝、颛顼帝的生平。黄帝、颛顼是历史上什么样的人物呢？黄帝（前2697—前2566年）是中国远古时期一位伟大的部族首领，是开创中华民族文化的祖先，也是中华民族的人文共祖。古史相传，中国在远古时期经历了有巢氏、伏羲氏、燧人氏、神农氏时代。到了黄帝时代，中华大地上出现了一片兴旺的景象。

黄帝生性灵活，道德情操高尚。相传他有许多发明创造，如发明了衣裳、宫室、舟车、文字、音律、医学、算数等，又命臣子伶伦制乐器，大桡作干支，仓颉造文字。黄帝的妻子嫘祖还发明了养蚕和抽丝，还教人将蚕茧织成绸缎。她还创建了许多礼仪规范，比如尊敬老人，爱护小孩，夫妻之间要相亲相爱，等等。至此，天下大治，人民安乐。由于长期的民族融合，打破了氏族、部落的狭窄界限，逐渐形成古老的华夏民族，即汉族的前身。因为在历史上，尧、禹和夏、商、周天子都是黄帝的后裔，故称"炎黄子孙"。

司马迁《史记·五帝本纪》说："黄帝者，少典之子，姓公孙，名曰轩辕。"这是说黄帝是少典的后裔子孙，姓公孙，名曰轩辕。少典至黄帝的世系有11世。（1世）少典：亦称少典氏。少典国君娶有娇氏之女安登为妃，生二子：长子石年、次子勖其。少典长子石年，又称炎帝、赤帝。（2世）勖其：少典国君次子，世嗣少典氏为诸侯。娶赤水氏之女听沃为妻，生子炎居。（3世）炎居：勖其之子，世嗣少典氏为诸侯，生子节并。（4世）节并：炎居之子，世嗣少典氏为诸侯，生子戏器。（5世）戏器：节并之子，世嗣少典氏为诸侯，生子祝庸。（6世）祝庸：亦作祝融，古籍所说的"郑，祝融之虚也"，其后代有八姓，即已、黄、彭、秃、坛、曹、斟、芈。（7世）共工：祝庸之子。共工有二子：术器、勾龙。（8世）勾龙：亦称后土，是共工的次子，古代平水土的部族君长。勾龙生二子：噎鸣、信居。次子信居，娶蜀山氏，生夸父。（9世）噎鸣：勾龙长子，生十二子。（10世）启昆：噎鸣长子。娶有娇氏之女附宝为妻，附宝德性幽娴，生子黄帝。（11世）黄帝：启昆之子，"三皇五帝"之一。黄帝姓公孙，因生长于姬水，又改姓姬，字玄律，名伯荼，生于轩辕之丘（今河南新郑县轩辕丘），取名轩辕，祖籍有熊氏，乃号有熊，因崇尚土德，而土呈黄色，故称轩辕黄帝。

黄帝是少典（有熊氏首领）十一世孙。黄帝生而神灵，长而敦敏，成而聪明。以黄帝为首领的部落，最早住在我国西北方的姬水附近，后来向东迁移，在中原地区（今郑州地区）停留了较长时间。后来搬到冀北涿鹿（今河北涿鹿、怀来一带），开始发展畜牧业和农业，定居下来。黄帝部落在从姬水向东发展的过程中，继承了神农以来的农业生产经验，使农业得到很大的发展和繁荣。据《史记·五帝本纪》记载：轩辕黄帝的功绩之一是"艺五种"。"五种"，据郑玄注释，是指"黍、稷、菽、麦、稻"五谷。神农氏时仅能种植黍、稷，而黄帝时则能种植多种粮食作物。黄帝非常重视发展农业，掌握了平原农业的许多特点，"岁时熟而亡凶，天地休通，五行期化，故风雨时节，而日月精明，星辰不失其行"（《路史·疏仡纪·黄帝》）。黄帝引导百姓挖掘土地的潜力，广耕耘，勤播种，使人们丰衣足食，安居乐业。他还率领百姓"时播百谷草木"，并"淳化鸟兽昆虫，历离日月星辰；极畋土石金玉，劳心力耳目，节用水火材物"（《大戴礼记·五帝德》）。黄帝时代农业生产的繁荣和发展，增强了部落的整体实力，为后来统一中原各部落奠定了雄厚的物质基础。中华民族的另一个部落首领叫作炎帝，最早住在我国西北方姜水附近，在黄帝到来之前，已迁到黄河中下游定居。以后，黄帝又和炎帝的后裔发生激烈的冲突，在阪泉（今河北怀来县境）

打了三次大仗，炎帝的后裔被打败。孔安国《尚书·序》以伏羲、神农和轩辕（黄帝）为三皇，《史记》以黄帝、颛顼、帝喾、唐尧、虞舜为五帝。

司马迁《史记·五帝本纪》说："轩辕之时，神农氏世衰。诸侯相侵伐，暴虐百姓，而神农氏弗能征。于是轩辕乃习武用戈，以征不享，诸侯咸来宾从。"可见在黄帝时期，刀光剑影已经代替了半坡时的太平日子。《汉书》曾载："蚩尤叛反，黄帝涉江。"马王堆出土帛书《十六经·五攻》亦记黄帝"上于博望之山，惙卧三年"。说明蚩尤部落的确势力强大，黄帝也难以抵挡，只得涉江避让，长达三年之久。《盐铁论》中说："轩辕战涿鹿，杀蚩尤而为帝。"可见蚩尤取胜后，还袭用了炎帝的名号。所以《归藏》里误说："黄帝与炎帝斗涿鹿之野。"实际上这时的炎帝是自立为帝的蚩尤，而不是姜姓的炎帝。由于蚩尤的扩张，损害了其他部落的利益，促进了其他部落的联盟。为了战胜蚩尤，黄帝派人从东海的流波山上捉来一头夔牛，剥下皮制成一面军鼓，又派人到雷泽逮来雷神，从他身上抽出一根大的骨头做鼓槌。这个鼓槌敲到鼓上，发出的声音比打雷还响，五百里以外都能听得见。黄帝把这面鼓搬到战阵上，一连擂了九通，立时山鸣谷应，天地变色，军威大振，吓得蚩尤魂丧魄落，不能飞也不能走了。黄帝带领兵士乘胜追杀，终于在涿鹿（今河北涿鹿县）打败了九黎族首领蚩尤。

黄帝从此统治天下，遂为"天子"。黄帝建立王朝的日期，据说是公元前2698年，建都于涿鹿山下，设置三公、左右太监及列侯众官。于海隅大泽选求贤能风后、力牧为丞相。多次封禅祭祀天地，会诸侯于釜山（今河北怀来东）。司马迁《史记》称"黄帝崩，葬桥山"，黄帝在位百年而崩，逝于河南荆山，活了131岁。公元前2566年癸卯甲戌日，即铸铜三鼎感于荆山（属河南省阌乡县南）之阳，适逢大地震，山川易位，大地崩裂，帝及群臣后宫从之者70余人，走避不及，坠落罅隙而崩，应地裂而陡葬，地罅复合，遗骸不可寻。帝崩后七十日癸未，其臣左徹等，取帝日常习用之衣冠几杖葬于陕西黄陵县桥山。黄帝有四个妻子。正妻是西陵氏之女，名叫嫘祖。嫘祖为黄帝生了两个儿子：长子名为玄嚣，次子名为昌意。次妻

是方雷氏女，名女节。三妻是彤鱼氏女。四妻是嫫母。黄帝共有25个儿子，得姓的儿子14个，共12姓。

颛顼为黄帝的孙子，为黄帝次子昌意之子，居住在若水（今四川荥经）流域。颛顼20岁继黄帝而登帝位，于都帝丘（今河南濮阳附近）。颛顼本姓姬，又名颛畜、颛玉，号高阳氏，生于若水（今四川荥经）。其父昌意德劣，不足绍承大位，降居若水为诸侯。郦道元《水经注》云："昌意娶蜀山氏女，生颛顼于若水之野，有圣德，二十登帝位，承少暭金官之政，而以水德宝历矣。"颛顼生十年而佐少暭，十二年而冠，二十年而登帝位，在位78年而崩。《史记·五帝本纪》载：颛顼"静渊以有谋，疏通而知事，养材以任地，载时以象天，依鬼神以制义，治气以教化，洁诚以祭祀"。说明颛顼是个沉静、博识、有谋略的帝王。他在位时，严格遵循黄帝的政策行事，使社会安定太平。还根据不同地域条件发展生产，聚集财物，因而在颛顼时期，生产较前有了很大发展。他在位时其辖区广大，"北至于幽灵，南至于交趾，西至于流沙，东至于蹯木"（《史记·五帝本纪》）。颛顼是一位有文治之功的帝王，在位期间创制九州，使中国首次有了版图界线；他建立统治机构，定婚姻，制嫁娶；他改革甲历，制《颛顼历》，定一年四季和24节气，被后世推为"历宗"。 颛顼生大称，大称生卷章，卷章生吴回。在颛顼统治时期，由于中原部落的势力已很强大，不得不重新分封，以便加强对各地的统治，于是他把八位后代分别分封到已、董、彭、秃、云、曹、斟、芈等地，都各自建立了方国，促其独立发展，这些方国名称后来都演变为各自的姓氏。其中彭姓方国在传到颛顼曾孙吴回时，吴回在朝中担任掌管火种的官，史称火正祝融。

司马迁《史记·楚世家》中载："楚之先祖，出自帝颛顼高阳。高阳者，黄帝之孙、昌意之子也。高阳生称，称生卷章，卷章生重黎。重黎为帝喾高辛居火正，甚有功，能光融天下。帝喾命曰祝融。共工氏作乱，帝喾使重黎诛之而不尽。帝乃以庚寅日诛重黎，而以其弟吴回为重黎后，复居火正，为祝融。吴回生陆终，陆终生子六人，坼剖而产焉。其长一曰昆吾，

二曰参胡，三曰彭祖，四曰会人，五曰曹姓，六曰季连。"古籍《姓纂》记载："大彭为商诸侯，以国为姓，盖陆终第三子彭祖，即大彭也。"《世本》记载："彭祖，姓彭名铿，帝颛顼之玄孙，陆终氏之三子，轩辕黄帝之八代孙。"因此，黄帝至彭祖的世系有8世。（1世）黄帝，立四妃：嫘祖、女节、女己、嫫母，生25子。（2世）昌意，黄帝长子，嫘祖所生。原配蜀山氏之女名昌仆，生二子：韩流、颛顼。（3世）颛顼，昌意次子，生了八个儿子，名叫：苍舒、伯益、梼演、大称、庞江、廷坚、中容、叔远。（4世）大称，颛顼第四子，又名称、伯服，娶东成氏女，生子卷章（老童）。（5世）卷章，大称之子，亦作老童，娶根水氏女曰女娇，生二子重黎、吴回。（6世）吴回，卷章次子，娶东鹓雒氏女，生子陆终。（7世）陆终，吴回次子，娶鬼方氏国君之女曰女娇，孕而不育者三年，剖腹生了六个儿子：长曰樊，次曰参胡，三曰籛铿，即彭祖，四曰会人，五曰晏安，六曰季连，是为芈姓，其后易芈为熊，楚为其后裔。（8世）彭祖，姓彭名铿，又名籛铿，陆终第三子。根据以上《史记·楚世家》以及古籍《世本》对彭祖身世的记载，表明了上古及夏商周时期的家谱记载是何等之详细，也清楚地表明了彭氏始祖——彭祖是轩辕黄帝之八代孙，亦为颛顼之玄孙。因此，彭祖是帝王之后，是黄帝——颛顼大帝的后裔，他是真正的帝王之胄，这毫无牵强附会，因为有正史记载为据。

　　彭祖的爷爷是吴回。吴回何许人也？吴回一系属高阳氏，原居住在郑。吴回出身王室，是颛顼帝之曾孙，与帝尧又是同宗兄弟。在帝喾时吴回之兄重黎任祝融之职，有大功，使人们得以火照明、熟食、取暖，受用不尽。后来，有一个名叫共工氏的部落造反，帝喾命令重黎率兵去平叛，由于重黎中计，打了败仗，天子帝喾大怒，于是杀了重黎，命其弟吴回继承了祝融之职。吴回乃率大军，终于击败了共工氏族部落，从此名扬朝野。帝喾死后，其长子挚继位称帝。帝挚即位后重用亲信，贪图享乐，朝政日非，以致天下人心混乱，盗贼蜂起，致使万民叛离，天怨人恨，灾害频发，动乱四起，似乎已有天下大乱之势。

后来，吴回鼎力辅助唐尧，平定了国内的叛乱，并屡建奇功。唐尧平定了国内的叛乱后，又率领各大氏族联盟集团战胜了自然灾害，取得了天下百姓的信任和拥护。于是，各氏族联盟的大首领向帝挚发难，逼迫他退位让贤。帝挚虽然不情愿，但是，面对强大的氏族联盟阵营和咄咄逼人的弟弟，不得不将帝位禅让给唐尧。从此。唐尧做了"天子"，国号唐。唐尧即位后，将帝都迁到了冀中的晋阳。吴回因屡建奇功，深受帝尧的宠信。

彭祖成长于王室——其六弟兄在王室家族的精心抚育下，均长大成人

吴回生三子四女，长子曰陆纬，次子曰陆终，三子曰陆平。陆终乃彭祖（又名彭铿、篯铿）之父也！后来，帝尧任陆终为将军，成了帝尧的贴身侍卫。陆终娶妻于鬼方氏，为鬼方氏之妹女贵氏。鬼方氏是我国古代一个颇为强大的民族。其活动区域，大致在中原的西部和北部一带。据近代国学大师王国维在《鬼方昆夷猎考》一文中说，鬼方氏为古时一强悍外族，这个民族最早叫鬼方，以后又叫混夷，战国之后称为胡、匈奴。所谓鬼方氏，很可能是鬼方氏的一个首领。陆终之妻，便是这个首领的妹妹女贵氏。那时，鬼方氏不时侵扰中原，与炎黄部族多次发生厮斗。女贵氏之所以来到中原，无非是两部族"和亲"的结果，一个堂堂帝尧的大臣、统兵元帅吴回大将军的儿子，娶一位外族的姑娘为妻，不仅有利于各民族之间平息干戈之争，而且也有利于各民族之间的融合和文化交流。

彭祖是陆终的第三子。彭祖的出生也带有传奇色彩。《史记·楚世家》和 些史书记载：陆终之妻鬼方氏之女孕而三年不生。打开她的腋下，竟然一胞生六子。有说六子一胁而出，也有说左右胁各出三子。看来比较神奇。更令人惊奇的是，此六子皆成活长大，事业有成。彭祖兄弟六人及后代皆有爵士。当到周朝之时，六人之后裔分别封有卫、韩、彭（城）、郑、邾、楚之地。至于彭祖的出生地，各种古籍均未言及，考昌意降居若水（今四川省西部）。颛顼帝在位时居于帝丘（今河南濮阳东南）。吴回为帝喾时祝融，时帝喾高辛氏居亳（今河南偃师境内）。据清代梁玉绳所著《人表考》

先贤彭祖

一书中说:"祝融居郑(今陕西华县境内),郑为祝融之墟,吴回应家于郑。陆终幼时应随其父吴回,及其长也,无有作为,大约亦侍奉父侧。女贵氏来嫁后,怀孕未育,陆终即撒手人寰。如此,彭祖之母亦应吴回于郑生活。因此,彭祖篯铿可能出生于郑。"

在彭祖未出世时,父亲陆终就因病去世了,彭祖是母亲女贵氏的遗腹子。女贵氏由于失去丈夫,因其能力有限,由于劳累过度她也过早地离世。母亲死时,彭祖兄弟六人才满三岁。好在彭祖六兄弟出生在王室家族,其爷爷吴回是王亲国戚(为颛顼帝玄孙,与帝喾、帝尧是同宗),又是当朝天子帝尧的亲信大臣,因此,彭祖六弟兄的抚育,既有爷爷吴回及其王室家族的精心照顾,又有不错的物质条件,且能受到良好的王室教育,使彭祖六兄弟都能长大成人。后来,中原部族与犬戎部族之间,又爆发了激烈的部族战争。彭祖在少年时"遇犬戎之乱,流离西域"。在帝尧将帝都从晋阳西迁至平阳之后不久,就发生了西北方犬戎部族大规模入侵之事。就在迁都的次年初冬,犬戎部族率铁甲之师乘虚而入,长驱中原大地,因他们识熟这里的路径,虽然累被驱逐出去,其锋未曾挫折,又自谓劳而无功,心怀怨恨。遂大起戎兵,侵占中原之地,一路烧杀抢掠,直指帝尧故都晋阳(今山西太原一带)。犬戎自到晋阳内外扰乱一番,连日烽火不绝。宫阙自焚烧之后,十不存五,颓墙败栋,光景甚是凄凉。

犬戎之族率铁甲之师,长驱中原大地,直指京城西亳(今河南省偃师县)。其王室家族,正是犬戎部队进攻的主要目标。遭此战乱,彭祖又不幸与家人离散,只得逃离他乡,不料在逃难的路途之中,他又落入犬戎部族之手,被犬戎的军队带到了西域流沙国当了奴隶。从此,彭祖在西域沙漠中度过了自己苦难的少年。由于他是奴隶,处在社会的最下层,要忍受的是百般欺凌,不仅要任人奴役,而且还要经常忍饥挨饿,去放牧羊群或去做各种苦力,受尽了各种煎熬和苦难。但是,他并未被这诸多的困难所吓倒,而是顽强地生活下去。在这种艰难的环境下,彭祖一天天长大成人。

彭祖出于生存的本能,在流沙国期间,利用空闲时间拜师学艺,收集民间

技艺，特别是十分留心收集民间各种各样的养生之道，以强身壮体。他在收集民间验方的基础上，认真整理了民间的养生之术，并且采尝百草，精炼养生丹药。同时，在为民众治病的实践中加以总结提高。经过多年的积累，彭祖逐渐成为养生文化的集大成者。后来，帝尧出兵击败了犬戎部族，才将彭祖从苦海中解救出来，彭祖从此才又重新回到了中原故里。

彭祖回到了中原后，与其心爱的郫姬牵手成婚。彭祖在结婚的五年中，也许是遗传的关系吧，彭铿的妻子郫姬竟然三胎生了彭夜、彭完、彭潦、彭韩、彭稽五个孩子，除第一胎外，二胎、三胎都是双胞胎。以后，彭祖在其一生中竟娶了49个妻子，共生了54儿子，5个女儿。

彭祖效忠于王室——作为帝尧的大臣，抗御外敌，辅帝执政多有政绩，威震朝野

在唐虞至夏商时期，特别是到了夏朝，我国进入了奴隶社会，起初实行帝位的"禅让制"，后来夏启破坏了"禅让制"，开始了父死子继、兄终弟及的"家天下"世袭制，形成了世卿世禄的官吏制度。所谓世卿制，就是世世代代家族承袭为官。彭祖成人以后，由于他出身王室，自然受到当朝天子帝尧的重用，成了帝尧亲信大臣，有辅助之功。司马迁在《史记·五帝本纪》中说："尧老，使舜摄行天子政，巡狩。舜得举用事二十年，而尧使摄政，摄政八年而尧崩。三年丧毕，让丹朱，天下归舜。而禹、皋、陶、契、后稷、伯夷、夔、龙、倕、益、彭祖自尧时而皆举用，未有分职。"说在帝尧时，彭祖就被举用，并与舜、禹、皋、陶、契、后稷、伯夷、夔、龙、倕、益等大臣同朝为官。由此可知，彭祖曾经历了尧、舜、禹时期。让我们先看看彭祖当时所处的时代背景吧。相传黄帝以后一段时期，中原地区并不那么安定。直到帝尧做了"天子"，中原地区才逐渐安定和强大。帝尧为"天子"，名放勋，国号唐，史称唐尧，原都翼方，后徙晋阳，再都平阳。据《通志》记载："尧在位是公元前2358年至公元前2285年，在位长达七十三年。"在帝尧时，黄河泛滥，洪水冲毁了房屋，淹没了平原，毁坏了禾稼，拔起了大树，卷走了人畜……那真是可怕的灾难。百姓的日子

苦不堪言。因此，帝尧在他执政期间，用不少精力治理水害。而在帝尧时，彭祖即事帝尧治水。帝尧本人的品格是很高尚的，不过他并没有怎么费心治理天下，而把重大国政都交给他的臣子，他任命后稷为农师，径为乙师，夔为乐正，皋陶为司冠，后来又任命舜为辅佐官。

彭祖受诏进京，帝尧便委以重任。受任当日，帝尧便叫他一道回后宫，盛情款待。彭祖只得随帝尧一路前往，自不胜惶恐。帝尧来至后宫，正妃娘娘散宜氏前来迎接。帝尧说："爱妃，这是我侄孙彭铿（即彭祖），他是吴回老将军的孙子，今晚我要同他喝几杯！"彭祖说："拜见娘娘！"散宜氏娘娘说："吴回的孙子呀，你不必多礼，既是天子侄孙，你们爷孙俩在此一叙，我去叫人备酒饭便了！"帝尧与彭祖坐下，侍女端上茶水。

帝尧说："爱卿，到此不必拘束，今晚备酒一叙。"彭祖说："按辈分，我是晚辈。按君臣，我是臣下。天子恩深，自当厚报。"不一会儿，侍女等摆上酒菜，斟上酒。帝尧说："那就以君臣之礼相称。好，爱卿，这杯酒我为你接风洗尘，喝！"彭祖端起酒杯与帝尧碰杯说："谢帝上，干！"便一饮而下。帝尧三杯下肚，十分兴奋。他说："你为王室之后。我和你爷爷都是颛顼帝之后裔，你爷爷在先帝时，曾任祝融之职，又曾挂帅剿贼；我继位后，他为本朝大将军，又多次挂帅出征，克敌制胜，屡立战功。你父亲陆终，是我多年的贴身侍卫。现在，你又是朝中大臣。你们真是祖孙三代事君矣！我虽已年过花甲，但遇到像你这样的年轻人，我真是高兴！"彭铿说："天子高寿，必致长生！"帝尧说："人得一高寿足矣，岂能长生？爱卿，你不是专攻养生的吗？而老年应当如何养生，乃得常健呀？"

彭铿说："帝上，养生以延年益寿，乃平生追求而学。而养生，我不过学了一点皮毛而已。但注重养生，能使人精力旺盛，延年益寿。君子俟命，无论其富贵贫贱，顺所适而安其生；生富贵者，宜享荣华之尊矣；居贫贱者，可忘闲寂之乐乎？而老年养生，须四时怡养。卧起有四时之早晚，兴居有至和之常制。起居宜慎，节以安乐之条；却病补虚，导以延年之法；调养筋骨，配以偃仰之方；杜疾祛邪，注以吞吐之术。养生之道，贵在自

得；静则神藏，躁则消亡；尊生调摄，乃得常健。我说这些，让帝上见笑了。"

帝尧说："你说的在理！人生无论富贵贫贱，务须尊生，勿要轻生。凡轻生者，乃天地父母之所不容！'尊生调摄，乃得常健。'说得好啊！"彭铿说："帝上，我祝你寿比南山，长命百岁！"帝尧端起酒杯来，说："好，我真想活到百岁呢！"

当时，彭祖任朝廷守藏史，为朝廷管理档案，颁发政令，参与政务，同时还兼任帝尧的御医、御膳之类的官，辅助帝尧的日常养生和健体。是时，帝尧命鲧（为禹之父）治水，鲧采用"堵塞"的方法，九年无功而返，结果"无功被诛"（《史记·夏本纪》）。帝尧便亲自带领臣民战洪水、治江水，由于是有史以来最大的一次洪水，又没有治水经验，难度可想而知。帝尧经常风里来雨里去，因治水积劳成疾。彭祖那时佐助尧帝养生已有多年了，但见他仍满面红光，口齿伶俐，讲话洪亮，看上去顶多二十七八岁的样子。尧帝把彭祖当作自己的得力助手，凡事都与彭祖商量。什么打仗、治水、救荒每一件差派他都能圆满述旨，建树甚丰。彭祖此时见帝尧积劳成疾，便调理了雉羹即野鸡羹，精心侍奉憔悴的帝尧，由于野鸡羹味道鲜美，营养也十分丰富，帝尧服用后果然精神倍增。彭祖又采集了一些中草药供他伴服，不久帝尧的病也好了，于是继续带领群众治理洪水。帝尧曾多次夸奖彭祖，说："彭祖炖的野鸡汤，效果确实好。你看我这些天来奔波的疲劳，吃了他炖的鸡汤后，不又都恢复了精力了吗？难怪这几年来，每当我神情困倦时，他就及时给我送来了的鸡汤，喝了以后效果相当好。这几年也多亏他了！不然我已是年至古稀的人了，怎么会有如此旺盛的精力理政啊！"

彭祖在为帝尧大臣时期，在抗御外敌，辅帝执政等多有政绩，在朝野内外很有威望。他深得天子帝尧的信任，帝尧对彭祖办事甚为放心。之后，便将考察帝位继承人、择定乘龙快婿这些重大政务差使，都交由彭祖等大臣去办理。经过彭祖等的一番周旋之后，帝尧才将二女许配给了虞舜，舜

公才得以入朝参与政务。后来，帝尧为了考查虞舜，特意将一些棘手的具体政务交由虞舜去办理，然后又派彭祖等人前去考查。彭祖是帝尧的得力大臣，不愧为是优秀卓越的帝王子孙。

彭祖受封于王室 ——于彭城建立大彭国，善于养生治国，使大彭国长治久安

后来，彭祖受封彭城。据《大戴礼记》记载：时尧将舜与彭祖都作为继承人考虑。彭祖很有威望，但虞舜则富于心计。虞舜为了保住自己的荣华富贵，他在师兄秦不虚、雒陶的精心策划下，想办法将彭祖排挤出朝廷。于是，虞舜上朝时向帝尧奏道："帝上，我有一事奏报：吾朝大臣铿公（即彭祖）德高望重！他博学能言，智识过人。文武全才，智勇足备！文能经略三邦，武能威镇四海，医能养寿延年，卜能预知未来。乃国之精粹，出类拔萃者矣！特别是他忠于天子，编修帝家世系，平定内部叛乱，以及调理天子龙体，其功劳非同一般。而他又是帝家之后，应当封侯赐地才是，不知臣下的建议是否妥当？"

帝尧道："不是爱卿提醒，我险些误事。彭铿对我忠心耿耿。他随我十多年以来，我时有不适，幸有彭铿及时调理，以至我年事已高，还能执权巡视，实在是功不可没啊！况且彭铿为王室血脉，三代忠臣。他又曾立有战功，理应封赏才是！我将苏北大彭山彭城赐封与彭铿，在彭城建立大彭国，彭铿既是大彭国开国之君，也是彭姓人起始之祖；彭铿既称王，又称祖，曰彭祖也！"

自古以来，诸侯封地为国，大夫封地为邑。由于彭祖出身于王室，又是朝廷功臣，加上他贤能仁善（特别是善养生），深得帝尧的信任。帝尧不知虞舜的用意，于是赐封彭祖于彭城，在彭城建立了大彭国。相传早在黄帝把天下划分为12州时，彭城就是在徐州的地域范围（淮河平原称为徐州，当时徐州只是一个地域名称）。后来大禹又把天下分为九州：河北平原与山西为冀州，黄河与济水之间为兖州，山东半岛为青州，淮河平原为徐州，长江下游为扬州，长江中游为荆州，关中与陇西为雍州，秦岭以南与四川

盆地为梁州，中原地区为豫州。彭城仍属徐州的范围。大彭国开国是什么时间？据《史记·五帝本纪》说："尧老，使舜摄行天子政，巡狩。舜得举用事二十年，而尧使摄政，摄政八年而尧崩。"帝尧年老多病，于公元前2277年任命舜摄政，舜摄政仅8年，至公元前2285年帝尧就去世了。彭祖与舜、禹、皋、陶、契、后稷、伯夷等在尧时皆同时举用。那么，大彭国的开国时间应该是舜摄政之时，即公元前2277年，而彭祖生于帝尧丙子岁（前2325年），大彭国开国时彭祖已有40多岁了。建立大彭国是什么概念？具体地说，就是一方诸侯，管辖地盘不过一州之地。

据《彭城志》记载：大彭山在徐州市城西三十公里，山北称大彭村。大彭国都城建在大彭山下（大彭山今称为义安山，海拔262米，今山北三里处大彭村称大彭集，属铜山县夹河乡）。彭城在获水南岸，南依青山，名大彭山。背山临水，地势平坦而高亢，是一处藏风聚气的宝地！彭祖在任大彭国国君期间，采取了不少强国措施。根据史料记载，归纳起来，主要有这样几个方面：一是修筑城池，以利繁荣商贸；二是挖井取水，以利减少疾病；三是练武强兵，以利卫国安民；四是治水垦田，以利发展农桑。而大彭国之初，彭祖在大彭山下建立了都城。

古时候，有国必有城。大彭国的国都建于大彭山下（今彭祖庙所在地），那是汴泗汇合处，以大彭山为依托。大彭国向云龙山、黄河故道一带扩建，彭城便建在今徐州市区。彭祖善于以养生治国，协调发展，致使大彭国长治久安。当时在大彭国之内、群山之间，兽迹鸟道遍布，不时对人们的生命造成危害。彭祖便发动民众，在聚居之地找一处平坦的地方，在划定的范围内，在四周挖一条深沟，引入河水，修好了护城河。又在护城河内筑上土墙，或砌上石块之类，作为城墙。再在城内分区域建起了许多较为坚固的房屋，使人们有了安居之所。随着城内建的房屋多了，自然就形成了街道，来往行人和经商的也多了起来，便形成了具有了一定规模的城市，这就是当时大彭国的都城。但随着人口的增加和经济文化的发展，后又迁到环境更为优越的徐州，建起了相当规模的城堡，使徐州成为大彭国新的

政治经济文化中心，大彭国得到迅速发展，国力逐渐强盛。

当时，经常洪水泛滥，如同沧海横流，当洪水遍地时，人们的饮用水往往随处取用。而此水又很不干净，所以诱发了很多疾病。彭祖首先考虑的，是如何保证老百姓的健康，于是便发动民众掘土为井，并从山上取来石块，砌成井筒。彭城地下水位较高，泉水汩汩涌流，四方土地之水渗进井中，清澈可见。当时，彭城掘土为井比较多，人们习惯饮用了井水后，患疾病的民众大大减少。在历经几千年以后，现在徐州城中还留下当时彭祖在城中建的清澈可口的水井，不知有多少代人得以享用，大家交口称誉这口水井是神井。后人为了表达对彭祖的感激之情，又把这口神井称为彭祖井。这口古井至今仍泉清水旺。彭祖这样爱民如子，导民有方，终于迎来了大彭国治理的大好时光。

帝舜晚年时，任命禹领导治水。禹毅然受命，动员天下九州的力量分区域治水，禹鉴于其父鲧采用"堵塞"的方法九年无功，就改用"疏导"的方法，先导大河之水入湖海，再导沟壑之水入大河。禹用了十三年时间，三过家门而不入，终于把洪水驯服，广大臣民又过上安居乐业的日子。帝禹即位天子之后，按照水系将天下划分九州：冀州，兖州，青州，徐州，扬州，荆州，雍州，梁州，豫州。帝禹号召各州开发财富。大彭国属于徐州之域，占天时、地利、人和三方面有利条件。《尚书·禹贡》中记载说，这里田地属于上中等（即第二等），而所交田赋仅为中中（第五等）。当时，彭祖则大力引导民众开垦良田，发展农业生产和畜牧业，提高民众的生活水平。同时，尽量减轻民众税赋方面的负担。又开发大彭山出产的五色土，每年向君主进贡，以供立社祭神。因此，大彭国许多年来风调雨顺，五谷丰登，国泰民安，安定祥和。到了商代，大彭国竟成了当时的五霸之一。

大彭国在军事防御上，当时亦较为强大。彭祖善于击鼓，将鼓用于军队作战等场合，作用巨大。《竹书纪年》记载："（帝启）十五年，武观以西河叛。彭伯帅师征西河，武观来归。"是说在帝禹子启继位后的十五年时，曾被启放逐到黄河西岸的四儿子，时称为季子的武观，聚众叛乱。夏王启

乃命彭祖的孙子、时任大彭国国君的彭伯寿率师征讨，平定了西河地区（今河南安阳南）叛乱，并捉拿武观带回夏的都城安邑（今山西夏县）交启处置，赢得了天下太平。后羿、寒浞篡夺夏政权后，公元前1990年，彭伯寿又出兵助少康（夏六代王）夺回了王位，立下大功。少康登上王位后，论功封赏，便封彭伯寿弟籛元哲于豕韦(今河南滑县)立国。籛元哲是彭伯寿的孙子，籛元哲就是颛顼高阳氏的第十世孙，黄帝的第十三世孙了。至此彭氏、籛氏部落就有了两个同宗同姓的国家——大彭国、豕韦国。

到公元前16世纪时，已是商代时期。商朝是一个有着高度文明的奴隶制国家。而这时的大彭国，已成为商朝统治下的一个诸侯国，成了商代的五霸之一。在商王癸未年（前1550年），有居住在今山东微县的邳和居住在今山东曹县的姺，这两个部族先后叛乱反商，侵扰中原。在河亶甲三年（前1539年），商王只得派遣大彭国——彭祖的后代子孙为大将率兵去平定邳人的叛乱。在河亶五年（前1537年），姺人侵入班方，商王又命大彭国前去征讨。这两次平叛的成功，既为商王朝清除了后患，又大大提高了大彭国在诸侯列国中的地位。

彭祖对治理大彭国不遗余力。彭祖重在用人用策上，把一些国政琐事都交给了他的子孙和臣子们，自己则将其主要精力，用于军国大事；同时，也把一些精力放在养生修炼方面去了。他只要办完政务，一有空闲时间，就到深山中去采集灵芝，或带几个猎手上山打猎，打些野鸡、野兽，用以改善生活。有时，他又跑到几百里外的历阳云母山上去采云母石。回到家时，他又时常闭目静坐，不恤其他事务。每天蒙蒙亮，彭祖就起了床，披发在庭中散步，迎晨露之清气，受日月之精华。冬夏则喜沐浴，夏天喜食青菜，冬天保持手寒足温，面寒而身热。身体稍有不适，他就用气以攻所患，以气疗病。在早晚之间，他时常便按摩四肢，摩搋身体，以致心平气和，无思无欲。如此日有所获，长年累积，终成正果，他得以长寿。

彭祖在彭城建立的大彭国，一直延续到商朝，已经历了许多代人，仍然是个诸侯国，说明大彭国在当时有较强的国力。到夏朝时，彭祖的后代

被另封豕韦（孙子彭之哲，故城在今河南滑县东南）、诸稽、舟人三个方国。到商代中期，大彭、豕韦都是伯爵诸侯。豕韦的后裔为韦氏，诸稽的后裔无闻，舟人的后裔自为秃姓。彭祖的后代有多少个姓？史有祝融八姓之说。《潜夫论志氏姓》载："祝融之孙，分为八姓：已、秃、彭、姜、妘、曹、斯、芈"。彭祖后代姓氏主要有篯、钱、彭、韦、秃、暨、既、名。彭祖、豕韦、诸暨后代又分出苏、顾、温、董、邬、邻、路、曹、邹、斟等姓。彭祖的后裔子孙共有25个姓氏，其中彭姓、钱姓是主要的两支。大彭国立国千年之久，后来被商高宗武丁所灭。之后彭祖的后裔就按当时的习惯，"以封国命氏"，有了"彭"这个姓氏，尊彭祖为其始祖。到现在为止，徐州铜山西部还有一座大彭山，可见彭姓的子孙都是从彭城（今江苏徐州）分支出去的。

　　彭祖的爱妃以及子女有多少？彭祖是彭姓人公认的开姓始祖。彭祖精通养生术，故特高寿而不衰，享寿802岁。彭祖生于古帝尧33年丙子岁（前2325年）6月6日，卒于商朝七代中宗（即大戊王）时6月3日（一说为6月12日），葬于彭山。(1)原配有郃氏女姬，生子夜、完、潦、韩、稽；生女适阙姓；(2)庸成氏之女，生子颓、高；(3)鬼方氏之女，生子起；(4)皇覃氏之女，生1女，适离娄公；(5)蜀山氏之女，生子屋、牟；(6)东户氏之女，生子桑、训；(7)爽鸠氏之女；(8)飞龙氏之女，生子东、吴；(9)散宜氏之女，生子翼；(10)蜀山氏之女，生子舖；(11)车正氏之女，生子升；(12)居龙氏之女，生女，适阙姓；(13)青云氏之女，生子副、阶；(14)吉夷氏之女，生子农、略；(15)丹鸟氏之女，生子志、目；(16)启统氏之女，生子书；(17)涂山氏之女，生子竝；(18)有莘氏之女，生子项、遂、缭、呈；(19)邬屠氏之女；(20)上敬氏之女，生子昭；(21)有娍氏之女，生子攸、沮；(22)散宜氏之女；(23)握登氏之女；(24)凤鸟氏之女，生子恒、赓、淼；(25)取訾氏之女；(26)伊祁氏之女，生子商、平；(27)女莘氏之女，生子任、亓；(28)青鸟氏之女，生子夆、防；(29)元鸟氏之女；(30)有扈氏之女，生子宇；(31)庖正氏之女，生子

共；(32) 祝鸠氏之女，生子烈；(33) 有仍氏之女；(34) 有虞氏之女，生子律、腾；(35) 彤城氏之女；(36) 夏后氏之女，生子结、崑；(37) 祝鸠氏之女，生子巨；(38) 有男氏之女，生子皈、阙；(39) 空桑氏之女；(40) 陶唐氏之女；(41) 苍舒氏之女，生子道；(42) 共工氏之女；(43) 斟寻氏之女；(44) 牧正氏之女，生女，适阙姓；(45) 有鬲氏之女，生女，适阙姓；(46) 穷桑氏之女；(47) 高辛氏之女；(48) 公孙氏之女；(49) 夏后氏之女，生子武、夷，后徙居福建武夷山。

彭姓始祖——彭祖有54个儿子，因此，彭祖后裔子孙算起来也有若干个主干世系，而现今发现的仅有彭祖54子中的7个儿子的后裔繁衍世系。而这七大世系中，最为完整的是彭祖的第三子彭澨公的这支世系。根据北京文史馆收藏的《彭氏远祖世系》以及在湖南民间发现的在民国十七年（1928年）彭述考订的《青山彭氏孰睦 谱·陇西彭氏源流嚛图》所载："彭祖至彭宣83世，彭宣至构云26世。彭祖至构云108世。"

彭祖不恋王室——晚年离开王室，周游天下，采气习武、练功养生，得以长寿

彭祖在年老之际，大彭国已日渐强盛，他便考虑将大彭国的国王大位传给早已行使摄政大权的长子彭夜，自己退居其后。彭祖回顾自己建立大彭国以来的得失，在任国王期间，采取了不少强国措施：首先是修筑城池，尤其是迁都，修建新彭城，是他最得意之作；其次是治水救灾，挖井取水，减少了民众的疾苦；再就是练武强兵，防御和抵抗外来威胁，争取国家的安宁，这是他最为欣慰的；另外是治水垦田，发展农桑，但还感到不尽如人意。但他最感欣慰的是，自己身边聚集了一大批治国人才，注重子孙教育，他的十几个儿子如彭夜、彭完、彭韩、彭稽、彭颓、彭高、彭起、彭屋、彭牟、彭桑、彭训都是大彭国的中坚力量，还有一些儿子如彭澨、彭东、彭杲在平阳京师帝舜的朝廷做官。彭祖考虑停当，他对群臣道："自本王立国以来，多亏有众多贤臣武将辅佐，励精图治，恪尽职守。这些年来，强兵富国，治水救灾，迁都新城，发展农桑，减轻税赋。而今，国已稳固，

日渐强盛，实属不易。在此情况下，自己年事已高，已到了退隐之时。回顾人生，在少年时学艺行医，到青年时二十一岁开始从政，为帝尧大臣，协助帝尧治国有十多个年头；在后半生建立了大彭国，在位已三十有五年了。可以说是事业有成，已无遗憾！所以，大彭国的国王继位问题，由摄政彭夜继任国王，自己将在余生周游天下！对今后大彭国王位继位问题，以贤德为主，辅以才干，兄去弟继，父去子承，这样大彭国才能永保千秋！望各位臣工尽力辅佐夜儿，使大彭国兴旺发达！"

彭祖自退隐后，每天除了同家人聊天外，就是习武、练功、养生，或是看看书简之类的。同时，就是带徒弟，除了为徒弟们布置功课，如练哪段功，或读哪本书。他兴趣来时，就带着徒弟们上山打猎，或到深山中去采气、练功，采集灵芝、草药等。

不觉光阴易过，彭祖退位后陪家人又是两年多了。经过他一再说服，其王后和众王妃也慢慢地理解了他的意图和想法，对他要周游天下的事，也不与之理论了。于是他又找了彭夜做了交代，要他照顾好家里的事。他想时机已经成熟，便带着几个徒弟开始了周游天下。彭祖首先到了淮河的泗县山中，寻找到云母石，并拜会请教了长寿老人——白石先生。彭祖服的云母，是一种矿物质，又称千层纸，多为白色，看上去像白石头，一年四季，适量服用，就可以延年益寿。后来，彭祖又到了鄢陵，为那里的乡民治病。他还在周游天下的过程中，巧遇到了大禹，他鼎力协助大禹治理了绍兴洼地水患。

彭祖师徒与禹公在浙江绍兴分别以后，一路跋山涉水，经过临安八百里等地，后又来到闽地荆南山（武夷山）……他们来到此山中，见九曲溪浪花飞溅，水清见底，在峰峦岩壑间萦回环绕；其峰岩气势雄伟，千姿百态。再看山间美色，群峰披上绿装，山麓峰巅、岩隙壑嶂都长满了翠绿的树林，野禽对话语，仙鹤赛飞翔；诸花千样色，杂草万般衣。从此，彭祖便隐居在荆南山幔亭峰下修炼养生术，与何大伯家成了好邻居。之后，徒弟们回大彭国报信，夏后氏死活要来荆南山与夫君住在一起，国王彭夜为

了尽孝道，竟派了一队人马将夏后氏，以及不少礼物送至荆南山，彭祖见当年的小王妃来陪自己，自然喜出望外。而他的儿孙和徒弟们，每年都有人来此看望他，还经常带来了不少粮食、衣物、用品，生怕老人家吃苦。如此，彭祖在荆南山自然衣食无忧。彭祖不愿看到乡民们受苦，于是还带领乡民们开山种地，使一些外乡的人也迁到这里来安居。彭祖还在房前屋后种了不少蔬菜瓜果，或上山打猎，生活上自是丰衣足食。他每天早晚都坚持练功，从来没有松懈过。特别是他还与三十五岁的第49位王妃——夏后氏夫妻恩爱，七十五高龄的他还生了一对双胞胎，就是第53子彭武和第54子彭夷两个儿子。

而彭武、彭夷兄弟俩也确实聪颖老实，智勇双全，勤奋勇敢，自他们懂事时起，就帮着父亲做一些力所能及的事情，还经常随父亲去深山里采药材、摘蘑菇等。眼见彭武、彭夷兄弟俩渐渐长大，又随父亲去开山、种地，上山打猎。有时还猎一些野猪、野兔、野鸡之类的野物回来改善生活，请乡民们一起饮酒作乐。彭祖深受当地乡民的爱戴，其关系甚为融洽。光阴似箭，不觉彭祖在荆南山已度过了二十年光景。继后彭祖告别了妻儿，离开闽地荆南山后，又周游天下，他先后在浙江临安，广西龙胜、临桂和东兴，陕西宜君等地留下足迹。最后，彭祖钟情西陲，又徘徊于巴蜀山水之间。他在天彭山（今四川汶山）、彭县（今四川彭州市）住了好些年，又云游到一个去处，那就是蜀西的天吕山（后称仙女山，位于四川彭山），这里是山水皆佳，山下一江，流水依然。而此山之巅有一处天然的太极地，为天地间阴阳二气交织最佳的强气场，此处风景极佳！山上森林密布，山清而水秀。山缓不险，视野开阔，山宜居住，地宜开垦，乃风水宝地也！这就是彭祖寻到的归宿之地。彭祖从此在这里安居下来，有时垦荒种地，有时上山打猎，日子倒还过得去。彭祖从此不再周游天下，就常年住在此山上，唯以养生治身为事。如此日有所获，长年累积，终成正果，他得以长寿。

然而，彭祖为什么长寿？据史书记载，彭祖是中国气功的创始人，而且他创立的"导引术""房中术""膳食术"都详细地记载于《庄子·刻画》

和西汉马王堆出土的帛书《导引图》等史籍上，为后人留下了丰富的长寿养生文化遗产。屈原《楚辞·天问》中说："彭铿（彭祖）斟雉，帝何飨？受寿永多，夫何久长。"意思是说彭祖为什么要将自己用于养生的"天下第一羹"——野鸡汤献给帝王，他自己为什么会那样长寿？东汉人王逸注曰："彭祖至八百岁，犹自悔其不寿。"说彭祖活了八百岁到死时，还嫌活得不够长久。

《史记·楚世家》彭祖句下注曰："非寿终也。"这说明彭祖不是老死而是病死。其死地，在东晋永和四年至十年（348—354年）间成书的《华阳国志·彭山》曰："彭祖家及祠在此。"《四川郡县志》在该条下注曰："即今江口镇北仙女山上。"可见东晋人常璩在距今1600多年时在仙女山上见到了彭祖家及家祠，并如实地在《志》中作了记载。关于彭祖死后的安葬情况，在明人冯梦龙《太平广记钞·彭祖》篇后道："彭祖卒于夏六月三日（亦有史书说彭祖卒于六月十二日的），葬西山（今彭山县城外仙女山）下。号曰彭山。举柩日，社儿六十人皆冻死，为六十冢，号社儿墩，有人耕锄犯墓，则雷雨大作。"可见彭祖卒、葬于蜀彭山的事，在东晋人常璩写入《华阳国志》后，又经1200多年后明人冯梦龙所证实，并写进了他的《太平广记钞》。这里记载的故事，是说在彭祖去世的次日，彭祖的后裔们在西蜀举行了举柩日，天吕山当地的许多乡邻都赶来为彭祖送行，人们簇拥着彭祖的灵柩至西山（今四川彭山仙女山）。一时间人涌如潮，热闹非凡。当彭祖的灵柩放置完毕，恰好这时，这六月的大晴天，突然风云突变，竟然降起了漫天大雪，人们只身穿夏衣，一时寒冷异常，避之不及，竟有六十人被冻死。山上竟有了六十冢。后来有人耕锄犯墓，则雷雨大作。但彭祖究竟安葬哪儿去了？至今仍然是一个千古之谜！从此以后，在中华大地上出现了江苏彭城（徐州）、西蜀彭山、浙江孝丰、浙江临安、陕西宜君、河南鄢陵、江西进贤、山西长治、甘肃正宁、湖北蕲春等十多处的彭祖墓，而这些彭祖墓，一直保留至今。

彭祖是古今闻名的中华长寿之星，传说彭祖活了八百多岁。《大戴纪·虞

载德篇》云:"老彭与仲傀并列,为商初之功臣,以一说彭祖803岁,商初已有672岁,至商七代中宗(即大戍王)时逝世。"但历代多有异议。清人孔广森在注《列子·力命篇》"彭祖之智不出尧舜之上而寿八百"之句时曰:"彭祖者,彭姓之祖也。彭姓诸国:大彭、豕韦、诸稽。大彭历事虞夏,于商为伯,武丁之世灭之,故曰彭祖八百岁,谓彭国八百年而亡,非实箧不死也。"著名学者钱歌川在《乐享天年》一文中说道:"我的老祖宗彭祖,……因善气功,相传他活了八百岁。""所谓八百岁,当然是误传。《竹书纪年》上说:'武丁四十三年灭彭',证明大彭这个诸侯小国,确实存在八百多年,而被误认为开国的彭祖活了八百岁。西汉武帝时,鲁恭王坏孔子宅,获得了大批籀文的竹简,其中便有对彭祖的记载,说他活了七百六十七甲子,这个甲子是以日计数的,折合46020日,即一百二十六岁,为彭祖的实际年龄,这就很合理了,当时的人活上百岁,是寻常事,……彭祖活了一百二十六岁,一点也不稀奇。"

综上所说,彭祖的一生集中体现了王者风范的光辉形象。而彭祖的王者风范,又集中体现在彭祖一生最辉煌的时期,也就是他的青年和壮年时期。在帝尧执政时,彭祖作为帝尧的大臣,他的卓越建树;特别是彭祖受封彭城,建立了大彭国,彭祖作为开国君王,他不仅在建设彭城、发展农桑,为民谋福、保家卫国等方面有突出的才干,而且为帝舜政权的巩固等方面也建立了不朽的功勋。这是彭祖一生的主流。应当说,彭祖不仅仅是一个养生家、美食家,而且更是一个治国、爱民的卓越的政治家。大彭国历史悠久,远远超过许多显赫一时的王朝。人类历史上的帝王也好,诸侯王也好,多如牛毛。又有几位圣主贤王,可以与彭祖比肩?彭祖称得上是中国上古时代最伟大的政治家、思想家和军事家。

(此文原名《彭祖传记》,载《中华彭氏大典·福建卷》)

大彭国灭亡后彭祖后裔迁往何方

彭祖受封彭城建立大彭国之后,历经唐虞至夏商中叶,开创了彭氏八百多年的基业。其间几经风雨,几度辉煌。到了殷代中叶,大彭国走完了它的最后历程,被商王武丁所灭。自大彭国灭亡,从商中叶的公元前1282年至东周末叶的公元前247年,在这一千多年的漫长岁月中,彭氏家族经历了三次群体性大流亡、大迁徙,并在陇西、荆楚、巴蜀又三建其国。这在那个"万国林立"的时代,并不足为怪。竖看历史,黄帝之时,百里之国以万数;大禹会诸侯于涂山,执玉帛者万国;而商初诸侯国三千;周初也是八百;春秋时也是一百几十个小国。因此,当时彭氏三建其国,是很自然的事。当然,彭氏之后的三建其国,是不能与彭祖时的大彭国相提并论的,因大彭国是帝尧封的诸侯国。而在大彭国灭亡之后,彭氏为了谋生所复建的彭国,只是一般的方国,未经天子封赐。而这种方国,只是一县之域罢了。然而在那个"万国林立"的时代,所复之彭国虽有其名而无其实,也已经很不容易了。这展现了彭姓人的不屈不挠的抗争精神,以及立于中华民族姓氏之林的坚韧毅力。彭人在这期间的三次迁徙、三建其国的情况是这样的:

彭人的第一次大迁徙至陇西,时间在武丁四十三年(前1282年)。至殷代中叶,大彭国被商王武丁灭亡。那么,大彭国当时遇到的商王武丁是怎样一个对手呢?武丁是殷代中叶(前1339—前1281年)一位相当有建树的君王。武丁是盘庚之弟小乙之子。武丁为太子时,他的父王不让他留在宫里,而是让他到民间游历,广泛接触社会生活。武丁在游历期间,不仅深切地了解了民间疾苦,还寻访到了不少有才学的民间人才,被他尊为师长的甘盘和日后名震天下的"奴隶宰相"——傅说,就是其中之一。武丁继位后,利用时人迷信鬼神的特点,假托神仙寄语,任命傅说为宰相。傅说

当上宰相之后，果然表现出了卓越的治国才能。武丁在贤相傅说的辅佐下，商王朝得到了大治，国力也迅速强大起来。武丁在位59年，使商王朝疆域辽阔，南到长江流域，北到燕山，西至陕西，东临海滨，是商王朝最为强盛的时期。从中也可以看出，武丁不但具备与众不同的眼光，而且知人善任，正是在这样的君主英明、臣子贤德的条件下，终于出现了历史上有名的"武丁中兴"的盛世。

武丁凭借强大的军事力量和富庶的国力资源，先后对与骚扰边庭、叛服无常的一些方国部落大举用兵。特别是为了扩大统治区域，他又重振军威，动员众多的兵力，对西北的鬼方、土方、羌方、虎方等部落频繁用兵征讨，征服了许多小国。大彭国在商王朝时也比较强大，至公元前1301年，商王朝朝政腐败混乱，大彭国趁机相对独立，不再纳贡称臣。此时，武丁认为，日渐强大的大彭国，无疑对商王朝构成了威胁。特别是与大彭国相邻的荆楚、夷、祝融集团的微方（山东微山湖一带）等部族势力在不断增强，且有不断摆脱商王朝的统治之势。只有消灭大彭国，才能消除商王朝的后患。于是在武丁四十三年（前1282年）派大军征剿，经过几经激烈的殊死战斗，大彭国终因寡不敌众，让商王朝的军队攻下了彭城。在此危急关头，大彭国的王公大臣，只得率领部落彭人逃离彭城，往别处谋生。至此大彭国灭亡之时大约存世八百多年，历24代45王。这就是《竹书纪年》上所记载的，"王师灭大彭"。据甲骨文记载，在灭大彭国前夕，商王武丁曾举行盛大的祭祀典礼进行祈祷，并由占卜的史官贞人占卜，得到的封辞是"辛丑葡互贞乎取彭"，事隔13天后果然大彭灭，灼兆的卦辞又说："癸丑王卜在彭贞。"这就是殷王朝的历史档案所记录的武丁灭大彭国的情况。

彭城失守，使彭氏家族遭受到灭顶之灾。不甘被征服的大彭氏贵族，只有撤退才是唯一的出路。他们带领彭氏族人，杀出了一条血路。但应当到那里去谋求生路呢？当时商朝的统治区域已远远超过夏代，特别是在武丁的祖父盘庚迁都到殷（今河南安阳西北）以后，殷墟成了商代后期的统治中心。在商朝的统治网中，以王都殷为中心，分布着许多大大小小的统

先贤彭祖

治据点，有的规模和王都差不多。黄河中下游成了商王朝活动的中心地带。因此，彭氏族人要谋生，在上述区域内是很难立足的，只有远走高飞才是出路。于是彭人利用黄河水道，溯水而上向陇西撤退。因陇西是民族杂居的地方，商王朝鞭长莫及。彭氏移民来到陇西后，在今甘肃的庆阳县西南八十里的地方扎下根来。当时这里还是一块未开发的处女地，彭人叫它"彭原"。他们与邻居罗族人共同开垦这块宝地。随着力量的积聚和物资的丰富，彭人在陇西立足后又在此建立一个新的彭国。而到了商末纣王时，原大彭国彭城留下来的臣民，因不堪商纣王的压迫，又纷纷西逃来到陇西谋生。

彭人的第二次大迁徙至荆楚，时间应在我国的西周时期，约在公元前10世纪至前6世纪。周武王灭商后，中国历史进入了封建社会的初期，生产力获得了更大的解放。西周初年，国势强盛，出现了"文武成康"之治的局面。但内忧外患也很严重。周武王在世时，总是夜不安枕，日夜考虑如何安定天下的问题。周成王即位（前1026—前996年），周公旦摄政，就是纣王之子武庚，串通武王的弟弟管叔、蔡叔，联合东方的徐、奄、熊、盈诸部，举行大规模的武装叛乱，内有管、蔡的叛乱分子，外有殷族武庚的复辟势力，对周王朝的统治造成了极大威胁，也给当时的社会经济带来很大冲击，在此情况下周王朝不得不东征平叛。周康王在位时，又不断攻伐鬼方（今陕西西北部匈奴）和东南各地，掠夺奴隶和土地，以分赏给诸侯大夫。其中一次战争就俘虏了犬戎士兵13000多人。这场战争，对陇西的彭国造成了极大的威胁。在此情况下，彭姓人不得不重新考虑自己的生存出路问题。他们考虑到北方由于地理环境和人事条件的恶劣，难以立足，于是在西周初年，南渡汉水，迁徙到今湖北南河一带及今湖北房山县西南的沔水流域。沔水，即今汉江，亦称汉水。彭姓人迁来此地后，将房山西南的沔水地域称为"彭溪"，将南河及其支流马栏河称为"彭水"。

荆楚之地土地肥美，物产丰盛。这里的优势条件，使这批南迁之彭姓人在富庶的江南扎下根来。在这里，他们与原联盟的微、庸（今湖北竹山县西南）罗等诸国相邻，且与卢戎、百濮等少数民族杂居在一起，也逐渐和这些

民族通婚融合，使自己的宗族不断地发展壮大，逐步形成了一个相对独立的"王国"。然而，天有不测风云。到了公元前6世纪，邻邦的楚国逐渐强大起来。楚文王时期，楚国为扩张地盘，不断派兵侵凌长江、汉水流域的诸多小国。这时的彭、庸、罗诸国，在楚国的虎视之下也岌岌可危了。直至春秋鲁桓公十二年（前700年），在楚师"伐绞之役"中，"楚师分涉于彭"。绞是春秋时的一个小国，在今湖北郧县西北，与彭相邻。这里所指的"彭"，就是彭人赖以生存的彭水。以后，彭就被楚兼并了，楚之"灭彭"，能见诸史料记载的，就只有"涉彭"的记录。可能是由于楚王看在与彭氏同宗的份上，用和平方法来兼并彭国的，这也给彭氏子孙在江南的发展提供了良好的契机。此后，随着楚国的强大和扩边，彭氏子孙也随之发展到除湖北以外的安徽、江西一带。如今安徽的和县，古称历阳，就有"历阳彭祖石室"和"历阳彭祖宅"，且在西北的历阳山上有彭氏坟茔和住宅。又由于历阳近长江西边，借助长江水运，可溯江往西南而上，或渡江东行、东南行都很方便。部分彭氏子孙从这里辗转迁至鄱阳湖，古称"彭蠡"的地方。"彭蠡"又称"彭蠡泽"，汉代在此东岸设置彭泽县。彭泽县内的西北长江南岸还有"彭郎矶"，在江西湖口县，为鄱阳湖入长江口处，古称"彭蠡湖口"。在湖口县南曾设置"彭蠡驿站"。"西汉中叶以后，彭蠡渐移而南，先是指江南鄱阳湖北部。北宋以后，随着湖面的不断扩展，遂指今鄱阳湖。"尽管沧海桑田，世事多变，彭族人在鄱阳湖求得生存和发展。不仅如此，彭族人足迹还到过赣江流域。赣江由章水和贡水汇合而成，贡水有条支流叫桃水，它经江西龙南、信丰、赣县注入贡水，古称"彭水"，这些地方也是当时彭姓人居住所遗留下来的证据。

　　彭人的第三次大迁徙至巴蜀，时间约在公元前7世纪的70年代，是西周和东周的交替时期。由于周幽王荒淫无道，于是姜后的兄弟申侯，便联合缯国、西戎、犬戎攻杀幽王，俘虏褒姒，夺取了周王朝的首都镐京，西周至此灭亡。申侯又与晋、郑、卫、秦等国，率兵护送姬宜臼入洛邑，是为东周第一位君主，号称平王。在这兵荒马乱之际，生活在甘肃安阳一带的彭姓人经常受到战祸的波及，特别是周王朝经常派役抓丁，搜刮民财，

彭姓人苦不堪言，只得另寻出路。于是在这一带的彭姓人，干脆逃难并越过秦岭，即从子午谷经今陕西长安县子午镇，南穿秦岭到石泉县的彭溪，再翻大巴山南进入今四川的彭县。在这片沃野的成都平原上，定居繁衍，在巴蜀又建立了彭国。光绪《彭县志·沿革》称：彭县在周初（实指西周末）为"彭国"。《太平寰宇记·彭州》引扬雄《蜀记》说："李冰以秦时为秦蜀守，谓汶山为天彭阙，号曰天彭门。"汶山又叫天彭山，大彭又叫天彭，都是因为在这里曾经出现过彭国而得名。唐贞观七年（633 年），在今四川马尔康县东置彭州。唐垂拱二年（686 年），在今四川彭县设彭州，天宝初改为濛阳郡，乾元初复改为彭州。明洪武十年（1377 年）降为彭县，治所仍在原彭县位置。

彭人在巴蜀彭县建立的彭国，后又南迁至今彭山县。彭县、彭山县，都在巴蜀的成都平原上。《水经注·江水》和《华阳国志》都提到武阳（今彭山县）有彭祖塚，县东十里有彭亡山、彭亡聚，又名彭模，在今四川彭山县东南岷江东岸。原因是"周末（指东周末年）彭祖家于此而亡，因名"。这说明在四川建立起来的彭国，直至秦始皇统一中国后才灭亡，它存在了 500 余年。又据《蜀中广记》卷 74 也提到，彭祖"自尧历夏、殷时，封于大彭。周衰（指西末年），始浮游四方，晚复入蜀，抵武阳家焉"。武阳县为西汉所置，西魏改为隆山县，唐先天元年（712 年），以隆山县更名为彭山县，治所即今彭山县。"彭亡山""彭亡聚"命名者的地方，则实是彭姓人的祖墓群。故《史记·周本纪》的集解也说："戎府之南，古徼、泸、彭三国之地……有矛州、微、濮州、泸府、彭州焉。"

上述史实表明，在大彭国灭亡后，从商中叶（前 1282 年）至东周末叶（前 247 年），彭氏家族有过三次大迁徙和不畏艰险、为振兴宗族事业而三建其国的历程，在全国各地至今还留下许多历史遗迹，表明了彭姓人在大彭国灭亡后不屈不挠的抗争精神。上述彭姓人的迁徙，只是描述了当时执政的彭祖后裔三次迁徙、三建彭国的情况。这真是：夏商之际战乱多，几经流血几奔波；追原祸始由来久，开国诒谋已半讹。

来到武夷山修炼养生的彭祖

彭祖晚年离开彭城，特意来到武夷山修炼养生。彭祖为什么会来到武夷山呢？在帝尧时彭祖就被举用，并与舜、禹、皋、陶等同朝为官。彭祖虽然对大彭国情有独钟，对治理大彭国的山水也不遗余力。但彭祖把重大国政都交给了他的子孙和臣子，将主要的精力，用到养生修炼方面去了。到了帝舜时期，彭祖见大彭国已经日渐巩固强盛，自己则开始周游天下，专心从事所热爱的养生之道的修炼上去了。由于他"因慕闽地不死国"而来到闽地。

自彭祖师徒与禹公、伯益、福尔在浙江绍兴分别以后，一路跋山涉水，经过临安八百里等地，随后又来到闽地荆南山（武夷山），只见：

山连地厚，峰插天高。岭中多青松碧树，岩间有绿柳红桃。瀑布飞流，仿佛蓬莱仙岛境；百蕊争荣，依稀天上蟠桃园。涧水时听，樵人斧响；坡峦特起，雀鸟声鸣。八面嵯峨，林内莺歌娇韵美；四围险峻，壁前兰花异香浓。称此福地荆南山，滋养丹霞水帘洞；景致非常幽雅处，寂然难见往来人。

在山与山之间，又有宽阔的荒野。满目香风，万朵芙蓉铺绿水；迎眸翠色，千枝荷叶绕芳塘。争如此景永长存，八节四时浑不动。称为天界荆南山，滋养丹霞水珠洞！据《史记》载：在尧、舜、禹时代，洪水泛滥，洪水冲毁了房屋，淹没了平原，毁坏了禾稼，拔起了大树，卷走了人畜……那真是可怕的灾难，百姓的日子真是苦不堪言。荆南山附近的老百姓只好逃进山坳里，过着艰难的穷苦日子。正值此时，彭祖周游天下来到此地，

隐于荆南山幔亭峰下修炼养生术,彭祖与其第49任妻子夏后氏之女,生下了53子彭武和54子彭夷两个儿子。自从彭祖到了荆南山以后,并着手开发荆南山(武夷山)。这样,使这里的山川逐渐变了样。当地至今还流传着许多关于彭祖和其两个儿子彭武、彭夷的动人故事。话说那时彭祖在荆南山幔亭峰上过着隐居的日子,彭祖便经常到五曲云窝修炼,又在那里采芝饮瀑。他还经常披星戴月,餐风饮露地开山劈石,拓溪导洪,只见他的须发日渐斑白,成了当地远近闻名的开山始祖了。因为他名叫彭祖,人们对他十分崇敬,就尊称他为"彭祖公"。

《武夷山志》记载了彭武、彭夷二人出生的情况:说彭祖生的两个儿子,大的叫彭武,小的叫彭夷。彭武、彭夷一落地呀,说来也奇怪,他俩见风就长:一阵春风吹过,他俩就能喊爹叫妈;二遍春雨浇洒,他们就能站立起来;三片春茶绽芽,他们就能下地奔跑。这当然是当地乡民将彭武、彭夷兄弟神化的说法。实际上,彭祖对彭武、彭夷兄弟的成长花费了不少的心血。而彭武、彭夷兄弟俩也确实聪颖乖巧,智勇双全,勤奋勇敢,自他们懂事开始,就帮着父亲彭祖做一些力所能及的事情,还经常随父亲去深山的森林里采药材、摘蘑菇等。眼见彭武、彭夷兄弟俩渐渐长大,他们又随父亲去开山、种地,还上山打猎。有时还猎一些野猪、野兔、野鸡之类的野物回来改善生活,请乡民们一起饮酒作乐。彭祖由于开山有方,深受当地乡民的爱戴,其关系甚为融洽。

却说光阴似箭,不觉彭祖在荆南山已度过了二十年光景。只见在荆南山幔亭峰下,住着一户人家,几间茅草屋。在房屋后园之中,种植了许多果树、蔬菜,不少鸟儿、特别是喜鹊在树上飞来飞去。在房屋的院坝中,两鬓斑白的九十五岁老人——彭祖正在练拳,只见他忽而手舞足蹈,忽而两手前推,忽而又像白鹤亮翅,忽而又前脚踢起,双脚凌空……真是:任他巨力来击我,牵动四两拨千斤。

这时,彭祖已将彭武、彭夷抚养成人,时常带领兄弟俩在荆南山开山、治水,培育粮种,驯化畜牧,造诣于民。彭祖感到欣慰的是,彭武、彭夷

两兄弟已经学会了开山、种地、打猎,可以自撑门户了。彭祖认为,既然两兄弟已经长大成人,应该让他们独立成家立业,于是决定将要周游天下去了。这天在茅房屋内,只见门帘开处,走出个妇人来。她就是彭祖的妻子——夏后氏,正在烧火做饭。那夏后氏本是禹公之小幺妹,她虽年至中年,但仍然是那样的风韵精神,只见:

面如满月,发若乌云。薄施脂粉,尽有容颜。不别妖娆,自然丰韵。鲜眸玉腕,生成福相端严;裙布钗荆,任是村妆稀罕。分明美玉藏顽石,一似明珠坠深山。休怪寿星也难离,况是淑女情分重。

却说这时,彭祖就打算将周游天下的事告诉家人。于是将彭武、彭夷两个儿子叫到跟前,彭祖语重心长地说:"自我将你们抚养成人后,就带领你们兄弟俩在荆南山开山、治水,培育粮种,驯化畜牧,造诣于民。使我感到欣慰的是,你们已经学会了开山、种地、打猎,可以自撑门户了。而今,彭武、彭夷已成了亲,我已无后顾之忧;应该让你们独立成家立业了。我考虑好了,为爹的就要出外周游天下去了,最后要到巴蜀,到那里找一个地方养老。孙儿伯福同我一起去!儿子呀,你们要听话。我走了以后,你们一定要继承祖业,要同乡亲们一起,继续开发好荆南山吧,开山劈石,拓溪导洪,为百姓造福!今后,就靠你们自己了。"说着,就将准备好的工具——一柄锄头、一把斧子和一副弓箭交给了他们兄弟俩。

彭武说:"爹爹,您不要离开我们好吗?您就在家享享清福吧!"彭祖说:"我肯定要走,我把你们妈留在这里,你们兄弟俩要好好孝敬她!以后有机会,或许我还能回来看看你们,你们在这里一定不要给爹丢脸,要多为乡亲们办事!"

彭夷说:"我知道留不住爹,那您一定要多加保重!这里的事,爹放心,我同哥哥一定为你争气!"彭祖说:"昆泉,你回大彭国吧!去告知你父亲和伯伯、叔叔们,就说我到巴蜀去了,是伯福陪我去。有事就到巴蜀来找

我！"昆泉说："孙儿记下了！"

彭祖又说："彭武、彭夷，我走后，我没有什么留给你们，过去我开山用的锄头、砍刀、打猎用的弓箭，就留给你们，你们好自为之吧！"彭祖于是同伯福背着行李，骑上马，向妻子、儿子们挥挥手，从此离开了荆南山，自去周游天下去了。

却说自彭祖走后，彭武、彭夷不忘父亲的教诲，扛起了锄头，拿起了斧头，背上了弓箭，走进了深山密林、峻岭沟壑，谋划如何开发此山。之后他们带领众多乡民披星戴月，夜以继日，不停地挖了三百六十天，竟然挖出了九曲十八弯，挖出了一个个蓄水的池塘，终于治住了那咆哮狂奔的洪水。他们又继续没日没夜，不停地砍山七百二十天，砍倒了一丛丛盘根的荆棘，终于开出了一片片黑油油的良田沃土。他们还起早摸黑，勤巴苦做地开荒、除草、种地，种了一千八百天，终于种上了一垄垄绿油油的茶树，栽上了稻谷和果树……

兄弟俩又用弓箭射死了那些伤害百姓的猛虎、豹子，还捉来了一头头的野猪、野兔、野鸡、野鸭……送给村里的百姓喂养起来。后来，这里的民间渐渐有了家猪、家兔、家鸡、家鸭……他们还在山上种了许多奇花异草、珍贵药材，把山山水水装扮成了人间仙境。于是青凌凌的九曲溪出现了，崇山峻岭之间，茶园叠翠，梯田堆金，使百姓们过上了鸡犬相闻、幸福安宁的日子。此时，荆南山的山是奇峰俊秀的山，荆南山的水是清凉甜润的水。从此，这里锦绣如画的山川便以"丹山碧水"著称。

正当彭武、彭夷在开发荆南山之时，还遇上了舜天子进山讨教养生之事。原来帝尧执政73年后去世，帝舜继承大统为天子。帝舜执政以后，更关心民间疾苦，规定每五年巡狩天下一次，还经常游历四方，为百姓排忧解难。这一年郊祀礼毕，转瞬到了新年，帝舜便开始出行。朝中之事帝舜托大司空伯禹和百官主持，秩宗、伯夷、乐正夔均随帝出行。这次帝舜还是照例先到东岳，所以径向东行。经过诸冯山、王屋山、濛泽、姚墟等地，都是以前桑梓钓游之所。不久，帝舜来到泰山，率领众多东方诸侯，举行

了祭天大典。在柴望的时候，奏起《箫韶》之乐给众多诸侯观赏，以示帝舜之德之威。

帝舜一行下了泰山后，继而向南行进。他巡视了缙云山，又过衡山、苗山，便到了闽境。只见西南一带山势巍峨，风景甚佳。当走进山中，一道清泉倾流而下，汩汩奔腾，极为壮观。帝舜等便乘兴沿着泉流而上，在九曲溪河畔，每到一个曲弯，风景一变，接连八个曲弯，地势越高，风景越美。帝舜君臣又忽然听到一阵悠扬的瑟竽之声，一时兴趣盎然，都想直穷其源。待他们来到第九个曲弯处，忽见有数间茅屋掩映在修竹之中，四周奇果排排，园里谷物菜蔬行垅整齐，好一派农家兴旺景象。

帝舜君臣来到茅屋前，只见两个少年面如敷粉，唇若涂朱，颇觉灵秀。一个在鼓瑟，一个在吹竽。两个少年见帝舜等人走来，便放下乐器，彭武便上前道："请问诸位长者，不知从何而来？"帝舜则道："请问尊姓大名，你们为何住此荒凉寂寞之地？"彭武答道："我姓彭，名武。这是舍弟，名夷。遵父命在此开山治水，种地、学道、养生。空谷之中无足音久矣。不想今日遇见诸位，请问诸位长者尊姓大名，来此何事？"当下伯夷上前如实告知。武、夷二人慌忙伏地，稽首行礼道："原来是圣天子驾到，适才失礼，还请恕罪。"

帝舜道："公等是世外之人，何必拘此世俗之礼呢？"彭武道："不是如此，家父与圣天子从前是同朝之臣，所以论到名分，圣天子是君主；论到世谊，圣天子也是父执。在君主之前，父执之前，岂可失礼呢！"舜帝忙问："尊大人何名？"彭武道："家父名篯铿，又名彭祖。在先帝时受封于彭城，所以臣兄弟等就以彭为姓了。"

舜帝道："啊！原来如此！尊大人久不在朝了，现在何处？"彭夷道："家父虽受封于彭城，但志不在富贵，而在长生。因此待国力强盛之后，就到处云游天下，访求修炼道术。起初因为淮水之南产云母，所以在淮水之滨住了多年，后来在南面又发现一个石洞，在那洞里又住了多年，如今到梁州去了"（帝尧时将中国划为九州，秦岭以南与四川盆地为梁州）。

先贤彭祖

帝舜问道："世兄应该随侍前往，何以抛却严父，独留此地？"彭武道："家父子孙众多，不必某兄弟伺候，我们是奉父命在此，以修道、治水、耕地；就是某兄弟得便，亦常往省亲，并非弃而不顾。"帝舜问道："而今尊大人住在梁州何处？有何人随侍？"彭夷道："在岷江中流一座山上，那山有两峤如阙，相去四十余步，家父看那个地方好，就在那里住下。山下之人因家父所居，就将那山取名为天彭山，那两峤之间叫作彭门。现在随侍之人，除兄长多人外，还有一个孙女，系某等长兄之女。她对长生之术极有研究，家父最为钟爱，所以伴着家父云游。"

帝舜又问："我与尊大人在先帝时虽同朝日久，但终因国事之故，刻无暇晷。而尊大人又性喜寂静，往往杜门不出，所以聚首畅谈的时候甚少。偶然碰头，所谈者亦无非国计民生而已。我那时对于养生之术并不在意，所以一向未曾谈起。现在听二位世兄说起令尊大人修炼方法竟是服食云母入手。从前我有一个朋友叫方回，亦是服食云母的。但是我问他服食的方法，他说我将来总须为国为民做一番事业，不应该和山野人一样，着这个长生之谜，所以不肯告我。此人已不知何处？现在尊大人服食云母之法，世兄可否知道么？"

彭武道："向承家父指教，略知一二。家父服食云母的方法是，用云母三斤，硝石一斤，先用最好的酒将云母渍起来，三日之后，细细打碎放到竹筒里，再将硝石和一升半好酒放进去，在火上煎之。用筷子搅动，待凝结如膏状，至冷却后，碎成粉末；如此每日用井泉水服用，七日服一次，百日之后，三尸虫俱下，那就是见效的第一步了。这时有一种反应，就是人的精神总觉不爽。倘若这时停止服食云母，那就功亏一篑了。如果再继续坚持服用，一月之后精神便可恢复，二百日之后，则返老还童，延年益寿。"

帝舜道："那三尸虫是什么东西？"彭夷道："三尸虫虽是虫，实则是个通灵的东西（按现代医学分析可能是一种致癌、结核一类的细菌和物质）。自人有生以来，它即潜在人体之中，专为人患。人容易老和病亡多是由于

它的缘故。它主要耗减人的精神气血而已，使人折寿，岂不是有害于人的东西吗？"

帝舜听了，忙问道："它们既然居于人体之中，应该扶助人的生命，假使人的身体坏了，岂不是失了巢穴，于它们又有什么益处呢？"彭夷道："它们以人的身体为食物，食人之精神气血，总嫌不足，到人死了，他们就可以大嚼人之遗体！因为这个缘故，它们另有神通，还能够传播到别人身上去，永不患没有巢穴。所以修炼长生的人，以去除三尸虫为要。其方法是用药将它们打下，并且将其埋葬，不使复活。而云母粉之功效就在于此！"

帝舜听了彭武、彭夷兄弟讲的这些养生的道理，眼界大开，甚为高兴。当下又谈了诸如神仙之事和养生的一些方法。彭武、彭夷兄弟虽然年轻初学，但毕竟是彭祖的嫡传，所以帝舜在这里听到的养生之道受益匪浅。这日帝舜君臣就在山上住宿，次日方才下山。日后，帝舜就按彭氏兄弟所说方法，进行服食和导引，收效果然甚佳。

帝舜走后，彭武、彭夷两兄弟在荆南山继续开山，为民造福。有史记载说，彭武、彭夷死后，后人为了纪念彭祖父子开山的功绩，就用彭武、彭夷两兄弟的名字命名此山，改称荆南山为——武夷山，尊称彭祖为"武夷君"，并在九曲溪旁建造了武夷宫。当地人们经常组织祭祀彭祖和彭武、彭夷兄弟。武夷山从此便以"奇秀甲天下"闻名于世。武夷山幔亭峰下，彭祖居住的地址，俗称彭祖基。明朝康万驹有诗赞《彭祖基》曰："阅尽人间世，田家老瓦盆。云龙彭祖宅，风雨社貌墩。介鸟殊封在，空床大药存。沧桑多变幻，青嶂对潺湲。" 这就是有关武夷山由来的动人故事。

武夷山在1999年12月1日被列入《世界文化与自然遗产名录》，成为世界共享的文化遗产。武夷山市为弘扬彭氏先辈的拓荒精神，先后在武夷和园塑起了世界上最大的彭祖及彭武、彭夷石像，天游峰顶天游阁内雕塑了彭祖、彭武、彭夷三尊大型坐像。这真是：

武夷开发芳菲至，笑见桃李春满枝。

山峦九曲溪水暖，帝舜讨教得真知。

彭祖在蜀西彭山练功养生

彭祖与孙儿伯福离开闽地荆南山后,又周游天下,他先后在浙江临安,广西龙胜、临桂和东兴,陕西宜君等地留下足迹。最后,彭祖钟情西陲,徘徊于巴蜀山水之间。他们在天彭山(今四川汶山)、彭县(今四川彭州市)住了一些年,爷孙俩又云游到另一个去处,那就是蜀西的天吕山(后称仙女山,位于四川彭山),此山一脉自谷底微微隆起,渐隆渐高渐大,蜿蜒直上,最后隆成一座高大的山峦,便戛然而止。在山峦之下,又一脉山埂微微隆起,渐隆渐高渐大,与上升之上脉互为环抱,蜿蜒而下,最后隆成一座硕大的山丘,仿佛是两山相抱、互为旋转带动天地阴阳之气所致。原来此山之巅有一处天然太极地,为天地间阴阳二气交织最佳的强气场,称得上一处难得的风水宝地!只见:"近山叠翠,远水清澄。西陲嵯峨接边关,天彭参差侵汉表。坡前蓉树舞春风,暗吐芳香;岩间藤萝披宿雨,倒悬嫩线。峰峦园圃,奇花绽放叶抒秀;峭壁苍松,铁角铃摇龙尾翻。莫道巴蜀路途难,须知此处赛蓬莱。"

彭祖见此,兴奋地说道:"孙儿,你看此处风景极佳!山上森林密布,山清而水秀。山缓不险,视野开阔,山宜居住,地宜开垦,乃风水宝地也!这就是我们归宿之地。我们就住在此山吧!"伯福说:"爷爷,我看这山确实是好,既有天彭山之秀,又有荆南山之美,是养生的好所在!"于是,爷孙俩便开始伐树,不几日就建起了一座茅屋。爷孙俩从此安居下来,有时垦荒种地,有时上山打猎,日子倒还过得去。彭祖从此不再周游天下,就常年住在此山上,嗜好恬静,不恤世务,唯以养生治身为事。

话说这日,天气放晴,彭祖正在天吕山茅房外的院坝中练功。这时,罗伯带领乡亲们来看望彭祖,罗伯说:"老神仙,你的精神太好了,你练的是什么功啊?"彭祖说:"乡亲们请坐,我练的是太极!"

罗伯说:"我与乡亲们一起来看你!我给你提了一只鸡来,让你补补身

子。我老伴吃了你孙子的药，已经能下地干活了，太感谢你们了！"彭祖说："你老伴好了就行了，你还带什么东西嘛，以后不要这样了！伯福，快给乡亲们倒茶水！"

伯福从屋内出来，让乡亲们坐下，这时，李韦、袁柱两个老乡，将孩子们带来了。李韦说："彭祖公，我将儿子李杰带来了，想拜你为师。"袁柱说："这是我儿子袁志，也想跟着彭祖公学医呀。"

彭祖上前，拍拍两个孩子的头，说："都这么高了，好，我就收下这两个徒弟！"这时，罗伯说："彭祖公同意收你们为徒弟，还不拜师！"李杰、袁志这时在彭祖面前跪下说："师父，受徒儿一拜！"

彭祖说："好，起来吧，学艺就要吃得了苦！"李韦、袁柱说："彭祖公，这两个娃儿就托付给师父了，辛苦你啦！"彭祖说："说什么话，乡里乡亲的！"这时，周会说："彭祖公，你练的太极，有什么作用吗？"

彭祖说："这是健身用的，养生、长寿是必备的，我是练功、静养，现在主要是打太极，对健身有益啊！"周会说："我们农闲时，来你这里学学打太极可以吗？"

彭祖说："乡亲们愿意学，我就愿意教！"罗伯说："那好，那以后我们有空，就请老神仙教我们打太极！"伯福说："打太极，要形成风气，大家都可以学！"

在此后不久，果然有不少老乡早晚到山上学太极。这天清晨，只见一群老乡，有老的，有少的，也有年富力强的，正在同彭祖在天昌山的院坝中练太极拳。彭祖边示范，边说："我这套养生太极拳，既能健体养生，又能技击防身，可以外强筋、皮、骨，内聚精、气、神；要循序渐进，不懈地坚持，就完全能够延年益寿；……我这套十六式太极拳，其要领是：头要顶，颈要捷，身要直，胯要坐；动作干脆，发力刚猛，行拳以心意为指导，以采真气为根本，拳姿要雅静，轻盈，舒展……总的要求是：一要心静，行拳时要排除思想上的一切杂念，不受外来因素的影响；二要轻松，行拳时要使全身处于放松的状态；三要连贯，要做到"行拳如抽丝，迈步

似猫行。"只见他："行拳慢发浮白鹭，迈步轻松荡飞泉。飘飘太极向空旋，凛凛寒露风卷。拳到也，墙徒辟易；足来也，山石皆裂。几番尘雾欲遮天，转身设陷阱，虎臂出奇篇。"

彭祖一招一式，其拳风圆润、刚柔洒脱。乡亲们都很有兴趣地认真学。练太极拳足有两个多时辰，这才告别彭祖，渐渐离开。彭祖独创的太极养生拳，堪称世界文化之瑰宝，自古以来一直润泽后人。从此西蜀彭山素以"忠孝之邦""长寿之乡"著称。彭山境内有省级风景名胜区天然太极彭祖山，有号称世界第一的中国长寿城牌坊，是名重天下的长寿故里。这里的百岁老人的比例在我国平均人数的17倍以上。

此时已到了深秋的季节，只见秋风送爽，漫山红遍。但见："野菊盈径，杂树遮扉。薜萝阴冉冉，兰蕙香馨馨。流泉漱玉穿修竹，巧石知芳露落英。烟霞笼远岫，红日照云屏。青山耸翠，碧岫堆云。满目清幽景可爱，琪花瑶草色常明。不逊天上仙境，胜似海岛蓬瀛。"

彭祖练过功后，正坐在屋外院坝的石头上歇息，也正在思索着什么。忽然看见从山下走来三个人，原来是两个男子，一个女子。三人来到彭祖眼前，女子上前喊道："爹，你不认识我啦，我是彭娥，三娥呀！"

彭祖立即站起来说："你是我王妃龙氏生的三女吗？"三娥说："正是呀，我们从大彭国前来看你，这个是你的小孙子彭臣，是彭完的幺儿子；这个是何庚，是你师兄何辰的孙子！"彭臣上前喊道："爷爷，你好哇！"何庚上前喊道："爷爷，我爷爷也让我来看你！"

彭祖摸摸孙子和侄孙的头，说："都长高了，伯福，快出来，你看谁来了？"伯福走出来一看，说："是三姑来了，还有彭臣兄弟也来了，这不是何庚小弟吗？"大家都高兴地聊起来，这时两个徒弟端出茶水，给刚到的客人解渴。彭祖说："这是我的两个徒弟，这个叫李杰，那个叫袁志！走，到屋里去坐！"李杰、袁志都称三娥为"三姐"！于是，都一同到茅屋里去了。

在茅屋里刚坐下，彭祖问："你们从彭城来，要走老远的路，太辛苦了！

走了多长时间呀?"三娥说:"有一个多月了,不过我们走走停停,一路游山玩水,倒也自在,来到西蜀之地,已有几天了,只见这里早晚都有男女老少不少人在练太极拳,一问说是彭祖教的,好不高兴,因此我才打听到,找上山来了!爹,你在此名声蛮大嘛!"彭祖说:"只不过是年纪大一点,人家见了我这个白胡子老头,都说是见了老神仙!能不出名吗?"

伯福说:"我爷爷在这里又医病,又传授养生太极拳,他又是这样的高寿,能不出名吗?"三娥说:"侄儿,你已到了安家的时候了,还不娶媳妇哇?"伯福说:"忙啥,年龄还不大嘛!"彭祖说:"快了,他来这里,看上了罗家的姑娘,都定亲了!"三娥说:"那好,伯福,你真有福啊!"

这时,彭臣取出随身包内的东西,说:"爷爷,这是我父亲孝敬你的皮衣,是供爷爷御寒的。这一包是人参,是帝舜在位时,到荆南山看你时,那时你已到了巴蜀了,是天子赐赠之物,是武叔托人带来的!"彭祖说:"难得你父亲一片孝心!帝舜是个好人啦,他还去荆南山看过我?可惜我不在!你说'他在位时',难道他已不在位了吗?"

彭臣说:"爷爷,你还不知道吗?大禹治水十三年,三过家门而不入,深得天下人心,特别是又因他讨伐三苗战功赫赫,大大加强了他手中的权力。舜天子不得不禅位,大禹已登帝位,成了威严赫赫的天子了!"

三娥说:"大禹得天下,是因为治水有功获得了崇高的声誉。他治水有方,深孚众望。帝禹深得民心!"彭祖说:"大禹有雄才大略,我周游天下时,曾协助他治水。他能礼贤下士,采纳八方之言,他当天子,也是万民之福啊!"

彭臣说:"原来爷爷也认识大禹!"彭祖说:"岂止认识,你的幺奶奶就是禹天子的小妹妹。你们孙辈要喊他舅公啊!我当年协助他治水,在分别时,他还特意送了我一匹好马呢!哎呀,隐身山野之中,天下之事有如此变化!当年的知音,是如今的天子,真是时势造英雄啊!"这时,伯福出来说:"爷爷,饭弄好了,开饭吧!"彭祖说:"好!大家吃饭,慢慢再聊吧。"大家陆续进屋去了。

在彭祖的茅屋饭厅内，大家围着桌子而坐吃饭。彭祖问何庚："你爷爷何辰现在怎样？"何庚说："他现在年迈在家，已经不在大彭国朝中任职了，他在家中时常谈及你，说你不恋富贵，放着国王不做，却要周游天下，想养生长寿，他说老了，才知道富贵如过眼烟云，彭祖公的选择是对的！"

彭祖说："不是吗？我经历了帝尧、帝舜，现在又是帝禹，现在帝舜不是失位了吗？也不知他的情况怎么样了？"彭臣说："帝舜是个能屈能伸的人，他见大禹势大，占据了王位，自己大势已去，立即宣布让出帝位，带着两个妃子到南方巡视途中，死于苍梧山野，葬在九嶷山的南面，噩耗传至京师，举朝无不为之哀痛，大禹也面向南方致哀！"

彭祖闻之，心中不免难过，说："堂堂天子，流落荒野，死于非命，实是难过。不谈这些了，还是吃饭吧！"于是大家都默不作声，各自吃饭。彭臣见爷爷吃不下饭，还暗自流泪，便说："爷爷，我给你盛碗野鸡汤吧！"彭祖说："好的！"三娥说："爹，你不恋富贵重养生，却换来了身强体壮，延年益寿，成了有名的老神仙啊！我来这里，就是想向你学养生，你该不反对吧！"

彭祖说："那是你自己的选择，养生靠的是坚持，靠的是恒心，一般人是难以坚持下来的，特别是进入老年之后，往往半途而废！我倒希望后继有人啊！"彭臣说："你那么多子孙，还愁后继无人吗？"彭祖说："我指的是不恋富贵，专事养生的后继者啊！"三娥说："谁说后继无人，我就算一个！"

彭祖见家里的人多了，又开始在西蜀天吕山筹划建新房子。乡邻们听说彭祖要建房，纷纷前来帮忙。只见不少老乡从家里抬来了木头，有的从家里带来了稻草，几十个人，有的打土墙，有的劈木头，有的在房上盖草，有的在运材料……大家忙碌了十多天，在老房子旁边，终于又修起了几间新屋。彭祖千恩万谢，老乡们说："彭祖公，你为我们乡邻办的事还少吗？做这点事，你不必在意，以后你有事就说一声。"

家里人住着新房，而且屋子也宽敞了，三娥说："爹，你的人缘还不错

嘛，听说你要修房，大家一齐来帮忙！这下我们住着就舒心了！"伯福说："我爷爷在这里人缘确实好，当初他在荆南山的时候，与乡亲们的感情也很深，他离开时，乡亲们老少来相送，我在场时，也感动啊！你看这里的乡亲修房多卖力啊！"李杰说："我师父医术好，乡里的疑难怪病，他都能医治好了多少人呐，他可是这里出了名的老神仙啊！"彭祖说："对人要以诚相待！住在这里久了，大家互相帮着点儿，这样的日子才好过。独木难支呀！"

此时在彭祖家里，人们依然忙碌着。徒弟们正在为老乡们看病，三娥在家打扫卫生。还有彭臣、伯福、何庚他们正在园地里种蔬菜。而彭祖坐在屋里，正在闭目静养，练气功……彭祖如此养生，日有所获，长年累积，得以长寿。

然而，彭祖为什么长寿？据史书记载，彭祖是中国气功的创始人，而且他创立的"导引术""房中术""膳食术"都详细地记载于《庄子·刻画》和西汉马王堆出土的帛书《导引图》等史籍上，为后人留下了丰富的长寿养生文化遗产。

《史记·楚世家》彭祖句下注曰："非寿终也。"这说明彭祖不是老死而是病死。其死地，据东晋永和四年至十年（348—354年）间成书的《华阳国志·彭山》记载："彭祖冢及祠在此。"即今江口镇北仙女山上。后有东晋人常璩在距今1600多年时在仙女山上见到了彭祖冢及冢祠，也如实地在《志》中作了记载。关于彭祖死后的安葬情况，在明人冯梦龙《太平广记钞·彭祖》篇中也有记载。同时，关于彭祖的墓葬地，计有江苏徐州、浙江临安八百里、河南鄢陵、陕西宜君县彭镇彭村、四川彭山县等10多处彭祖墓。但通常认为彭祖墓葬地在四川彭山县彭祖山，其他地方的彭祖墓可能是衣冠冢。

彭祖传授风水术　青乌拜师得正果

正当彭祖在西蜀养生之时，禹公已登帝位。由于治水有功，在中原民众中建立了极高的威望。大禹登帝，是夏朝开始。大禹称帝后，没有忘记肩负的重任，虽然身居高位，却不贪图享乐。为了治理天下，他还经常外出巡游，了解民情。禹死后，他的儿子启夺得王位，改变了原始部落的禅让制，开创了中国近四千年世袭王位之先河。夏朝共传十三代、十七王，历时472年（据《竹书纪年》），于公元前1600年为商朝所灭。从此中国即以华夏称。

却说在夏代一个风和日丽的春天，彭祖正在茅屋里练功。伯福、三娥也在外间屋子内制药。忽然，从茅屋外走来了三个人，其中一人进门就喊道："老曾祖祖在吗？"三娥一看，说："这不是二哥的小孙子彭永吗？"伯福、三娥迎了出来。

彭永说："是三姑婆呀，我正是彭永；这是彭斗，是五叔家的；这是我的好友青乌。"伯福说："侄儿们来了，进来坐嘛！你们是从哪里来？"彭永说："我们是从彭城而来，是特来看老曾祖的！"

三娥说："你老曾祖还在房里练功，一会儿才出来！"这时，彭臣从外面进来了，见他们兄弟二人，便说："原来是两个侄儿来了！"彭永说："叔，你在做啥子呦？"彭臣说："我在训练人马，准备将来打仗！"彭永说："现在还有什么仗可打？夏朝已经建立了！"

这时，彭祖从屋里走出来，说："谁说没有仗打呀？天下并不太平，有备无患嘛！"彭永、彭斗上前喊道："老曾祖祖，我们两个曾孙子前来看您！"彭祖说："哎呀！我的曾孙子都这么高了！"彭永说："我父亲给你带来点金子，还有人参，来孝敬您老人家的！"彭祖说："大老远的，带什么东西嘛！

三娥,你去做饭吧。"三娥说:"正在做饭,一会儿就好了。"

彭永说:"老曾祖祖,这个是我的好友青乌。他是专程前来拜您老人家为师父的!"青乌上前,倒头便拜,说:"师父,我是冀中人士,名青乌,又名青乌子、青衣乌,因久闻师父大名,特来远来拜您老人家为师的!望您收我为徒弟吧!"彭祖说:"你大老远的来了,足见你有诚意。好吧,我就收你为徒弟吧!"青乌又拜,说:"师父,请受徒儿一拜!"彭祖说:"好了,起来吧!"只见青乌:"唇若涂朱,睛如点漆。身穿东夷短褐袍,腰系南方彩丝绦,佩带松纹古铜剑。戴青巾帻双环小,深色皮靴抹绿低。观仪表,称天然磊落;看神情,算资禀聪明。"

这天,彭祖在练功之后,便在天吕山周围去散散步,彭永、彭斗、青乌则紧跟其后。彭祖问:"青乌,你拜我为师,除了学医,还有兴趣学什么?"青乌说:"除了学医,我还想向师父学风水之术。"彭永说:"青乌听别人说您老人家懂风水,因此他有学风水之术的念头!"

彭祖说:"青乌想多学点东西,这很好!风水之术我从小就作了一些研究,以后拜师水又看了一些简书。以后我便将其要领传授于你,你只要领悟其要,留心观察,必有所成。"青乌说:"我一定不辜负师父的教诲!"

彭祖说:"风水,也叫堪舆。何谓堪舆?堪,天道也;舆,地道也。堪者天文也,舆者地理也。堪舆之学,是以自然、平衡、和谐的天人感应的理念来对居住环境进行选择和处理,从而达到改善命运,调整运势的一种秘术。简单地说,风水就是相宅、相墓之法。主要根据山水地貌形势,观察山脉、水流、风向,以决定住宅、墓地的位置和取向。住宅风水的好坏,无形中对家人的情绪、身心都有一定的影响,甚至可以招致家人的吉凶祸福和家世的未来走向。天地有大关会,气运为主;山川有真性情,气势为先;地运有推移而天气从之;天运有转变而地气应之。风水也可通水质来确定凶吉,水味以甘甜为上,辛咸次之,酸苦最下。水本无味,因土而变味。气以变土,土以变味。地有气而后水有味,故盐池皆龙气所钟。因此,你凡到一处,都要留心观察山形、地貌,留心观察新老家宅的地形环境及

其家人的发展变化；时间久了，就可以悟出其中的真谛来。我对风水有一些研究，但无突破。青鸟如有兴趣，可以在这方面有所作为！"

青鸟说："听师父一说，顿开茅塞，我一定努力！"他们快至天吕山顶时，彭祖用手一指说："你们看这个地方就是上乘之地，向山好，左右山峰都互为呼应，这个平地之处，又似太极，气场充足。我为什么住天吕山，这也是我来时认真研究的结果！" 大家定睛看时，正是："根盘地角，顶接天心。远观磨断乱云痕，近看平吞明月魄。雾遮峰顶，日转山腰；松柏竞秀，溪水争流。嵯峨仿佛接边关，崒嵂参差侵汉表。青黛染成千块玉，碧纱笼罩万顷烟。"

彭永说："老祖果然身手不凡，您不说不知道，一说吓一跳；你仔细看，这山真是太奇妙了！看来这风水，也不是一般人所能感悟的呀！"彭斗说："这就叫看得多，方能识得广！"彭祖说："风水这个学问，有些深奥，而且只能意会，难以言传，关键在于悟性。"青鸟说："师父所说，徒弟记下了！"

这天清晨，彭永、彭斗、青鸟正在与彭祖一起在练功，彭祖在前练，彭永、彭斗、青鸟在后学。彭祖动作灵活连贯，轻柔而又有力，只见他忽而双手前推，忽而双手轻柔，忽而转身劈手，忽而迈步腾空，忽而拳脚相加……彭永一时摸不着头脑，看得云里雾里。

待彭祖练完功，彭永走上前去，说："祖祖，您年纪这样大了，练功时手脚还是那样灵便，我怎么那样笨啊？"彭祖说："刚开始学，手脚是不听使唤；练的时间长了，久练成自然，那功夫就有了！干啥子事，都有一个恒心，坚持才行！"青鸟说："正如那个风水，也是久看出功夫嘛！"

彭祖在院坝边的凳子上坐了下来，说道："青鸟，你是三句话离不开那个风水！我年轻时研究风水，经常看一本书叫《宅经说》，这本书是专讲相宅、相墓之法的。《宅经说》所谓'宅'者，就是有选择之意也！它专讲住宅、坟墓地理位置的吉凶祸福，可以从中学到一些养生的道理。如住宅所居山脉、水流的走向，对气流强弱是有直接关系的，而气流状况又很大程

度上对人的心身健康，有着不可估量的影响。如'五箭'之地就不宜作为家居之所：一是风箭，峰巅岭脊，高凹山口，风急如激矢之地；二是水箭，峻溪急流，悬泉泻瀑，声如雷动之地；三是土箭，坚刚砾燥，不泽水泉，难生草木之地；四是石箭，峻壁巉岩，锐峰峭岫，耸齿露骨之地；五是木箭，长林古树，翳天蔽日，阴森如墓墟之地。此'五箭'之地不宜居矣！看风水，懂堪舆的好处是夺天地造化之功，为人们谋生存而已！"

青乌问："师父，您讲的风水知识太高深了，我受益终身。您那本《宅经说》，这书还在吗？"彭祖说："我找找看，如果没有找到，里面好些内容我都还背得。我年轻时，有的老乡知道我懂一点，就请我去帮他看住宅、坟地的风水。有时兴趣来了，跟他去看一看，指点一下，人家还是挺相信的！只不过，后来我既要从政，又要养生，就没有精力对风水再去深究了。我倒希望青乌在这方面有所作为！"青乌说："我有兴趣，只要师父教我，我一定下功夫去学！"这时，三娥喊道："老爸，吃饭了！"大家这才进屋去了。

一日，伯福正同彭永、彭臣、青乌在房中制药。彭祖拿着一捆书简从里屋出来，喊道："青乌，你来一下！"青乌说："师父，你练完功了！"彭祖说："练完了！你不是要看《宅经说》吗？我无意中又翻到了它，现交给你去看一看，《宅经说》有三方面的内容：相宅、相墓、占卜。"

青乌说："师父既教我知识，又传给我书简，真是太好了。我一定终身拜读，不辜负师父的厚望！"伯福说："青乌，你喜欢风水，现在又有书了，如你所愿了吧？"青乌说："是如我所愿！看来到西蜀拜师，我的收获最大。那是终身受益啊！"彭祖又说："我这一生，觉得只要有用的东西都要学一点。风水难道对人的健康没有影响吗？如一个地方的气候条件的差异，对人体的影响，对人们的饮食起居，尤其是住宅的影响是显而易见的。那是不得不注意的！你们看我一生住过许多地方，那都是些风水宝地，如彭城、淮西、临安、荆南山、西蜀……这些地方在堪舆风水之术中，都称得上是上乘之地！"

伯福说:"难怪每到一个地方,爷爷都要看山脉,观风向,望水势,要看房屋坐山前后左右是否呼应,才决定选择居住何地。哪怕是借宿人家,您老人家也很讲究,如果是凶宅、恶院,您从不贪恋,不住一天一宿!这是我多年来所看到的。"

彭祖听此话,便夸奖说:"看来我这个孙子,跟随我还是留心的,是有一些见识的!"青乌觉得师父的知识深不可测,感叹地说:"跟随师父,确实要用心,才能学到东西!"彭祖说:"那你就注意用心吧!"

这时,三娥喊道:"爹,吃午饭了!"大家这才走进饭厅。大家围桌而坐,端起饭碗就吃。三娥说:"爹,我给您盛碗鸡汤!"彭祖说:"好嘛!"青乌问道:"师父,宅基以什么地方为最佳?"彭祖说:"居家环境都是相对的。通常是前有小河,后有山坡,这是居家的最理想之处。"

三娥问:"为什么要前有河、后有山才好呀?"彭祖说:"你也想知道呀,因为居家后有山坡当靠山,可以藏风聚气,地形'前低后高',稳如泰山;门前明亮宽广,视野开阔,加上有小河流过,恰似九曲玉带环抱,给人以吉祥之感!"青乌说:"师父画龙点睛,几句话就说清楚了!"

彭祖说:"靠山坡建房,是讲究景观视野的,住宅建在山前,主要是为了避风;重峦叠嶂,是一道天然的屏风。如果房子建在旷野,若遇狂风暴雨,人畜岂能平安!当然,山是有龙脉的,龙脉有形与势的区别,百尺为形,千尺为势,形是近观,势是远景。因此,住宅建在'前低后高'格局最佳,即所谓'负阴抱阳',山环水抱,这种地势最适宜居住!当然,这里面学问可多了。风水学要系统综合运用,还要与具体的日理、命理有机结合起来。否则也会带来吉未至而祸先至的后果。强调风水,更要注意行善积德。福人自能得福地,福地必待福人居。此所谓'一是命、二看运、三风水、四读书、五积德',五者不可废其一。如果一个人多行不义必自毙,这就是天谴之故。堪舆说到底就是巧夺天地造化之功而为人们造福祉,如果违背天理行事,自然被天谴也是一种必然。这也是堪舆的正面意义之所在。"

三娥插话说:"看来,风水与养生还是有关系的!"彭祖说:"住居条件讲风水,是说地理环境对人心理、身体的影响;住居条件看一下风水,百利而无一害啊!"彭祖端着鸡汤喝了几口,说:"三娥,你炖的鸡汤,很有味道嘛!"三娥说:"还不是跟老爸学的,是不是还差点火候呀?"彭祖说:"基本上还可以!"大家都笑了!

这日,彭祖练完功后,就同彭永、青乌子一起在天吕山去散步。彭永说:"爷爷,我来了这么长时间了,明天我将回彭城去了,以后我们将再来看您老人家!"彭祖说:"好吧!你也该回去了。回去做你该做的事情吧!"青乌子说:"师父,谢谢您收我为徒,和您相处的日子里,你教会了我许多东西。特别是您教授我爱好的风水之术。送我的书简《宅经说》,我看后受益良多。我将按师父的教导,多跑多看多观察,因此,我将学习师父,周游天下,看遍世间风水,以不辜负您的期望!"彭祖说:"我正等待你说这些话,要研究风水,就得跑遍天下,那样才能学得到真功夫。你几时走?"青乌说:"再过一段时间吧!"彭祖说:"那好!"

自彭祖将风水之术传授给了徒弟青乌子以后,青乌子便周游天下,潜心研究风水,终于成为中国古代风水术大师。后世都称青乌子为风水术祖师爷。堪舆风水之术也因此称为"青乌之术"。汉刘向《列仙全传》载:"青乌公者,彭祖之弟子也。身受名师之教,精审仙妙之理。" 晋葛洪《抱朴子·极言篇》说:"又彭祖之弟子,青衣乌公、黑穴公、秀眉公……七八人皆历数百岁,在殷而各仙去。" 当然彭祖也是风水术之鼻祖了。真是:富贵贫穷命里该,还由风水字缘排?胸中无志休言志,人若少才莫论才。

长寿名师谈秘籍　雉羹技艺世间稀

——彭祖手艺高超，用野鸡汤（又名雉羹）招待采女

却说到了初夏时节，采女打点行装，在两个侍女的陪同下，向西蜀方向出行。采女说："趁我还能走动，要到西蜀去看看我师父！彭祖师父对我恩重如山，他教我养生，又教我护生，才免遭到商王之祸……"采女太妃一行越过关中平原，走过山地，经历了千辛万苦，朝着西蜀而来。

采女一行好不容易来到西蜀天吕山，她们拾级而上，沿途是竹木葱茏，大树遮天。采女也无心观赏，来到半山，又来到了她所熟悉的地方，几间茅屋，还有耳房，她一眼望见彭祖的两个徒弟，便叫道："师弟！"平和、魏知正在菜园地里摘菜，听见喊声，回头一看是采女，就说："师姐来了！"便跑步迎了上去，采女问道："师父呢？"魏知说："师父他在屋里休息，他今天想吃点新鲜蔬菜，我们去菜园里摘点！"采女说："我是来看看师父的！"魏知说："师父刚从外面散步回来不久，他也是累了！师姐你来看看他老人家，他的心情可能会好一些吧！"

采女随同师弟魏知、平和，来到茅屋内，只见彭祖正在那里坐着喝茶。采女进去就喊道："师父，好久不见，您老人家好！"彭祖定睛一看是采女，非常高兴地说："原来是采女姑娘来了，你老远来看我，辛苦你啦！"

采女说："跟我一道来的是我的两个侍女。听说您老人家为了躲避商王祖甲的追杀，您又受苦了，我不放心，特来看您！现在终于见到您，我太高兴了！"彭祖说："一言难尽，平和，给你师姐倒点茶水，弄点饭吃，她们肯定饿了。"平和说："好，我去弄饭！"魏知给采女倒来茶水。

采女说："我这次来，跟你老人家带了点云母粉来，你好做云母羹喝！"彭祖说："云母粉好，我这里的云母已经不多了，你带来了我又可吃一阵子。"

采女说:"商王祖甲得了养生药,还不满足!他为了使师父的养生之道失传,因此,便要下此毒手,幸亏师父还留有一手。无奈,他想杀害别人,结果让女色害了自己,一命呜呼了!"

彭祖说:"这就叫害人终害己!商王祖甲的心肠歹毒,与他打交道,必须提防点!他竟派人来追杀我,杀手还没有到这里,我就已经知道了;等他的杀手来到时,我早已安排徒弟们对付他们。他们还没动手就溃败而去。过去我在西域那个地方流浪过,风土人情我了解一点,但我年纪大了,不能为此去逃避;说去西域,那是用来去哄商王的!"

采女说:"您是怎么知道商王会去世的?"彭祖说:"因为他不节制酒色,我配的养生药,他吃完了,如果不接上,必定夭折。即便是将我配的养生药接上,也顶多也只能活半年。因为天下哪有这种灵丹妙药啊!从这事可以看出,商王朝必行将就寝,天下必乱矣!"采女说:"还是师父有先见之明啊!"彭祖说:"采女姑娘,你休息一下,我去炖一个菜招待你!"

中午开饭时,彭祖做了一道菜端上桌来,采女问:"师父,您做的是道什么菜?有些啥子原料啊?"彭祖说:"这道菜是'羊方藏鱼',除了有羊肉、鳜鱼外,还加了花椒、大茴、桂皮、老姜、香菇、葱等。你们先尝尝!"采女吃着菜,说:"这道菜色香味俱全!"

平和说:"我们经常吃师父炖的菜,师姐你多吃点!"采女说:"大家都吃嘛!"魏知给彭祖盛了一碗汤来,彭祖说:"只要你们喜欢吃,我下顿再弄给你们吃!"采女说:"这个菜真是肉香、鱼美、汤鲜、原汁原味,让人吃了还想吃。"这道菜由于色香味俱全,上席不一会儿,就让大家一扫而光了!

彭祖说:"魏知、平和你们去打两只野鸡来,炖点汤让你师姐补补身子!"魏知、平和说:"我们下午就去!"采女说:"师父,您操那么多心啊!"彭祖说:"你这个徒弟心肠好,大老远来看我,我还是应当办点好吃的才是!"

夕阳西下,魏知、平和提着野鸡回来了,进门就说:"师父,我们抓到野鸡啦!"彭祖说:"抓到野鸡就好,就让我来掌厨,炖汤喝!"彭祖说着就

到灶房去了。

　　傍晚时分，大家围坐在四方桌旁，开始进餐。彭祖端来野鸡汤，他给采女盛了一碗。采女端上喝了一口，说："师父，您炖的鸡汤真好喝，还没有喝到口就清香扑鼻，喝了一口，更是沁人心脾！"

　　彭祖又说："你们慢慢吃，我再去炒两个菜来。"不多一会儿，彭祖又端上木耳肉丝、鹿肉香菇。采女说："师父，坐下吃吧！您养生练功，又会烹调，您炖的汤、炒的菜真好吃，您在哪里学的啊？"彭祖坐下说："我走到哪里，就学到哪里，哪个煮的东西好吃，就千方百计得到原料配方。如野鸡汤，就是向丈母娘学的，只需稍加改进，其味道就不同了。"采女说："没想到师父的烹调手艺也不一般啊！你那个野鸡汤是放了啥原料呀？"

　　彭祖说，对野鸡汤的配制方法和作用，就这几句话：

　　　　野鸡炖汤味道香？想学听我把话讲。
　　　　雉羹配方有讲究，寒暑用料不一样。
　　　　掺进稷米和腊肉，香菇菜心要适量。
　　　　葱姜胡椒不可少，加酒慢炖味更强。
　　　　喝此鸡汤很营养，消除疲劳心不慌。
　　　　除湿消渴也理想，补虚益肺最适当。
　　　　常年服用壮筋骨，容光焕发精力旺。
　　　　注重四时配好方，延年益寿很正常！

　　彭祖说："野鸡汤又名雉羹，除了野鸡外，还要加适量稷米、香菇、腊肉，还有少量青菜心，加白胡椒粉、葱姜少许，外加盐，用清水炖即可。先文火熬至鸡酥，再大火收汁，一直炖到米烂滋出浓汁时，再把香菇、腊肉、青菜心切丝放进，再炖一会儿，就滋味浓郁，鲜香可口了。关键是掌握炖的火候！你们可要记住，以后野鸡就这样炖汤喝。吃了野鸡汤，对人的身体好处很多，可以增强体质，振作精神！"

魏知说:"我们经常吃师父炖的鸡汤,当徒弟的太有福喽!"彭祖说:"看我死后你们咋个办!"说得大家都笑了起来。彭祖说:"趁我还能动,我将这些烹调手艺传给你们!等明天中午,我再炒几个菜给你们吃!"采女说:"看来炖鸡汤也大有学问啦!师弟,你们可要留心向师父学啊!"真是:长寿名师谈秘籍,天工技艺世间稀。

话说次日上午,彭祖对徒弟们说:"今天你们到河里去打两条鱼来,我们中午吃鱼!"魏知、平和说:"好的,师父,我们去打鱼去了!"彭祖说:"你们快去快回!"又吩咐侍女她们杀鸡做饭,自己则又到内室练功去了。真是:海岛名师授秘籍,英雄壮烈世间稀;神鹰十万全无用,方显男儿语不移。

时至日当午,彭祖练完功出屋来,见到魏知、平和,他说:"你们已经回来了?"魏知说:"师父,我们早回来了!今天打了几条鱼,已经整理干净。"彭祖说:"那我就去做鱼,你的师姐呢?"采女从外面进来,说:"师父,我在外面看看,您练完功了?"彭祖说:"刚练完,不练就没有力气了。不练,我就没有精神给你们做菜了。徒弟们,去摆饭,再去炒两个菜来!"

中午时分,大家围坐桌,进餐。彭祖说:"你们看我做的鱼如何?"采女吃了一块,说:"这鱼又嫩又鲜,味道很不错。"平和说:"这个黄豆炖猪蹄也好吃!"魏知说:"我喜欢这个土豆炖牛肉。"平和问:"师父,你的烹调手艺为什么这样好?"

彭祖说:"人生在世,养生是多包括多个方面的,什么医学、气功、烹调、导引这些都要懂一点,因为它们是互相补充的。当然,养生离不开食疗。因此,只有学会烹调,才会很好地食物摄养。你们多少要懂一点!同时,你们还要明白,凡五谷都可以养生。我们平时吃的很多东西,实际上都是养生药物!'五谷'是我们的祖先黄帝发明的。当时称'艺五种',就是指'黍、稷、菽、麦、稻'五种谷物。而神农时代仅能种植黍、稷,到了黄帝时就能种植五谷了。对五谷杂粮的药物功用,我归纳了这样几句话,你们记住。"

天生五谷养生宝，食疗祛邪效果好。
小米常食补脾胃，大豆益肾暖膝腰。
麦饭安神除烦躁，高粱养肝有疗效。
紫色玉米防衰老，绿豆降暑最奇妙。
茶叶提神利消食，姜汤加葱易退烧。
多嚼甘蔗牙稳固，瓜类消渴还利尿。
蜂蜜调胃抗疲劳，润肺益脑食核桃。
四时调摄看食谱，身强力壮乐逍遥！

彭祖又说："我说的这些，都是《神农本草经》上的。五谷能医百病！食药同源嘛。凡是天生五谷，对人的养生都是有效果的。只是看何时偏重那种食物，效果更好。"

采女说："看，师父把养生与五谷的关系讲得多深刻啊！师弟，我们可要下工夫啊！"魏知说："我们一定不辜负师父的厚望！"

午饭后，彭祖说："我累了，要去休息一会儿！"采女说："师父，您快去休息吧！"

却说彭祖进了自己的寝室，他感觉太累了，于是躺在床上，不多一会儿，他就迷迷糊糊地好像进入了另一个世界，好像又回到了自己年轻的年代……

彭祖在梦中——他似乎又回到老家，房子还是那个样子。他和自己爱妻郚姬在一起，他见郚姬依然是那么美丽，高挑的身材，还是那么饱满水嫩的脸，眼睛水灵，穿一件白色的收腰服装，微风中显得更加纤腰楚楚。

从彭祖一生所经历的历史事件可以看出：自从帝尧"政德如天"，天下由大乱而得天下大治，其后经舜禹至夏商，其前期亦可谓天下大治；但至后期和晚期，由于昏君当权，天下亦是乱中有治，治中有乱，其间动荡不已；及至后来无可收拾，必使天下大乱矣！正所谓"天下大势，久乱必治，不治必乱"也。后人有词为证："道德三皇五帝，功名夏禹商周。英雄五霸

闹春秋，顷刻兴亡过手！青史几行名姓，北邙无数荒丘。前人田地后人收，说甚龙争虎斗。"

综观彭祖一生以来其养生、长寿的传奇经历，自古以来历代名贤泰斗，无不对他称颂不已。宋代诗人苏轼在路过安徽濠州（今凤阳）彭祖庙时曾赋诗曰："跨历商周看盛衰，欲将齿发斗蛇龟。空餐云母连山尽，不见蟠桃着子时。" 元代杨少愚有一首赞誉彭祖的诗云："七七鸾弦续未休，韶光八百去如流。当时若解神仙术，更许春龄亿万秋。"这真是：如此高寿无人敌，养生技艺有神奇。回生起死靠奇缘，拯惫扶危照炫玑？

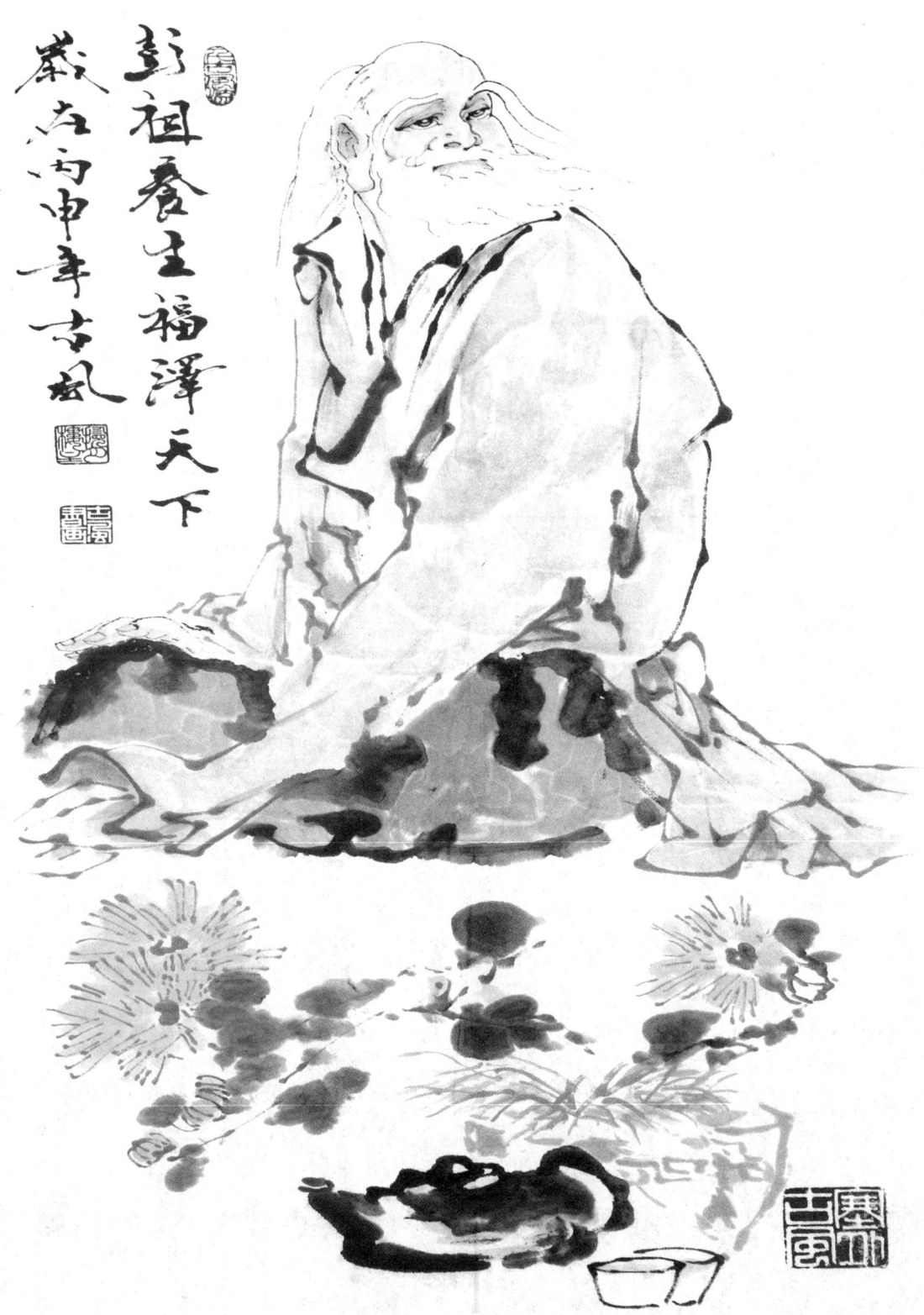

彭祖养生福泽天下
岁在丙申年古风

商王妃采女向彭祖讨教养生

彭祖因为特别善于养生，以致长寿。他在殷代中叶时依旧容颜不老，神采飞扬，精力旺盛如少年。彭祖还特别喜欢周游天下，他经常一个人外出，像个独行大侠，身上不带分文，也不备粮食，而且一去就是几百天，回家时依然故我。如果偶尔身体不舒服，他就通过"服气法"来治疗，其病即除。因此，彭祖注重生命本身，讲究养生之道，以长寿而著称于世。但彭祖因善于养生而闻名于世，也招来一些麻烦乃至杀身之祸。据葛洪《神仙传》说商纣王得知彭祖是个异人，身怀养生异术，十分器重他，便封他为商贤大夫。商纣王也很想获得彭祖的长生之道，多次登门讨教。但彭祖认为，商纣王既贪图荣华富贵，又想养生长寿，两者不可兼得，便以言语支吾，没有把真正的养生法告诉他。商纣王也不难为他，仍然赠送彭祖大量的宫中珍玩、车马和财物。对于这些东西，彭祖也不加拒绝，收下后用以周济贫困黎民。因此，民众对彭祖更是赞誉有加。有个商王听说彭祖有如此长生之道，于是准备了厚礼，遣使向彭祖求讨。商王试验后果然灵验，便打算尽得其中奥秘。商王有位王妃名采女，深知性命修养原理。商王便派王妃采女前去深访彭祖的养生秘诀。

商王妃采女乘辎车前去拜谒彭祖，叩问彭祖的经历怎样，养生之道的根由是什么？彭祖如实告诉她说："吾姓彭名铿，又名籛铿，帝高阳氏之苗裔，陆终之三子。在胎儿时父即离世，是个遗腹子。三岁时又失去母亲。后来遇犬戎之乱，流离西域多年，后终于回到中原。协音律，制礼乐，掌图书，陈教化，事帝尧，历虞夏。因辅帝有功，于是受封彭城，建大彭国。故号彭祖。距今已七百六十余年。"

至于养生之道，彭祖说："过去我听说淮泗有个白石先生，其道以阴阳

和合，性命交修为主；以金汁玉液，还丹药之上品；常煮白石为粮，亦不绝酒脯谷食，于是日行数百里，东游谒见。白石先生的容貌看起来只像四十出头。我曾去拜问他：'先生为何不服升举之药，而长久碌碌于尘世呢？'白石先生答曰：'天上之乐，恐怕并不异于人间，况且上界多至尊，奉事更比人世辛劳，故我不愿意去也。'我赞成他的说法。又叩问他的年寿几何？白石先生答曰：'你生时，我已经两千余岁了。'我以为自己已经多寿了，哪知道这世间还有如此长寿的人！因而我拜他为师，学尽他的真空妙法、清静玄微之术，然后僻居云母山。吾遗腹而生，三岁而失母，遇犬戎之乱，流离西域，百有余年。加以我少年孤儿，丧四十九妻，失五十四子，数遭忧患，所闻浅薄，实在是不足为道呀。"

商王妃采女仍恳请彭祖再多讲一些，便稽首恳求说："久闻先生得道，望请全部教我，不要隐秘如何？"彭祖说："人秉天地正气、五行秀毓以生。虽不得奥妙，只要能够保合太和，正性生命，养之得宜，常会活到一百二十岁。不受五运大气之感伤，如果再能凝求养生之道，得二百四十岁。如存神过化，返虚入浑，尽乎理，通乎玄，乃要不死。再积功累德，可冀成真耳。"

彭祖又说："养生之法，只有莫伤二字而已。冬温夏凉，春发秋敛，不失四时之和，是为了能够适身；美色淑姿，幽闲娱乐，不致思欲之感，是为了能够通神；车服威仪，知足无求，是为了能够专一致志；八音五色，愉悦视听，是为了能够导心。凡此种种，都可以养寿。如果不能斟酌，反而会迅速招来祸患。古代的圣人高手，唯恐不才之人不识时务，流而忘返，因此必绝其源。'五音使人耳聋，五色使人目盲'，其中的道理很简单，譬如水火，人不可少，但用之过当，反足为害。不知经脉损伤，血气不足，内里空疏，脑髓不实，体已先病，所以容易为外物侵犯。病患就会凭借着风寒酒色发作了。内患不兴，外侮莫入。假若内本充实，岂有伤残？那么，为什么远思强记伤人，忧喜悲哀伤人，阴阳不顺伤人，要独独谆谆告诫于房中之感呢？因为男女相成，犹如天地相生。天地得消宁之道，所以终极

无限。如果人失氤氲之道，必有伤残！倘若能得阴阳动静、刚柔专翕之机。能避去重伤之事，再加以无相回光，真空练形，就是不死之道耶。"

商王妃采女又问道："先生得道，如此长寿。我们在日常生活中还有那些需要注意的吗？还请先生教我。"彭祖于是向采女讲述了养生术以下几方面的内容。

（1）养生要注重护身，切莫伤身。彭祖说："神强者长生，气强者易灭。神盛壮的人寿就长，气盛壮的人易早夭。守柔小心，自慎颐养，神就会盛壮。任性放纵，脾气暴躁，则是气盛壮。神强者，威武不能屈，不易害病。气强者，易发怒生悲，容易害病。因此，要避免身心受伤。伤害本身就是损命因素，不避伤免祸，就谈不上修炼人的长寿。伤身的因素很多，主要有二：一是来自外在的，即外物所犯；二是来自内在的，凡因个人失去理智，给身体带来损害的一类，均属'内在'之伤。怎样防伤？要注意这十二忌：久言久笑伤脏腑；久坐久站伤筋骨；寝寐失时则伤肝；生气过劳则伤脾；用力过猛伤筋骨；攀高涉低易伤肾；沉醉呕吐易伤肺；食饱偃卧易伤气；骤马疾行易伤胃；喧呼诘骂易伤胆；阴阳不交易生疮；房事过度发劳瘵。从养生角度来讲，劳逸要适当。劳逸失调，过度疲劳，就会使脾脏机能遭损。剧烈的运动和奋力奔跑，就会伤胃气。硬撑着拉强弓射箭，就会伤筋。夏天不宜太贪凉，不可光身在户外睡觉过夜。不要使身体常多出汗或出大汗。不要在洗澡后迎着大风以求凉快。冬天不要穿得过于暖和，否则，春天就容易感染疫病。不要在寒冬时逼近于炎热的火炉旁。不要面对日月及南北斗星解大小便。不要在夜间晨辰之下露着身体。不要冲冒寒霜浓雾以及山岚瘴气。否则，将会损害脏腑。"

（2）养生要适身专志，修养精神。彭祖说："夫冬湿夏凉，不失四时之和，所以适身也。美色淑资，幽闲娱乐，不致思欲之感，所以通神也。车服威仪，知足无求，所以一志也。八音五色，以悦视听。所以导心也。凡此皆以养寿，如不能斟酌之者，所以速患。养寿在于适身、通神、一志、专心。心情如果迫切地追求某种欲望，就会烦扰平静的心境。情绪过于悲

悲戚戚，就会出现丧神落魄般的麻木。多言不休，喜笑过度，就会使脏腑元气受损。久坐少动，长立撑持，就会使肌腱筋骨遭损。睡眠时间没有规律，就令使肝脏机能受伤。攀高涉险心中害怕，就会伤肾。喝得酩酊大醉而呕吐，就会伤肺。吃得大饱后仰卧睡觉，就会伤气。大呼小叫吵架骂人，就会伤肝胆；男女久不交合而失宜，就会生粉刺疮疖。一年四季随时调节，就可以达到适身。美色娇躯，要淡淡地品尝娱乐，不被思欲而沉醉迷惑，就可达到通神。车马服装，能维持尊严就行，要能知足，不能贪得无厌，就可得到一志。八音奏鸣，五色相宜，使视、听觉和悦欢乐，就可达到欢心。"

（3）养生要养治并重，养中有治。彭祖说："我对待自己身体，一是养，二是治。在身体正常的情况下，则以'养'为主；在身体处于不适或生病的情况下，则以'治'为主。最终达到养寿的目的。一般地说，一个人在生活中，总会受到这样的或那样的、轻度的或重度的、思想的或肉体的伤害。在这种情况下，要用治身去达到养寿。唯以养生治身为本。养生，必须与治身结合。所以既要养生，也要治身。如何养生？要用行气补导的方法，达到养生延寿的目的。常闭气纳息，从平旦至日中，乃跪坐，拭目，摩搦身体，舐唇咽唾，服气数十，乃起行言笑。偶有疲倦不安，便导引闭气，以攻所患，必存其身、头、面、九窍、五脏、四肢，至于发端，皆令所在觉其气运行体中，起于鼻口，下达十指末，则澄和其神，不需针药灸刺。凡行气欲解病，随所在作念之。头痛念头，足痛念足，和气往攻之，从时至时，便自消矣。时气中冷，可闭气取汗，汗出辄周身则解矣。从旦至午，乃危坐拭目，摩擦身体，舐唇咽唾，服气数十，乃起行言笑。这是一种闭气攻疾的方法，又叫辟谷术。练气到一定的程度，气巡经行走，哪儿有疾患，气便自攻之，从而预防和治疗各种疾病以及延年益寿。至于'摄养术'，这是气功摄养法与食物摄养法的合称。气功摄养就是从大气、日光中吸取营养的办法；食物摄养法，便是从食品、药物中摄取营养；将食品、药物二者结合起来便是后来的'食疗法'。注重饮食，以保持人体功能的正

常运作。'服食众药',药食同源,药疗要防病于未然,如百合粥、薏仁粥可以普遍食用。如常服术桂、云母粉、麋角散,对养生是有益的。"

(4)养生要房事适度,阴阳互生。彭祖说:"爱惜精力,修养精神,服用各种补药,便能长生不老?然而要是不懂男女交合之道,再多的补药也毫无益处。男女交合成一体,正像天地相辅相成,由于天地相辅配合适应,才能永远生存,无止无境……能避众伤事,得阴阳之术,则不死之道也。养寿之道,必得阴阳之术。男女交接之道,对人的寿命的影响是很大的。男女交接要有时,有度,勿暴,勿滥,以和谐为贵。有时,主要指气候变化,气候恶劣时避之;有度,指交接频率和时间,应适可而止;勿暴,即不可粗暴鲁莽,卒暴施泻伤内脏;勿滥,切不可好淫,好淫者,使人不寿也。因此,节制房事,是养生的重点,我不赞成'独戒于房',而应当'上士异室,中士异床,下士异被,服药千颗,不如独睡'。"

商王妃采女专心听彭祖讲养生之道入了迷。采女听完后,说:"感受至深,先生乃我恩师也,将使我终身受益啊!"便从容礼拜,深深向彭祖致谢后告别。采女回宫后,把彭祖讲的养生之道都教给殷王祖甲。祖甲试之后果然修身有验,深感灵妙,便心生毒计,想将养生术霸为独有,下令采女不准外传,欲杀掉彭祖,以断其源。彭祖早已预知殷王的阴险狠毒,为了逃避殷王的追杀,便收拾行装逃到了"流沙国西",在周游西域后,又南行入蜀隐居,才躲过了殷王的诛杀。

以上是东晋葛洪著的《神仙传》一书中记述传奇彭祖的故事。彭祖对中华文明的最大贡献就是创立了养生学说。彭祖养生学集中体现了"以人为本"的思想,是中华民族文化之中的瑰宝。彭祖之所以能创立养生学说,除了个人的实践和智慧,主要在于集上古养生智慧和成果之大成。对后世养生有着十分重要的指导作用。这真是:始祖风范足可钦,养生更见德深沉。长寿秘诀安常在?择善修身惠子孙!

从古籍看彭祖房中术的内涵何在

中国的房中术起源于彭祖,故又称彭祖房中术,这是一门性保健养生医学,或者说是养生房事之术。彭祖因为特别善于养生,以致长寿。在殷末时他依然容颜不老,神采飞扬,精力旺盛如少年。彭祖不仅有高深的房中术理论,而且还有丰富的房中术经验。晋代葛洪所著《神仙传·彭祖》说:彭祖娶四十九妻,生五十四子,活了八百多岁。

彭祖开中国房中术研究之先河,对后世房中术理论的发展起着奠基的作用。彭祖的房中术《彭祖经》一书已经失传,但其房中术论述则散见于后世房中术专著如《素女经》《玉房秘诀》之中,一直为后人所传颂。如在晋代,葛洪著《抱朴子内篇·释滞》中称"房中之法十余家",其中便有彭祖记载;在《微旨》篇中论房中术,则称"彭祖之法,最其要者";《遐览》篇还著录《彭祖经》一卷,并在《极言》篇引用其文;晋代葛洪著《神仙传·彭祖》中还专题记述了彭祖对房中术内容的阐述,并记载了他将此术传授给商王妃采女、采女又将彭祖之道告知商王等故事情节。其中谈到彭祖曾强调"不知交接之道,虽服药无益也"的论点。彭祖与采女关于房中术的对话内容,其房中术养生理念不仅是自古相传,而且是前后沿袭、一脉相承的。从诸多古籍中的记载来研究这个问题。

晋代的葛洪,号抱朴子,是中国炼丹术的鼻祖,著有《神仙传·彭祖》,其中记载了传说中长生不老的代表人物彭祖,说他活了七八百岁。此书详细记载了彭祖从幼及老的事迹。有一点最令人信服,彭祖认为,人即使不懂什么炼丹得道类的法术,只要养生得法,也应该活到120岁,这个年龄判断正与现代科学的看法吻合。更难能可贵的是,彭祖认为自己不是神仙,而是有养生之道的人。《神仙传·彭祖》中记载,彭祖认为:"天地得交接之

道,故无终竟之限;人失交接之道,故有伤残之期。能避众伤之事,得阴阳之术,则不死之道也。天地昼分而夜合,一岁三百六十交,而精气和合,故能生产万物而不穷。人能则之,可以长存。"这话如唐代《千金要方》中所指出的那样,房事"非欲务于淫佚,苟求快意,务存节欲,以广养生也;非苟欲强身力,幸女色以纵情,意在补益以遣疾也"。乃是同样的道理。《千金要方》总结了唐代以前医学成就,书中首篇所列的《大医精诚》《大医习业》,是中国古代中医学经典著作之一,被誉为中国最早的临床百科全书,共30卷,是综合性临床医著,为唐朝孙思邈所著,约成书于永徽三年(652年)。该书集唐代以前(包括继承了彭祖的房中术)诊治经验之大成,对后世医学大家影响极大。因此我们可以说,房事得阴阳之术,苟求快意,务存节欲,一是利于养生,二是利于祛病。而并非有人所指房中事是荒淫无耻,淫逸纵欲之术。如果我们能掌握彭祖房中术的精髓,以求性爱之和谐,节欲保精为法则,那么,通过性保健而获得生命之长寿,亦非有些人所云之虚妄异端邪说了。

著名的《养性延命录》为陶弘景所著,此书是一本较为完备的养生学专著,其基本观点是认为人可以通过养生而达到健康长寿的目的,无须借助于某种超自然的力量。书中引《仙经》"我命在我,不在于天",及《大有经》"天道自然,人道自己",而保持精、气、神最为重要。陶弘景(456—536年),字通明,自号华阳隐居,丹阳秣陵(今南京)人,是南朝齐梁时的养生家、道教理论家和医学家。

陶弘景在《养性延命录》的《御女损益篇》中引用彭祖之语,提倡御女益多,追求性事。采女向彭祖提出了一个非常普通的问题,她问:"人年六十,当闲精守一,为可尔否?"说人年满六十,是否可以停止性行为?彭祖的回答当然是否定的,彭祖说:"不然,男不欲无女,无女则意动,意动则神劳,神劳则损寿。若念真正无可思而大佳,然而万无一焉。有强欲闭之,难持易失,使人漏精尿浊,以致鬼交之病。"彭祖提倡适当与妻子的性生活,这样有益于身体健康。彭祖说:"欲以御女者,先摇动令其强起,

但徐徐接之。"目的是"令得阴气""阴气推之,须臾自强,强而用之"。

彭祖曰:"凡男不可无女,女不可无男,若孤独而思交接者,损人寿,生百病,鬼魅与之共交,失精而一当百。"说明人即使活到老年,也不能绝欲,纵然不过性生活,也不等于没有性欲和性冲动,有性冲动而强制压抑,不让射精,实在有违常态,还适得其反,容易损失精气,容易劳神损寿,男性则易诱发前列腺疾病,女性则易出现梦交等症状。当然六十岁以后,有的老人由于自身已毫无性欲,不思合阴阳固然很好,则不可强求。然有的老人精力旺盛尚有性欲,则要顺其自然为好。

彭祖对于房事作用的认识颇有辩证法。在《神仙传·彭祖》中强调性不可绝,说明适度房事对养生长寿的作用是不可忽视的。《道藏·彭祖摄生养性论》中就有"阴阳不交则疮痱生,房事不节则劳瘵发"。绝欲和纵欲两个极端都能伤人。因此,中老年夫妇不要过早断绝房事,应维持、均衡、规律地过好性生活,再婚老人也不要否认在寻找精神、生活伴侣的同时,选择好性伴侣的重要性。长期以来,一些人认为老年行房,最易伤人。故论养生时,往往强调这一点,说到体衰身亏,又常"独责于房室",于是四五十岁的人,人还未老就早早分床、异被。结果性压抑而不快乐,性器官自然会出现"废用性衰退",不常用它而过早地失去性系统的功能。性系统功能过早衰退而使性能力下降,这不利于人的养生长寿。

在《神仙传·彭祖》中记载,彭祖说:"古之至人,恐下才之子未识事宜,流遁不还,故绝其源也。故有上士别床、中士异被,服药千裹,不如独卧。"明确指出这是古之至人针对"未识事宜"的下才之士不能理解综合养生的理念;或留恋于房事而不能适度,或为了房事而滥用滋补之方药。因此,对不同年龄层次的人提出了不同的"别床""异被""独卧"的要求,这并不带有普遍性。其大旨是强调房中术对养生之重要性。但后人在转引"别床""异被"这段话时,往往断章取义、片面强调独卧绝欲,违背了彭祖的原意,这是有失偏颇的。彭祖还说:"凡此之类,譬犹水火,用之过当,反为害耳。……汲汲所愿伤人,戚戚所患伤人,寒暖失节伤人,阴阳不交

伤人，所伤人者甚众，而独责于房室，不亦惑哉！"告诫人们，"用之过当，反为害耳"。而"阴阳不交伤人"，不能长寿与欲愿不遂，忧患悲戚，寒暖不调、男女不交等多种因素都有很大关系，我们要全面理解彭祖讲述房中术的原意，以免误导人们理解房中术养生的理念，从而忽视了老年性爱的养生保健实际意义。

《神仙传·彭祖》中载，彭祖说："又人苦多事，又少能弃世独住山居穴处者，以顺道教之，终不能行，是非仁人之意也，但知房中之道，闭气之术，节思虑，节饮食，则得道矣！"彭祖说的意思非常清楚，凡人要生存于世，必然要苦于世事纷扰，但又不能独居世外桃源，终究要食人间烟火的。因此，只要你想健康长寿，就必须注意综合调养，而房中术在居家养生方面就必不可少了。除此之外，还要注意综合调养，运用导引气功之术，进行健体养生；调整情志，少些思虑，进行心理养生；节制饮食，不饥不饱，进行食疗养生。四者互为作用，相得益彰，才能起到养生长寿之道应有的作用。

《素女经》，古代房内秘书，早佚，作者不可考。今本为近人叶德辉辑自日人丹波康赖所撰《医心方》卷二十八，后收入《双梅景暗丛书》。此书中有关彭祖酬商王的一段对话里。彭祖曰："爱精养神，服食众药，可得长生。然不知交接之道，虽服药无益也。"现实生活中不少老人，不知彭祖有此养生理念，他们日日吃补药，天天去运动，却不知房室养生、交接之道亦能保健。彭祖的意思是着重强调房中交接之术，比服药更重要；其次，强调要熟悉交接之道的艺术，不掌握此道亦无益。而交接之道主要有两点：一在于保精，"莫数泻精，使人身轻，百病消除也"；二在于安心和志，夫妻协调，性必舒迟，徐动欲稀。所谓"交接之道，固有形状，男以致气，女以除病，心意娱乐，气力益壮。……欲知其道，在安心、和志。精神统归，不寒不暑，不饱不饥，定身正意，性必舒迟，深纳徐动，出入欲稀。以是为节，慎无敢违，女即欢喜，男则不衰"。这种男女双赢的和谐保精的交接之道，特别是男子不衰，女子快乐，延年益寿的养生之道难道不应该

比服补药更令人欣赏和坚持吗？而交接之道，关键在于少泄精及安心和志，舒心徐动而不是匆匆而行一泄了之。

《玉房秘诀》和《玉房指要》记载有彭祖的房中术。这是唐代以前的两部房中名著，对彭祖的性保健颇有精辟论述，对研究彭祖的养生房中术，其参考价值较高。在《玉房指要》书中说，彭祖曰："交接之道，无复他奇，但当从容安徐，以和为贵，玩其丹田，求其口舌，深按小摇，以致其气。"指出男女之间的交合的方法和规律，没什么特别的，只是应当注意从容不迫，安详徐和，以平和谐调为贵。彭祖强调交接之道以"和"字为贵，有和风细雨，平和安徐，和谐协调之意。这种理念符合性交流的普遍规律，也是重视女方性权利的一种体现，在男权为中心的社会里这种顾及女方性感受的理念的确是难能可贵的。

南朝陶弘景的《御女损益篇》中记载："彭祖曰：消息之情，不可不知。又须当避大寒大热，大风大雨，大雪，日月蚀，地动，雷震，此是天忌也；醉饱，喜怒忧愁，悲哀恐惧，此人忌也；山川神祇，社稷井灶之处，此为地忌也。……其犯此忌，既致疾，生子亦凶夭短命。"陶弘景所载彭祖性事的"天地人"三忌，其实就是今天所说的性卫生宜忌，这不是迷信，是有其一定的科学道理的，且对后世也有相当影响，包括唐孙思邈的《千金要方》中的房中补益中所谈到的性三忌与此也是一脉相承的。性事要讲究卫生禁忌，不良的气候、自然、地理条件和心理状态，不仅干扰性和谐，更会致病伤身。

《马王堆房中书·十问·彭祖养阴治气之道》（即彭祖答王子巧父篇）见于1973年长沙马王堆汉墓出土的《十问》篇。这篇出土说明彭祖房中术思想早在2200多年前的先秦时期就已见之于文献之中。该文强调了保养阴精为长寿的关键，并指出应运用导引、气功、服饵等方法来蓄积阴精的观点。此文古奥，下文可见一斑：王子巧（乔）父问彭祖曰："人气何是为精虖（乎）？"彭祖合（答）曰："人气莫如竣（朘）精。竣（朘）气宛（菀）闭，百脉生疾；竣（朘）气不成，不能繁生，故寿尽在竣（朘）。竣（朘）

之葆爱，兼予成（佐）……"意即王子乔父向彭祖问养生之道说："人的生气以什么部分最为精粹？"彭祖答道："人的生气最精粹的部分没有能超过阴精的。精气不能正常宣泄而郁闭，百脉都会出现病理变化；性机能发育不成熟，就不能繁殖生育，所以，决定一个人寿命长短的关键就在肾之阴精元气的盛衰。精气要保养爱护，还要用各种方法辅佐它，使他蓄积、充盈……"文中的竣（朘）原指男童生殖器，此应作肾精来解释。这段文字中关于"阴精漏泄，百脉宛闭""竣（朘）气宛（菀，通'郁'）闭，百脉生疾；竣（朘）气不成，不能繁生，故寿尽在竣（朘）"等论点，对后世的房中保精、爱精养神理论，起到了奠基的作用。从此可以看出，长寿与保精的关系是何其之密切和重要啊！

彭祖的保精理念对后世影响甚大。他认为："凡精少则病，精尽则死，不可不忍，不可不慎。数交而时一泄，精气随长，不能使人虚损。"但古往今来不少人认为房事中闭而不泄，恐怕难以取乐，彭祖则意为不然，《素女经》中彭祖为此与采女有段对话，采女问曰："交接以泻精为乐，今闭而不泻，将何以为乐乎？"彭祖答曰："夫精出则身体怠倦，耳苦嘈嘈，目苦欲眠，喉咽干枯，骨节懈堕，虽复暂快，终于不乐也。若乃动不泻，气力有余，身体能便，耳目聪明，虽自抑静，意爱更重，恒若不足，何以不乐也？"指出射精后，虽然暂时得到快乐，但由于身体倦怠，耳鸣欲睡，咽干身重，四肢无力，身体元气受损，长远地看，还是难以令人高兴。只有保精，交而不射，便能气力有余，身体轻便，长寿无病，夫妻情爱更深，好像永远爱不够，怎么会不快乐呢？

《素女经》书中记载关于《彭祖酬殷王》一段文字中，采女请教彭祖的一段对话，充分体现了彭祖有关男性疾病的辨证分析和性治疗的养生之道。采女曰："男之盛衰，以何为候？"彭祖曰："阳盛得气，则玉茎当热，阳精浓而凝也。其衰有五：一曰精泄而出，则气伤也；二曰精清而少，此肉伤设；三曰精变而臭，此筋伤也；四曰精出不射，此骨伤也；五曰阴衰不起，此体伤也。凡此伤者，皆由不徐交接，而卒暴施泻之所致也。治之

法，但御不泄，不过百日，气力必致百倍。"

采女问："男子阳气的盛衰以什么为标志？"彭祖曰："男子阳气旺盛的话，其阴茎易得气血滋养会很暖热，性交时所射出的精液也是浓而呈凝聚之状。当其精气衰微之时，其表现有五：一是早泄，属气伤；二是精液清冷稀薄，属肉伤；三是精液腐败变质而有臭味（脓精症），属筋伤；四是精出流淌而非射出，属骨伤；五是阳痿不能勃起，属体伤。凡以上五种伤损，都是由于性交不得法，不能徐缓从容交合，而只是急促粗暴地匆匆进行，并很快地施泄射精了事所引起。治疗方法，只要交合而不进行施泄就可以了。要不了一百日，阳气精力便会提高百倍。"

这段话说明男子阳气的盛衰常常可以性功能的强弱来作为标志，进行判断。五脏功能不足，导致阳气衰微。对于中老年人阳气衰微，彭祖不但不主张"别床""异被"绝欲，而是继续主张"但御不泄"，即男女之间仅仅性交而男方不必射精，作为一种性治疗的手段，这是很有道理的，无论是早泄，还是阳痿，抑或是精流不射都可以用性交合而不射精的方法来进行治疗。因阴茎插入阴道，深按小摇，进行小幅度的性刺激，甚或干脆不动，一者起到对阴茎的脱敏作用，防止早泄；二者阴道对阴茎的握固本身也是对男方的性刺激，夫妻同乐可增强男方的自信心，帮助阴茎充血，增强勃起坚度，改善阳痿程度；三者通过夫妻性交流，性刺激可激发睾丸雄性激素的分泌，增强性能力；四者，减少射精次数，保精养精，精液的分泌得以"休养生息"从而使精液转浓，不再稀薄。至于对精变而臭者，则应及时把败精瘀血排出体外，适当减少性交次数和缓解性冲动程度，减轻前列腺、精囊充血状况和慢性炎症，那么但御而不泄就要适度应用，必要时少御少泄。相反，若不御女，长期地不过性生活，由于性能量的积聚，一旦双方接触，过度兴奋，只能导致早泄的再次发生；不御女，则阴茎很难兴奋，血管不再扩张，"废用性"阳痿由此而成；不御女，性激素分泌怠而不增，性功能怎能不下降；不御女，性冲动屡生，而前列腺反复充血，更易发生炎症。故而彭祖在此强调以"御女"作为性治疗的一种手段，较

之西方后来的性感集中训练法则更是一种很有科学道理的理念和方法。

采女曰:"交接之事既问之矣。敢问服食药物,何者亦得而有效?"彭祖曰:"使人丁强不老,房室不劳损,气力、颜色不衰者,莫过麋角也。其法:取麋角刮之为末十两,辄用八角生附子一枚合之,服方寸匕,日三,大良。亦可熬麋角,令微黄,单服之,以令人不老。……亦可内(通纳)陇西头茯苓分等棒筛,服方寸匕,日三,令人长生,房内不衰。"

《神仙传·彭祖》说彭祖"服水桂、云母粉、麋鹿角,常有少容"。因而《素女经》中记载彭祖注重服饵养生的这段文字并非虚言。彭祖推崇使用鹿角、配合应用附子、茯苓以壮阳益气、养心宁神、美容防老,开创了养生保健使用中药的先例。这一强性延龄麋角方可谓功劳不小,亦可说是性医学壮阳方的祖师方,对后世影响极大,后来的壮阳方许多是以此方为基础的。

彭祖房中术理念的精辟论述,较之《黄帝内经》更具体、更专业、更丰富。因此,说彭祖是中国房中养生术的鼻祖是名副其实的。彭祖在晚年终日沉浸在养生的各种爱好和乐趣之中,对官职和金钱并不在意,把得到的钱财都周济了穷人。据说彭祖有许多弟子,像青衣乌公、黑穴公、秀眉公、白兔公子、离娄公、太足君、高丘子等,都是活了几百岁的长寿之人。因此,只要我们循彭祖养生法去做,都是能够享受到长寿之福的。

寻祖籍系出中原　　觅宗图流布华夏

——彭氏家族的"寻根问祖"和家族世系由来

关于彭氏的源流，彭祖为黄帝的八世孙之说，以及彭祖下衍至彭宣公为83世，至江西始迁祖构云公为108世，已为彭氏族人所共识。彭祖至今已有4300余年，100多世系流传下来。因中国文字起源较早，据《古中国简史》记载，由于考古的发掘进展，对中国文字的起源，不少考古学家认为"中国文字的起源总在六七千年前"，即在公元前2600年，黄帝在位期间，已统一了华夏文字，统一了历法。特别是半坡遗址的陶器刻画符号发掘后，郭沫若先生第一个发表文章称："半坡遗址的年代，距今有6000年左右，我认为这也是汉字的发展历史。"发现于20世纪60年代的山东大汶口文化陶器符号，于省吾先生1973年发表的《关于古文字研究的若干问题》一文中，在谈到文字的起源时认为，"当时已经有了由更早的简体字演化成复体字，说明它们已经是很进步的文字，而且这种文字已广泛使用，由此可将我国的文明时期上推至6000年前的炎帝、少昊时代"（《古中国简史》第276页）。可见，6000年前中国文字就早已广泛使用。

随着时代的进步，人们往往不断改变文字的载体，一代一代地将自古以来的文字信息传承下来。到了东汉时期又发明了纸，使汉字的书写载体进入了一个新的阶段。到了现代，又发明了电脑。而新的载体总是在不断传承过去的文字信息。自夏朝开始，不仅王室有家谱，诸侯及一些贵族也都有自己的家谱，专门记录家族世系。彭氏祖先对彭氏世系的流传，也自有他们自己的办法。

彭祖作为大彭国一国诸侯，其后裔子孙则以国为姓，此亦彭姓之由来。彭祖54个儿子，据今有案可查的已有六个儿子的世系子孙后代流传至今，

可谓香火不断。彭祖原配夫人邰氏女姬，其三子彭潈这一世系，经历唐虞夏商时期，已历35世。由于彭祖有封国和封爵的根基，因此其2世至35世均世代为官并有封地。从春秋时期开始，是等级制和世官制盛行的时期，因此彭氏从36世宝云公传至75世彭坤公均在朝为官。彭坤（彭越之父）名禹卿，秦始皇时任尚书仆射，因谏始皇勿焚百书，嬴政不从，彭坤便弃官而隐居昌邑（今山东济宁市），其子彭越（彭祖76世）自幼好习文练武，秦二始元年（前209年）陈胜、项梁起兵反秦。次年彭越起兵响应，后助刘邦灭秦，后又大破楚军，项羽乌江自刎，彭越被封为梁王，建都定陶。后刘邦征讨陈征而求兵于梁，越称病以拒，刘邦以彭越谋反遣西蜀。后听吕后谗言彭越被杀害。幸有足智多谋的张氏及早携子绥华逃奔隐居淮阳阳夏，才幸免于难。彭越至彭宣的世系是：彭越→绥华→斐然→佑奎→世琼→彭维→懋勋→彭宣。

百年之后，彭越之四世孙世琼，又被重新起用，在汉武帝时官博士，五世孙彭维在汉昭帝时官至右将军、赠金紫光禄大夫，六世孙懋勋，汉元帝时官任御史大夫，诰赠金紫光禄大夫、至彭越七世孙彭宣，更是盛极一时。彭宣（彭祖83世），生于西汉宣帝元康三年戊午岁（前63年）正月初七辰时。彭宣治《易》，年少时从师张禹，良师出高徒。后张禹为汉成帝的帝师，备受尊信，张禹便向皇帝荐举彭宣精明且有才干，可任政事，于是成帝永治三年（前14年），宣入朝为右扶风，后又任廷尉、太原太守、大司空、光禄勋、右将军等职。汉哀帝时官至左将军、光禄大夫、御史大夫、大司空、长平侯。王莽改元后乞归，居封侯国淮阳（今河南淮阳），居四年于新莽天凤二年乙亥岁十月十五日辰时卒，享年78岁。其子彭圣、孙彭业均嗣长平侯。

综上所述，由刘邦杀功臣而制造灭门惨祸后，彭氏之兴起，只用了短短100多年时间，至彭宣也只是200来年。以淮阳始祖彭宣为标志，彭氏从此又名震中原，声播华夏。从83世彭宣传至108世宣春始祖构云，共26世。历经西汉末年、东汉、两晋、南北朝至盛唐，共历780多年。此26世

也是官任频仍,其间有一代封王、四代封侯、四代五任尚书、二代诰封金紫光禄大夫、明远为唐中宗时诰封金紫光禄大夫,彭景直壮元公为唐景龙二年累加金紫光禄大夫、八代太守、刺史。任县令、将军者为数不少。这一时期,彭氏可谓文臣武将辈出。

至宜春始祖构云,景直公之子(彭祖108世),生于唐玄宗开元三年(715年)乙卯岁正月十五日已时,开元二十三年(735年)登进士第,开元二十五年(737年)任袁州刺史(宜春),开元二十八年(740年)辞官隐居袁州宜春会浦,唐天宝时唐玄宗下召而拂衣林下,隐钓震山石岩不仕,时人号曰征君。天宝年间再召赴京,三年又辞归故里,唐玄宗遣中房嘉送归,加赐束帛副衣,号其乡曰"征君乡"即今江西宜春会浦东塘里。构云上书唐玄宗《谢赐归表》,以尽为臣之礼。构云公卒于唐代宗大历三年(767年)十月初一子时,享年53岁。葬袁州郡东原三十里上岭村。

构云公以后十世为:构云→彭滋→彭倜→彭辅→彭玕→彦昭→师奭→允颢→文寿→嗣严。此十世是彭姓人繁衍兴盛时期。构云公从他父亲景直公起,连续六代出了一个状元、十个进士。从构云之父景直公为进士第一(彭氏第一位状元公)起六代,乃六代一个状元、十个进士矣!构云公至嗣严公整十世,都是以科举出仕,世代为官。

121世忠旺公从福塘徙居柏祖。忠旺,为宋朝进士。彭氏125世世舒公至入川始祖美东公(彭祖131世,构云24世),此6世,正是南宋衰落和元朝统治时期,其间又经历了多次迁徙变故,称得上是时世多变,迁徙频繁。128世贻淑公又从柏祖迁居湖广黄冈府麻城县孝感乡。

131世美东公在明洪武二年"湖广填四川"时,迁徙至上川南道泸州大田。以上从125世世舒公至美东公此6世,由于处于南宋奸臣当道和元朝统治时期,特别是元朝歧视汉人、南人,禁止汉人修谱,所有汉人谱牒尽皆收没焚毁。因此,彭氏难以受到起用,故此时期,此6世均默默无闻,仍以耕读为嗣,勉为生计,难以有仕途进展。直至入川后的明朝永乐年间,此支彭氏入川二世祖、132世彭启公进士及第,官任云南大理府知府。134

世仲琉公为明弘治年间进士。至明末清初之时,至137世天高公又从泸州迁居贵州永宁军粮府宁静里宁四甲(现四川兴文县大河乡落白亮村),天高公之孙彭纲、彭纶。彭纲、彭纶为140世。入川至今已历20代,600多年,现已传至150世。由上所述,彭氏之世泽远矣!

具有悠久历史的彭氏家族,历来是十分重视"寻根问祖"的。人们所寻的"根",就是祖籍所在地,也就是历史上所说的郡望。《辞源》对郡望的解释是:"每郡中有贵显之氏族,谓之郡望,言一郡之所仰望也。"彭姓始祖初封彭城,历经夏商,到周朝大彭国已经衰落,彭姓子孙从此流散四方。至春秋战国时,彭姓子孙崛起成为楚国贵族。楚亡,彭姓又被秦西迁陇西,陇西成为彭姓郡望。西晋末,陇西郡望和淮阳郡望的大部分彭人已经南迁,唐时又有征君辞官隐居宜春,从此开始了彭姓的宜春郡望。并由此繁衍分支,遍布江南。但随着历史的推移,到了宋元以后,随着彭姓人的繁衍和迁徙,其流布又发生了很大的变化,生活和活动的区域更加广泛、密集。由此其活动区域是西起陕甘南部,西南直达四川中部,东南抵浙江西部,东北至山东南部,北扫河南,南依湘江的广阔地区。以这些活动地区为中心,彭姓向四周播迁,已经在全国各地都有分布。

宋朝时期(960—1279年),彭姓人有38万余人,排在第42位。彭姓的第一大省是江西,约占全国彭姓总人口的37%。在全国分布主要集中在江西、湖南、四川,这三省的彭姓大约占彭姓总人口的65%;其次分布于广西、福建,这两省的彭姓大约又集中了14%。形成了长江南侧中下游的赣湘川的彭姓密集区。

明朝时期(1368—1644年),彭姓人有50万余人,仍居第42位。由于彭姓的主力早在西晋末期已经撤离了北方,尽管北方发生连续不断的战争,但彭姓人基本上没受到太大的冲击。明朝的江西仍为彭姓第一大省,约占彭姓总人口的37.7%。在全国分布主要集中于江西、湖南,这两省彭姓大约占彭姓总人口的50%;其次分布于四川(5.7%)、广东(5.2%)、湖北(5.2%),这三省的彭姓又集中了16%。宋、元、明期间,彭姓的分布总格局变化较大,

先贤彭祖

其人口主要由西北向东南迁移，但西部四川的彭姓减少很多，向南方迁移。全国重新形成了赣湘鄂的彭姓人口密集区。

到了现代，彭姓人口约588万，一跃而居第39位。主要分布在湖南、四川、湖北、江西四省，大约占彭姓人口的58%。而湖南则成了彭氏人口第一大省，约占彭氏人口的18%。由此可见，自宋代以来，江西、湖南、四川、湖北始终是彭氏人口最集中的地区。真是：彭氏由来非等同，自古中原振雄风；祖宗德泽传千古，承前启后贯始终！

世仲琉公为明弘治年间进士。至明末清初之时，至 137 世天高公又从泸州迁居贵州永宁军粮府宁静里宁四甲（现四川兴文县大河乡落白亮村），天高公之孙彭纲、彭纶。彭纲、彭纶为 140 世。入川至今已历 20 代，600 多年，现已传至 150 世。由上所述，彭氏之世泽远矣！

具有悠久历史的彭氏家族，历来是十分重视"寻根问祖"的。人们所寻的"根"，就是祖籍所在地，也就是历史上所说的郡望。《辞源》对郡望的解释是："每郡中有贵显之氏族，谓之郡望，言一郡之所仰望也。"彭姓始祖初封彭城，历经夏商，到周朝大彭国已经衰落，彭姓子孙从此流散四方。至春秋战国时，彭姓子孙崛起成为楚国贵族。楚亡，彭姓又被秦西迁陇西，陇西成为彭姓郡望。西晋末，陇西郡望和淮阳郡望的大部分彭人已经南迁，唐时又有征君辞官隐居宜春，从此开始了彭姓的宜春郡望。并由此繁衍分支，遍布江南。但随着历史的推移，到了宋元以后，随着彭姓人的繁衍和迁徙，其流布又发生了很大的变化，生活和活动的区域更加广泛、密集。由此其活动区域是西起陕甘南部，西南直达四川中部，东南抵浙江西部，东北至山东南部，北扫河南，南依湘江的广阔地区。以这些活动地区为中心，彭姓向四周播迁，已经在全国各地都有分布。

宋朝时期（960—1279 年），彭姓人有 38 万余人，排在第 42 位。彭姓的第一大省是江西，约占全国彭姓总人口的 37%。在全国分布主要集中在江西、湖南、四川，这三省的彭姓大约占彭姓总人口的 65%；其次分布于广西、福建，这两省的彭姓大约又集中了 14%。形成了长江南侧中下游的赣湘川的彭姓密集区。

明朝时期（1368—1644 年），彭姓人有 50 万余人，仍居第 42 位。由于彭姓的主力早在西晋末期已经撤离了北方，尽管北方发生连续不断的战争，但彭姓人基本上没受到太大的冲击。明朝的江西仍为彭姓第一大省，约占彭姓总人口的 37.7%。在全国分布主要集中于江西、湖南，这两省彭姓大约占彭姓总人口的 50%；其次分布于四川（5.7%）、广东（5.2%）、湖北（5.2%），这三省的彭姓又集中了 16%。宋、元、明期间，彭姓的分布总格局变化较大，

其人口主要由西北向东南迁移，但西部四川的彭姓减少很多，向南方迁移。全国重新形成了赣湘鄂的彭姓人口密集区。

到了现代，彭姓人口约588万，一跃而居第39位。主要分布在湖南、四川、湖北、江西四省，大约占彭姓人口的58%。而湖南则成了彭氏人口第一大省，约占彭氏人口的18%。由此可见，自宋代以来，江西、湖南、四川、湖北始终是彭氏人口最集中的地区。真是：彭氏由来非等同，自古中原振雄风；祖宗德泽传千古，承前启后贯始终！

"构云"身世存史实　何时迁徙有定论

——关于构云公的身世及其迁入江西宜春之谜

唐朝时期,彭氏涌现出许多令人骄傲的志士仁人、英雄豪杰。而其中最突出者,应当首推彭氏的"中兴之祖"——景直公之子彭构云。构云公三次被唐玄宗征召,不愿做官而归,从而称为征君。构云公是唐开元二十三年乙亥(735年)登进士第,开元二十五年丁丑(737年)官江西袁州刺史,开元二十八年庚辰(740年)致仕。他爱袁州(江西)风俗敦美,物产丰富,遂定居宜春合浦。因此,构云公因任官迁至宜春,然后再隐居于宜春的。构云公成为迁江西宜春始祖,构云公以后30多代,是彭姓的大繁衍的时期,使彭氏后裔达到了鼎盛。特别是江南诸省,彭姓人基本上都是构云公的后代。构云公被唐代以后彭氏后裔奉为"中兴之祖",这是名副其实的。

近年来,笔者看到好几篇文章,称:"为避'安史之乱',彭构云自临州(今甘肃临洮)迁徙袁州(今袁州区新坊乡合浦村东埔里上岭组),成为江西一世祖。"而这些文章有的是刊在网上,有的是发表在报刊上,影响不小。构云公果真是为避"安史之乱"迁徙袁州的吗?非也!因为这与构云公的生平和基本史实是不相符的。那么,构云公是何时迁入宜春的呢?在此有必要从构云公的有关史实说起。

一、构云公受唐玄宗"三召",是在宜春,时间是在唐玄宗天宝年间的"安史之乱"之前

大家知道,"安史之乱"是发生在唐玄宗天宝十四年(755年)至唐代宗宝应二年(763年)的一场政治叛乱。天宝十四年十一月初九(755年12月16日),安禄山趁唐朝廷内部空虚腐败,联合同罗、奚、契丹、室韦、突厥等民族组成共约18.4万士兵,号称20万,在蓟城南郊(今北京西南

誓师，以"忧国之危，奉密诏讨伐杨国忠以清君侧"为借口于范阳（今北京）起兵。当时全国承平日久，民不知战，河北州县立即望风瓦解，当地太守、县令或逃或降。唐玄宗于六月十三日凌晨逃离长安，到了马嵬坡（今陕西兴平西北 23 里）。途中士兵饥疲，六军不发，龙武大将军陈玄礼率兵请求杀杨国忠父子和杨贵妃。杨国忠已经被士兵乱刀砍死，唐玄宗本欲赦免杨贵妃，但士兵继续喧哗，高力士苦劝之下，于是唐玄宗赐死杨贵妃。后兵分二路，玄宗入蜀，太子李亨在灵州（今宁夏灵武）自行登基，是为唐肃宗。

据《彭氏史话》（江西人民出版社 2003 年 12 月第一次印刷）一书中所云："构云公，号廷监，别号梦鲤，赐号征君，生于唐玄宗开元三年乙卯岁（715年）正月十五巳时，殁于唐代宗大历二年丁卯（767年）十月初一子时，年53岁。葬袁州郡东原三十里上岭村岭龙形，甲山庚向。刺史郑审志墓碑。清乾隆十六年（1751年），河南夏邑县裔孙，布政使彭家屏重新修墓立碑。"又说："唐天宝元年（742年），太守李璟推荐郡人彭征君，就说28岁的彭构云。玄宗派宦官中使齐延丘前来召请他，经一再敦促，他才就行。以蒲轮礼征三次始行，玄宗想让他任官，他坚决不受，力辞而归。"（《彭氏史话》第285页）。这里记载唐玄宗派宦官中使齐延丘前来召请构云公，时间是在唐天宝元年（742年），比发生"安史之乱"时的天宝十四年（755年12月16日）早14年。这一史实充分说明构云公"为避'安史之乱'自临州（今甘肃临洮）迁徙袁州"是根本不能成立的。因此，此谱所载的"从彭征君之后，彭氏谱系比以前更加完整，而且可信度大大增强"。那么，我们就看《彭氏史话》根据此谱是如何记载构云公的。

又据《中华彭氏通志》（文史哲出版社 2006 年 10 月初版）所载《宜春世系》是这样记载构云公的身世的："彭构云：景直公之子。号廷鉴，字梦鲤。先世居瀛州河间。生于唐玄宗开元三年乙卯（715年）正月十五辰时。唐开元二十三年乙亥（735年）登进士第，二十五年丁丑（737年）官江西袁州刺史，二十八年庚辰（740年）致仕。爱袁州风俗敦美，物产丰富，遂定居宜春合浦。唐天宝二年癸未年（743年）时袁州刺史李璟、宜春县令刘墰奏闻于朝，上遣中使齐延丘以蒲轮礼征三次始行，命官大学傅士辞不就而拂衣林下，隐钓袁州震山不仕，时人号曰彭徵君。天宝十三年（754）再召赴京，辞归故里，上遣中使房嘉送归，御赐金帛副衣，诰封金紫光禄大夫，赐所居乡曰'征君乡'。殁于唐代宗大历二年丁未（767年）冬月二十九日辰时，享年53岁。葬袁州郡东原三十里上岭村。刺史郑审志墓碑铭。清乾隆十六年（1751年），彭家屏任江西布政使时，重修构云公墓碑。唐书有传。"（《中华彭氏通志》第三章彭姓世系第67页）

而唐书和一些史书记载：唐构云公才华出众，他幼时即聪明睿智，豁达开朗，而且勤奋好学，广博多思，加之父亲景直公教导有方，公文思敏捷，因此除收集唐朝诗文认真学习外，《四书五经》以及经史书籍也广为阅读。构云公于唐玄宗开元二十三年（735年）20岁时登乙亥科进士第，开元二十五年丁丑岁（737年）22岁时，即任袁州刺史（袁州，即宜春市）。开元二十八年庚辰岁（740年）构云公致仕，遂居袁州宜春县地名合浦。公钟爱袁州风景淳美，物产丰富，特别是袁州震山，亦名马鞍山，其山下岩壑幽深，风景优美，公常隐钓于此。

由于构云公于唐开元二十八年庚辰岁（740年）致仕后，遂隐居袁州宜春县合浦。他秉节韬义，而不求闻达，自号宜春郡山人，是唐朝一代高士。公深居简出，退避名位，淡泊钱财，从不倚仗权势。他研究阴阳图纬之学，兼通黄老道家之言，通经史，晓易义，精天文，博学多才，尤善讲《易》。著有《通元经解》一书，颇负盛名。而专志讲易修行，教养子孙，整饬家规，恬然自守。这种明智的姿态，使上不猜忌，同僚不嫉妒，小人亦无可乘之。不仅明哲保身，而且惠及后代，可谓智者之举。在唐天宝二年癸未年（743年）时，时任袁州刺史李璟、宜春县令刘墰知其德学，奏闻于朝，上遣中使齐延丘以及蒲轮礼征构云公三次始行，唐玄宗命官大学傅士，构云公坚辞不就而拂衣林下，继续隐钓于袁州震山，时人号曰彭征君。唐玄宗天宝十三年甲午（754年），太守李璟再次向朝廷推荐郡人彭征君，就是

年仅28岁的构云。玄宗又派宦官中使齐延丘前来召请他，经一再敦促，他才就行。唐玄宗想让他任官，他则坚持不受，力辞而归。玄宗只得派中使房嘉一路将构云公送归，御赐金帛副衣，诰封金紫光禄大夫，赐所居乡曰"征君乡"。玄宗已是格外开恩看待了。

构云公回归宜春后，于天宝十三年（754年）七月十二日，乃上书唐玄宗《谢赐归表》曰："臣闻大德曰：生非慈，无以宏其用。含容曰：道非圣，无以阐其功。伏惟皇帝陛下，以慈子育，以君道临，祯祥宅心，蛮夷应化，巍巍荡荡。异容臣言，而梦昧贤才，搜访岩谷。臣滥闻天德，追赴阙延。处臣以羽衣仙人，饱臣以仙厨玉食，劝臣以出仕，慰臣以远来。臣固辞无能，乞归养疾赐臣。以束帛荣臣，以副衣而更悯其羸疾。优臣以专使，非大慈何以安其柔，要非至道，何以被其稗，夷光宠之极于臣，实超切以。今月二日，到郡瞻望阙下，犬马之恋，长城感戴，衣织里阁之欢，交集徒知，手舞足蹈，无怠晨昏，实惭滴血尘微，尤增眷恋。谨因中使房嘉送臣，固附表陈谢以闻。天宝十三年（754年）七月十二日，宜春郡山人彭构云谢表。"构云公上此《谢赐归表》，对玄宗皇帝的恩赐，表示由衷的感谢，以尽为臣之礼。天宝十三年（754年）十一月十五日，唐玄宗乃颁诏书曰："我嗣位以来，克绥先王之禄，永底蒸民之生。自文武功臣，记录有次，而廉隅砥节，奖励维殷。今宜春令刘尊具奏前官袁州令彭构云，今为合浦处士，博学著述，闻达不干。曩者遣使蒲轮载召，固辞不就，孤忠独节，遽遁震山。我今综覆既确，岂靳殊荣。敕尔所居曰征君乡，寻赠袁州刺史。俾钓台与箕颍并著，潜德与严君俱永。用愧天下后世，贪位慕禄饰节矫廉者。"诏构云公赠袁州刺史。

在天宝十四年（755年）"安史之乱"爆发之后，时隔七年，到了唐宝应（762—763年）年间，唐代宗派遣使者以玉帛召构云公为官，但他仍不出山。当任的袁州郡太守命名他垂钓岩为"征君钓台"。刺史李璟题其堂为"三召"。构云公可谓高韬不仕，垂钓震山岩下，三召辞归，甘愿终老林泉郊野。构云公成为轰动唐朝的真隐君子。从此传下与汉代严子陵征召授官而不应同样的佳话，留下富春、宜春两座钓台遗胜凭人吊仰前贤风范。这件事在地方志书与历史文献上都有记载。构云公也留下了著名的《谢赐归表》，"钓台烟雨"这一人文地理景观，一直是"袁州八景"之一。构云祠原在袁州城内南轩书院左面，由后裔、时任郡守的江西都昌县人彭方于宋理宗嘉熙元年（1237年）始建。彭方写的祠堂记流传至今。

根据以上史实，构云公是在开元二十五年丁丑岁（737年）22岁时，任袁州刺史（袁州，即宜春市）后，在开元二十八年庚辰岁（740年）构云公致仕，遂居袁州宜春县地名合浦的。这就说明，构云公是在开元二十五年丁丑岁（737年）因任官迁至宜春，然后再隐居于宜春的。构云公根本不是有些家谱说的他是"避安史之乱而迁入江西宜春的"。

二、唐玄宗李隆基为什么要"三召"构云公入朝为官，有何种理由呢

唐玄宗李隆基三召构云公入朝为官？经分析，主要有以下三个原因。

第一，"三召"构云公，是唐玄宗选用贤臣，巩固皇权的需要。

李隆基是唐朝继李世民之后，又一个比较能干而有作为的皇帝，唐玄宗经过两次政变，粉碎了韦氏集团、太平公主集团的阴谋，才得到了政权。所以，唐玄宗李隆基在当皇帝46年间的早期和中期，为了巩固自己的地位，维护宗亲内部的和睦安定，在朝臣中注意选用贤臣。所以唐玄宗规定，选拔京官中有为的人才派到地方任都督，选地方能干有作为的都督、刺史到朝廷任职，进出人数相差不大，达到"铁打的衙门，流水的官"这种效果。同时，还要求朝臣和地方都督、刺史必须定期向朝廷推荐人才（进士出身），以供朝廷选择贤臣良将辅佐治国。如他在开元年间，选中地方官员姚崇担任宰相，成为一代良相，辅佐唐玄宗开创了"开元之治"，所以他选拔贤臣还制定了一系列典章制度，这是他选贤任能的当政作风。因此唐玄宗对构云公"三召"不是偶然的。

第二，构云公四代都是忠臣，受唐玄宗"三召"是势在必行。

构云公出生在一个官宦人家。其曾祖父仲德公，名坤元，字方直，精通文墨，品学高博，并以忠孝名闻，陈朝时任泉州太守，隋朝时任瀛州刺

史，唐朝高宗永徽（650—655年）年间为光禄大夫（唐代为官阶从二品）。构云公之祖父明远公，字镜高，精通文字，乐善好施，唐中宗景龙三年乙酉岁（709年），以子景直贵，例授礼部侍郎，诰封金紫光禄大夫（官阶正三品）。构云公之父亲景直，字美正，号品方，生于唐中宗嗣圣元年甲申岁（684年），瀛州河间人；唐中宗景龙二年（708年）中戊申科进士第一名为状元（为彭姓第一位状元公），时年方24岁；唐中宗景龙四年（710年）官太常博士，进礼部侍郎，诰封金紫光禄大夫。公穷研经史，博学能文章；为人"通理内融，含晖外静，文尚典雅，学穷精博"。有抱儒素之业科，系蓄文藻之鼎元。构云公当时虽然致仕隐居，但却是闻名一时的易学名士。由于构云公有以上家庭背景，加上有地方官袁州郡太守、刺史等向唐玄宗的极力推荐，因此，唐玄宗、代宗才三召构云公入朝为官。

第三，构云公是唐代经过科举考中的进士，当时进士任官是常态。

彭氏历史上许多名臣俊彦大多是在科举中脱颖而出的。科举也叫"开科取士"，由朝廷设立考试的科目，通过定期统一的考试，以选拔世间的文武人才，并分别授予相应的官职。从隋炀帝大业元年（607年）设立文科进士为开端，到清光绪三十一年（1905年），光绪皇帝颁旨正式废除武科举制度为止，科举制度已沿袭了近1300年。科举制度把读书、考试、做官三者紧密联系在一起，科举凡获进士、举人，均可以任中央和地方的官职，使读书人有了步入仕途的阶梯。虽然寒门子弟都有入仕的机会，但唐代录取的进士比例十分有限。加之唐朝进士录取名额少得可怜，每科取士最多不过二十人，因此在唐代中进士那是相当不容易的。

构云公是唐玄宗开元二十三年乙亥（735年）登进士第，唐玄宗于开元二十五年丁丑岁（737年）任命构云（时年22岁）为袁州（即宜春）刺史。因此构云公父子进士及第实属不易。

三、构云公在唐代为什么"三召"而不仕

构云公自从开元二十三年（735年）中进士后，又于开元二十五年（737年）至二十八年（740年）担任了几年"袁州刺史"后辞官隐居，已经习惯

了隐居生活，因此他在《谢辞归表》中说"臣固辞无能，乞归养疾"，以自己身体有病需要疗养为理由推辞做官，从而获得玄宗皇帝的恩准。构云公故于唐代宗大历二年丁未岁（767年）冬月二十九日辰时，享年仅有53岁。可见他身体确实不好，"乞归养疾"也是实情，却是一个表面现象。

其实，构云公对唐玄宗"三召"而不仕的真正原因，并不是构云公真正有疾，只是托词而已。唐玄宗李隆基当皇帝46年改了三次年号，第一次是712—713年，为"先天"年号，仅2年；第二次是713—742年，为"开元"年号，29年；第三次是742—756年，为"天宝"年号，15年。开元初年，唐玄宗还是英明神武，任人唯贤，特别是自任用姚崇和宋璟为丞相后，把国家的大小事务治理得井井有条。人们把唐玄宗开元这20多年称为"开元之治"。

然而，到了"开元"末期，贤相姚崇过世，唐玄宗一改"开元之治"之态的英明神武，拒谏饰非，宠信奸佞、宦官，纵情声色，追求享受，政治日趋腐败黑暗。开元二十六年（738年），唐玄宗任命口蜜腹剑的奸臣李林甫为礼部尚书。李林甫笑里藏刀，阴柔奸狡，善于迎合上意，权倾朝野后，堵塞言路，排斥异己，以酷吏为刀斧，诬陷名臣，杀戮忠良数百家，朝野钳口，皇太子也为之恐惧。李林甫又暗中勾结惠妃，设计使唐玄宗杀掉皇太子，后又设陷使唐玄宗一天杀掉三个皇子。开元二十八年（740年），唐玄宗昏庸甚矣，以子媳杨玉环册封为贵妃，以贼臣李林甫拜为首相，刑赏必乖。天下无不妒之妇人，况如淫悍之杨玉环乎？随着唐玄宗的统治趋向腐败，各种矛盾日益尖锐，社会危机也日益暴露出来，李唐王朝，已经坐在了火山口上。自开元二十六年（738年）奸相李林甫当政，善于玩弄权术，打压政敌，在他做丞相的19年间，使朝廷险象环生。他能设陷使唐玄宗一日杀掉三个皇子，况朝臣乎？因此，构云公在开元二十八年（740年）辞去袁州刺史，完全是效彭宣公见险而止的高明之举。

到了天宝年间，唐朝政治更加黑暗。唐玄宗晚年更加荒于政事，沉迷女色，把军国大事先后交付给贼臣李林甫、杨国忠，唐玄宗左右又有宦官

代理。"春宵夜短日高起,从此君王不早朝。"在杨贵妃的温柔之乡,唐玄宗终日沉醉于声色,以致朝政日非。唐玄宗于天宝十三年(754年)废去皇后,杨玉环更加受到宠信,而且玉环进,则五杨俱贵。李林甫专权用事,引进杨国忠、安禄山,朝政更加腐败,值此腥风血雨之中,如何能安然入仕?唐王朝的盛世即将结束,一个大动乱的年代即将到来。因此,在当时朝政十分腐败黑暗的情况下,构云公在天宝十三年(754年)对唐玄宗的再次"征召",更是力辞而归,完全是经过一番深思熟虑,不失为明智之举。果然,在构云公这次辞归后的第二年,安禄山与杨国忠不和,将相争权,国事日益不可为,遂在天宝十四年(755年)爆发了"安史之乱",使大唐上下处于一片混乱。唐玄宗匆忙逃往成都,行至马嵬坡,从行军士哗变,杀死杨国忠并迫使唐玄宗缢杀了杨贵妃。长安陷落后,太子李亨回军北上,同年七月即位,是为唐肃宗,遥尊玄宗为太上皇。这又一次证明了构云公二次辞归的预见和决策是何等之高明。

至于在"安史之乱"爆发之后,唐朝在战火纷飞之时,唐宝应(762—763年)年间,唐代宗派遣使者以玉帛召请构云公为官,但他仍不出山。唐朝已经衰落至此,构云公这一次不应召也就不难理解了。进与退从来是中国历史上一个永恒的命题。因为对进与退的认识不足或把握不到位,导致了许多令人扼腕的历史悲剧。尤其是在特定的历史条件下,当退时求进,令多少英雄竞折腰。而构云公就是能够洞悉政治形势,深谙谋略进退,以保全自己善终的大智贤仁。因此,构云公"三召"而不仕,这不仅保全了自己,而且为后裔子孙留得一条生路。构云公为彭氏"中兴"之祖,由此可见端倪。

以上史实充分说明,构云公受唐玄宗"三召",其发生地在宜春,发生时间也是在唐玄宗天宝年间的"安史之乱"之前,这一史实充分说明构云公"为避'安史之乱'自临州(今甘肃临洮)迁徙袁州"的说法是根本不能成立的。如果说构云公是为避"安史之乱"才迁徙袁州的,那么,构云公受唐玄宗"三召""袁州刺史李景如知公德学,奏闻于朝""玄宗遣中使

齐延邱以蒲轮礼征三次"等史实都不会发生。"安史之乱"发生时，构云公已至暮年，这时他正在江西宜春养老呢。安史之乱平定时，构云公已年至48岁了，构云公卒于唐代宗大历三年（767年）十月初一子时，享年53岁。也就是说在"安史之乱"平定5年后构云公就去世了，可见说构云公"为避'安史之乱'自临州（今甘肃临洮）迁徙袁州"是与史实不符的。

彭城故都——徐州的主体文化

说起彭祖，人们就不得不提起彭祖的故都——彭城（今徐州）。大家知道，彭祖是中国古代一位大名鼎鼎、誉满华夏的圣贤人物，也是千古传诵不已的养生鼻祖、长寿之星。彭祖的故事，从远古一直流传至今。而彭祖开创的大彭国，其国都就建在彭城，因此研究彭祖，就必须了解和研究远古历史名城，即彭祖故都——彭城。彭祖出生在帝王之家，是帝尧的大臣，也是大彭国的开国君王。彭祖在彭城开创的诸侯国——大彭国，从帝尧时代开始，经过舜禹和夏商，后被商王武丁所灭。大彭国在中国历史上延续了800多年。在大彭国这漫长的历史长河中，京师彭城始终是大彭国的政治、经济和文化中心。彭城的这个历史作用本身，就是中国远古史上一个罕见的历史文化奇迹。

彭祖故都彭城——徐州作为中国历史文化名城，其文化底蕴深厚，秉地域风土之优，融上古彭祖之长，开养生文化之先。那么，徐州的历史文化定位究竟是什么呢？其实早在1952年10月29日，开国领袖毛泽东视察徐州时的这篇精辟论述《论彭祖》，实际上已对徐州历史文化定了位。毛泽东《论彭祖》这篇讲话，虽然篇幅不长，但提到大彭国的开国君王、彭城的开城伟人——彭祖之名竟讲了15次之多，为了讲明彭祖在中国历史上"可不是简单的人物"，毛泽东在谈话中还将黄帝、颛顼、帝尧、吴回、陆终、孔子、庄子、荀子、吕不韦、司马迁、刘向等众多历史名人也搬了出来，或说明彭祖的身世，或说明彭祖的传奇人生，或说明彭祖的丰功伟绩，特别是对彭祖在彭城建都，开发徐州，开创大彭国的辉煌赞许有加。没有历史伟人彭祖，何来彭城？没有彭城，何谈徐州？

大家知道，毛泽东并不是徐州人，但他作为一个伟大的政治家、思想

家、革命家、军事家,对徐州的历史了如指掌,可谓见解独特而十分精辟。

徐州的前身彭城,是源出彭祖,是彭祖在此创建大彭国,定都彭城。据史书记载,大约在4000年以前,大禹把全国九片陆地命名为九州,你们徐州即为一州。彭祖故都彭城——徐州历史悠久,4300多年前,徐州的先民就在此生息劳作。《尚书·禹贡》将天下九州分为九等,徐州土质上中,名列第二,徐州的贡赋中,属第五等。徐州最有名的贡品是用以祭祀天地的五色土和制作乐器的磬石,为国家礼仪、礼乐大典用品。上古三代,在中华大地上南北居中的彭城秉承炎黄文化遗绪,形成了追求和平安宁的徐文化与追求和谐安康的彭祖文化,形成了物质与精神、生产与生活都很先进的本土区域文化。春秋战国时,彭城属宋,后归楚,秦统一后设彭城县。楚汉时,西楚霸王都彭城。西汉设彭城郡,东汉设彭城国、都彭城。三国时,曹操迁徐州刺史部于彭城,彭城始称徐州。

彭祖为开发彭城,呕心沥血,带领人民治理洪水,建设家园;他发动百姓筑城,防御野兽和外部势力的入侵;他放手发展生产;他的养生之道,教会百姓锻炼身体;他发明了烹调术,把饮食由熟食推向味食,完成了人类饮食文化的一次飞跃……为中国烹调的祖师。彭城人民世世代代对彭祖感戴不尽,至今还保存着彭祖宅、彭祖井、彭祖楼、彭祖庙、彭祖墓等遗迹,西郊有当年彭氏聚居的大彭山和大彭镇。徐州的人民要知道感恩,千万不能忘记彭祖这个开发先祖。

徐州历史上为华夏九州之一,自古便是北国锁钥、南国门户、兵家必争之地和商贾云集中心。被称为"千年帝都""帝王之乡",有"九朝帝王徐州籍"之说。徐州有"彭祖故国""刘邦故里""项羽故都"之称,因其拥有大量文化遗产、名胜古迹和深厚的历史底蕴,也被称作"东方雅典"。

中华易经和养生学的鼻祖彭祖、汉代开国皇帝汉高祖、人杰项羽都在彭城留下了他们的业绩。彭城大地上留下的文化遗产和名胜古迹不胜枚举,其中尤以"汉代三绝"——汉兵马俑、汉墓、汉画像石出名。

彭祖故都彭城——徐州的历史文化,可以从古彭城及徐州的发展进程中

得出结论。一国之历史,系一国之灵魂;一方之文化,系一方之精神。徐州的历史文化,我们可归纳为彭祖和大彭国文化、春秋战国至两汉文化、唐宋至明清文化和近代历史文化四个方面。唐宋至明清文化和近代历史文化,从全国来看在徐州并不突出。因此我们在这里姑且不论。

徐州近年来提出所谓"秦唐文化看西安,明清文化看北京,两汉文化看徐州"的口号,这有很大的局限性,也不够全面准确。重要的是徐州没有真正找准自己的文化定位。两汉文化怎么能看徐州呢?两汉的政治、经济、文化中心在西安、洛阳。因此,两汉文化主要看的是西安、洛阳,当然还有汉中,而蜀汉看的是成都。而徐州只是两汉文化的边缘地带,其闪光点无非说徐州是刘邦的出生地,但只是出生之地而已,不是刘邦的发迹之地!

汉朝文化即是后人所云之两汉文化,它是一个博大精深的文化体系。两汉文化是一个国家文化,也是全中华民族的文化,而不是一个地方文化。两汉文化的形成较之中国上古时代文化——彭祖文化的形成是比较晚的,它的形成基础则是以华夏文化为核心,从西部到中原,是在汲取了华夏八方百族的文化精髓的基础上形成并发展起来的。汉字、汉语、汉文化都是在悠悠的历史岁月中,经过长期的交流融合,去粗取精,去伪存真,而形成的一种文化类型。特别是后来经历了秦始皇、汉刘邦两次"国家统一"的融合、改进之后,才逐渐形成了一种新的文化雏形。此后又经过汉文、景、武帝的实践和发展,使之成为较为成熟的民族文化——两汉文化。加之两汉时期政治、经济、军事、外交、科技、文化各项事业的蓬勃发展,对历史产生了深远的影响,因而形成了"汉人、汉语、汉字、汉文化"的特定称谓。而两汉文化的源头和形成中心,都是在两汉之开国帝都西安、洛阳才得以实现的。

由于徐州不是两汉之开国都城,其影响力自然十分有限。因此,"两汉文化看徐州"那只是徐州某些人的一厢情愿而已。那么,徐州历史文化的主体究竟是什么?——显然应该是大彭国文化、彭祖文化。因为大彭国在历

史上、在徐州前后存在时间长达 800 多年,而且徐州是彭祖养生文化的核心地带,这是徐州所独有的文化遗产。而那个口号把徐州与西安、北京相提并论的提法,也实在不足取,你把南京放于何处?南京是六朝古都,它才有资格和西安、北京相提并论。所谓"明清文化看北京"的口号也有片面性,明清文化,特别是明代文化首先应该看看南京的。因此,那个口号,自认为定位可以,但实际上是自欺欺人。因为你的文化定位把人家的位置抢了,其后果可想而知,外地游客怎么有心思来看呢?

从历史的纵向来看,彭祖文化是起源于四千多年前的帝尧时期,代表着徐州乃至中华民族历史文化的源远流长,特别是徐州地域文化的本源文化和主体文化,而徐州以后的春秋战国乃至两汉文化,仅有两千多年的历史,只是彭祖文化的继承和发展而已,前者和后者的关系是"源"与"流"的关系。从历史的横向来看,彭祖文化的博大精深,是华夏民族文化的本源文化。几千年来,彭祖及彭祖文化从远古一直流传至今,被历代许多历史名人、文化泰斗、文史大家入史、入文、入诗、入画,因而也一直影响着中华民族历史文化的发展,由此看来,徐州提"两汉文化看徐州"从历史事实长远和全局来看都是不足取的。因此,我认为:徐州应把大彭国文化、彭祖文化作为重点和主体文化,这是徐州独有的特色,是其他地方没有的。同时,也应把大彭国文化、彭祖养生文化作为世界文化遗产申报。现在很多地方都在争取成为彭祖文化的发祥地呢?徐州有那么多大彭国文化、彭祖养生文化的历史名胜古迹,均应该加大力度保护,完善其有关基础设施。两汉文化的某些方面,虽然是徐州历史文化的闪光点,但它对于徐州的重要性以及在中华历史文化史中的地位和作用与彭祖文化相比较,是不可比拟的。

彭祖后裔何以国为姓

我在某网站看到某地一篇《彭氏族谱》，"谱序"称："我们彭氏缘由是尧帝封彭祖于大彭国，国人以国为姓。"其解释的"以国为姓"，令人哭笑不得。这里我不得不多说几句。彭祖后裔——彭氏以国名为姓，不是大彭国的国人可以国为姓，而是国王贵族的后代以国为姓。大家知道，姓氏是以血缘关系为纽带的家族性群体，因为姓氏是血统的标志，是部族的开端，是国家的根基。如果一个姓氏相互之间没有血缘关系，那这个姓氏还有什么价值和存在的意义呢！姓氏从历史发展的角度看，其关键是标明了姓氏的起源，标志着人类进步的发展。同时，姓氏也是人们血缘关系的符号标志，又是一种超越时空的文化现象。中国文化注重历史，也注重现实，因而也就注重来龙去脉，注重寻根溯源。这就是为什么中国文化典籍中史、志、谱特别发达的原因。

许慎《说文解字》卷二四"女部"说："姓，人所生也，从女、生，生亦声。"班固《白虎通德论》卷九曰："姓者，生也，人禀天气所以生者也。"《左传·隐公八年》曰："天子建德，因生以赐姓。"这都说出了"姓"的本义是"生"。因此，姓最初是代表有共同血缘、血统、血族关系的种族称号，简称族号。作为族号，它不是个别人或个别家庭的，而是整个家族的称号。据文献记载，我们的祖先最初使用姓的目的是为了"别婚姻""明世系""别种族"。它产生的时间大约在原始社会的氏族公社时期。姓的由来与祖先的图腾崇拜有关系。在原始蒙昧时代，各部落、氏族都有各自的图腾崇拜物，后来便成了这个部落全体成员的代号，即"姓"。由于古代氏族部落的姓氏数量毕竟是有限的、可数的，后人据《春秋》整理出来的"古姓"有妫（今河北涿鹿有妫水）、姒、子、姬（周王族姓）、风、嬴（秦

姓)、己、任、吉、芊、曹、祁、妘、姜、董、偃、归、曼、芈(楚姓)、隗(原北方少数民族姓)、漆(瞒)、允等22个姓。这些姓中近半数带女字旁。所以，专家们推测，姓的产生可能在母系氏族社会。

那么，以国名为姓是怎么一回事呢？以国名为姓，就是此国的开国君王为开姓始祖，国王的后裔子孙以封国为姓。从唐虞至夏商，以至春秋战国时期，封国、方国多如牛毛，故以国名为姓的比较多，而且还有一些生动的故事。如在帝尧时，彭祖受封于彭城，建立大彭国，彭祖后裔子孙便以大彭国名为姓，有了彭氏。又如陈姓以国为姓，得姓于周朝初年的陈胡公满。相传胡公满是三皇五帝之一的虞舜的后代。虞舜去世后，33世传至胡公满，公元前1045年(周武王建国第二年)，被周武王分封于陈(今河南淮阳)，建立诸侯国。封地在宛丘(今河南淮阳，伏羲在宛丘建都，炎帝继而在此建都，故称为陈，后称陈州)，国号陈。胡公满根据胙土命氏的惯例，遂以国为氏称陈氏，称陈满，为陈氏得氏始祖，陈氏从此开始。

历史上为何以国为姓的有这么多呢？因为在夏、商时期国君对大臣封侯赐地甚多，西周初年更是实行大封建，大大小小的诸侯国遍布九州，这些国名便成为其国王后裔子孙后代的姓氏。周文王封少子于狄域，其子孙便姓狄。白狄族一支在今河北省无极县建立鼓国，后代便有姓鼓。有的姓是秦汉以后外邦人带来的，如米姓出自西域米国，安姓出自安息。以国为氏，如周、吴、郑、卫、郭、魏、毕、蒋、刑、毛、朱、曹、随、楚、原、江、黄、徐、谭、燕、鲁等。凡以国为姓的，必为国之重臣，或王族、贵族，基本上是以第一任国王为其始祖，国王的子孙等贵族才有资格以国名为姓。而其国人是没有资格以国名为姓的，国人如果违反了是要犯灭族之罪的。因为在春秋战国前，只有王族、贵族才有姓氏，贵族男子称氏，女子称姓。"姓所以别婚姻""氏所以别贵贱""贵者有氏，贱者有名无氏"。贱者则以职业概括之，如弈秋、庖丁、匠石、医和、优孟，这些职业名后来才成了姓。姓同氏不同者，婚姻不可通。"礼不娶同姓""父母同姓，其出不蕃"(《左传》)，"同姓不婚，恶不殖也"。(《国语》)有人

认为里面隐含了朴素的优生学。如春秋时，鲁昭公娶吴女为夫人，两人都姓姬，乃改夫人姓孟，称吴孟子。

　　就这么一个常识性的问题，有些族人却闹出这样的笑话来。这是值得深思的。有两个问题值得深思。一是，我们有些族人，"需名人之序光斯谱等"，本是无可非议的。但你可能请错了对象。请"名人"，应当请当地或有真才实学的人。不要一看到什么"名人"，就请人家写谱序。如人家不懂，写出的"谱序"会使人啼笑皆非的。可以说这样的"谱序"不在少数。我曾见到几部新修族谱，竟然把不是本宗支的"名人"照片，都登在族谱前面。大家知道，放在本宗支族谱前面的应当是自己本宗支的直系祖先；彭家的名人多着呢，如都上你宗支族谱，那还能叫本宗支的族谱吗？二是，在我们的族人中，自然有"出人头地"的，不要把它当成包袱，好像什么都懂是不可能的。凡事自己一定要心中有数，自己不懂的东西一定要多学习请教，否则，会贻误子孙后代的。

彭祖及其后裔名流竞秀佳作纷呈

任何一个家族,乃至一个民族,都必然有自己独特的文学与艺术,历久弥新,这些文学形式的生活气息越浓,地域特色和家族特色也就越鲜明。4300多年以来,彭氏人文兴起,在中华民族文明史的进程中,不仅在物质文明的创造中硕果累累,而且在精神文明的创造中也同样繁花似锦。他们为后世留下了许多经典论著和文艺作品,极大地丰富了中华民族的文化宝库,是人类极其珍贵的历史文化遗产。可以说,在中华民族文学与艺术发展的过程中,彭氏文士名流竞秀,佳作纷呈。现选择一些最有影响的彭氏知名文士加以介绍。

在远古时期,彭祖以他所处的时代和个人的特殊经历,形成了他独特鲜明的养生学说,给中国历史文化添色增彩,其自身也融入了历史文化,筑成了一道奇特的文化奇观。彭祖是中华的养生之祖。后来有个叫黄山君的人,把彭祖的言论整理并加以阐发,编成一本《彭祖经》流传后世。还精修了彭祖的养生之道,终得长寿。彭祖的摄养术、导引术、服气术、房中术、烹调术,博大精深,又言之有理。彭祖为气功、医学、食品、营养、房中术等领域的先祖,其学说,已构筑成了一道亮丽的彭祖文化风景线。

自夏商以来,中原大地观天文、察星象、占测吉凶广为流行。彭氏在这方面也不乏其人。当然,应首称彭祖是行家里手,传说他还善于观天文、察星象、占测吉凶,因此有"彭祖历"长久流传,为中华传统社会里人们衣食住行的好帮手,他教会了人们基本的气象历法知识,如何趋吉避凶,通俗易行。又如彭为达,西周昭王(前1052—前1002年)时,晓天道,识星象。后来康王卒,其子昭王即立。昭王元年己丑岁(前1052年)有一夜间,为达公独观皎月,有五色贯紫,推测周道定衰。果昭王登基不出半旬,

先贤彭祖

南巡狩不返，卒于江中。再如彭观凝，西周孝王（前909—前895年在位）时在朝为官，自幼喜好天文地理，善辨天象、观日月星辰，通晓时局国运。周朝孝王时（共王弟辟方），大雨雷电，牛马死于非命，江汉冻冰。公观此戾气，乃履霜之象，说此兆可畏，周朝天下有劫难也。七日后果然应验，孝王崩，戎匪四起。

先秦时期，特别是春秋战国时期，由于诸子百家兴起，百家争鸣，出现了一个思想与哲学繁荣的时代。正如战争和统一能够促进技术发展一样，它同样也刺激了智力活动，学者们转向研究哲学，以重新审视自然和人性，以规范人们的道德水准和基本行为。其佼佼者如孔子、孟子、荀子、庄子等。彭氏在这方面也是大有人在。如彭蒙，是战国时期黄老学派的代表人物之一，齐国著名的上大夫、哲学家。《庄子·天下》四次提到他的学说，说明他是当时很有影响的学者。他曾游学稷下，有著书，又是田骈之师。主张"齐万物以为首"，强调事物的齐一，均齐。认为"不教而教"，"古之道人，至于莫之是，莫之非而已"。因循自然，不置可否。与庄子的齐是非说有相通之处。《庄子》把他和田骈、慎到列在一起，均属道家学派。又如，彭更，他是彭祖第69代裔孙，字子端，战国时期人，孟子弟子，以孟子传食诸侯为泰，孟子告以食功志之道。孟子教导他说："要懂得以功易事，以功易食。有了功就可食，叫食功。士空有志向，叫食志。食志是不行的，就会无食。食功，一点也不过分。士的志在食功时已经实现，而别人只因为你有功才给你食，才不管你是食志还是食功呢！"作为孟子的学生，他亲治儒学，求解仁政之道。

汉唐以来，特别是唐朝以来，是中国古代文化的大发展时期，既是对先秦文化的总结和升华，又为以后的文化发展打下基础。在这一时期，不仅哺育出一批又一批杰出的英才，尤多文士，而且彭氏也产生了一些文坛泰斗，真可谓名流星聚，名篇竞出。汉代文翁兴学，汉赋兴起。特别是《易经》，自春秋以来被列为群经之首，而被独尊，由于它的独特魅力，始终吸引一批学者的青睐，使彭氏文人大显身手。如西汉大司空彭宣，他所著的

《周易彭氏义》《易彭氏义》，对易学有很高的造诣。又如西汉彭汪，他所著的《左氏奇说》，也很有特色。再如蜀汉彭晓，字秀川，自号真一子，永康军（今四川彭县）人。先后任朝散郎、祠部员外郎。他所著的《周易参同契鼎歌明镜图》《周易参同契分章通真义》《周易参同契通真义》，对周易的内涵倾注了独特的见解，而受到世人关注。他对汞、铅二元素的化学性质及变化的认识结论比较合于实际，与现代科学的解释亦较接近。彭汪是中国古代杰出的化学家。

唐宋文学中最放光彩的是诗和词，唐诗代表了中国诗歌的最高峰。唐宋时期不仅产生了一些大文豪，如李白、苏轼等，而且彭氏也出现了一批古文、诗词名士。如唐代彭伉（772—？）字维嵩，宜春人，构云公之孙，兹公长子。以诗词传世而闻名，著有《彭伉诗选》。唐代彭蟾，字东蟾，构云公五世孙，彭伉之孙，彭达之子，江西宜春人，好学不仕，为重修《唐韵》的著名处士，其著有《彭蟾诗选》《风池本草》《庙堂龟鉴》，共120卷。他所著《宜阳集》中有诗11首，还著有《贺邓使君正拜袁州诗》。唐代彭珰（804—896年），字武仲，幼颖敏，通经史，善识元纲，习熟骑射，后辞官归里。唐文宗开成元年（836年）荫袭建州兵马司提督建州，以德化民，纪律有法，多能筹划，更有智谋。僖宗乾符五年（878年），珰谢事辞归，西阳创披仙楼，官巷立知足亭，县治左侧置文会阁，官至兵马，开一邑馆，延聘名师，会子弟受学，造就人才。又置广福庵，与翁藻光每天讲学，令人远近瞻仰。他著有《云韬集》《兵武篇》《疑问集》等书行世，作《禅定录》《冥阳文》付予藻光。

在北宋时期，在文学殿堂上也独树一帜，出了不少彭氏才子，如彭乘（今益州华阳人）、彭年（今江苏长州人）、彭叔夏（今江西庐陵人）、彭止（今福建崇安人）、彭丝（今福建福安人）等。如北宋彭齐，真宗大宗祥符元年戊申科（1008年）进士，他的文章写得很好，真宗高兴道："彭齐之文章，杨丕之廉诚，肖定基之政事，可谓江西三瑞"，大加赞赏，并赐紫衣锦袍以示荣宠。又如北宋彭俞，宜春人，字济川，少隐集云峰，学邃于《易》，

自号连山子，举绍圣进士，官终朝散郎，著有《君子传》《循吏龟鉴》《贯通篇》《时议文集》等。

北宋彭龟年（1142—1206年），字子寿，临江军清江（今江西樟树）人。孝宗乾道五年进士，授袁州宜春尉，继后又升任太学博士、国子监丞、御史台主簿、司农寺丞。他身居要职，但诗文颇丰。他著有《止堂训蒙》《经解》《祭仪》《五致录》，后人编有《忠肃文集》，清四库馆存。据《永乐大典》，其中收入《彭龟年诗》三卷，入文渊阁《四库全书》。

北宋彭叔度（1128—1201年），字季量，吉水（今江西）人。淳熙年间特恩授迪功郎，为静江府（今桂林）灵川尉主簿。著有《诗书意愿》及文集。再有，北宋彭百川，眉山人，字叔融，太学博士，他所著《太平治迹统类前集》，对朝廷大政及诸臣事迹，条分缕析，多可与史传相考。还著有《太平治迹事类统编》《治迹统类从谏录》三卷、《治迹统类》四十卷、《中兴治迹统类》三十卷。另外，北宋彭恪（1104—1171年），字帮宪，庐陵（今江西吉安）人。绍兴年间以诗赋举，乾道二年（1166年）进士，授右迪功郎。凡经史百家，无不贯通，而独以诗书名家，著有诗集三十卷、《归录》十卷。

在南宋年间，彭氏也是文人才子频出。如南宋彭叔夏，庐陵人。其人学识渊博，宋光宗绍熙三年（1192年）乡贡，是著名的校勘学家，也是词人。《文苑英华》为北宋官修大类书，共一千卷，号为词翰渊薮，为宋四大书之一。叔夏于南宋孝宗时，撰《文苑英华辨证》十卷。另著有《彭叔夏词选》。又如南宋彭止，字应期，自号漫者，崇安（今武夷山）人。彭止诗笔极高，曾拜谒当代大词人辛弃疾，此时他正在午睡，彭止挥笔题诗曰："棋子声乾案接尘，午胞诗梦媛于春。清风不动堵前竹，谁道今朝有故人？"书毕他便悄悄离去。辛弃疾醒来，见到留诗，大加赞赏，马上派人去追回，并延留款待，谈诗论道好几个月。彭止的诗清丽典雅，著有《刻鹄集》。再如南宋彭丝（1239—1399年），字鲁叔，安福人。父应龙，宋江陵府教授致仕。弟齐叔。父子兄弟自相为师友，博习修洁，都以著述为业。丝通乐

律，著有《黄钟律说》八篇、《算经图释》九卷、《礼己集说》四十九卷、《易包》《春秋辨疑》等。

元代文学凋残，明清的经济和文化事业有了复苏。在这一时期彭氏也出现了诸多才子，如明初彭友信，湖南攸县人，为洪武年间北平布政使。明太祖朱元璋有一次微服私访，遇到了贡士彭友信至京。此间正值雨过天晴，天空出现一道彩虹，面对自然的瑰美，朱元璋便吟出《虹霓》诗前两句："谁把青红线两条，和风甘雨系天腰。"让友信续之，友信不知此人正是当今皇上，便毫无拘束地脱口续之："玉皇昨夜銮舆出，万里长虹驾彩桥。"朱元璋又吟了两句："少年易老学难成，寸阴时来不可轻。"友信又脱口续之："未觉池塘春草梦，阶前梧叶已秋声。"朱元璋听后龙颜大悦，觉得友信确为当今才子。次日召见他于金銮殿，友信免试，御授他为北平布政使。友信以诗文显名于世，至今仍脍炙人口，传诵不衰。又如，明代权臣彭华（1432—1496年），字彦实，号素庵，安福人，大学士彭时的族弟。明代宗景泰元年庚午科举人，五年甲戌科会试第一。授翰林院编修，经筵讲官，翰林院侍读学士，詹事府詹事、礼部尚书、太子少保。彭华虽官居高位，仍著述较丰，著有《彭文思集》《素庵集》、诗文集六卷，曾主编《寰宇志》《大明一统志》。宪宗皇帝朱见深曾赠《诰命》，称他"操履端纬，才学宏邃"。再如明代彭大翼，扬州人，字云举，又字一鹤，自幼好习古作，博学多才，不阁仕宦，隐居本乡山堂。有巨著《山常肆考》二百余卷，网罗至富。

在清朝时期，彭氏文士亦不胜枚举。如清代彭翔兹（1713—1774年），揭西县五云镇人，为清朝嘉庆皇帝的老师。乾隆年间，翔兹公擢升为京都武英殿纂修官、正蓝旗官。在京期间，深得乾隆皇帝的器重，有时君臣对坐，常谈及联对、歌赋及诗词格律，翔兹公才华横溢，屡博得皇上嘉赞。乾隆十六年（1751年）春，翔兹升为一品文官太子太傅，专教太子颙琰读书。但琰性喜嬉戏，厌恶读书。翔兹太傅治学严谨，有一次，在指出太子习字马虎潦草时，被颙琰抓起一个瓷笔架，掷向老师头部。顿时，翔兹太

傅额角鲜血涌流，太子则拔腿溜之。翔兹只好找来几页白纸，敷于额角止血。是日傍晚，乾隆帝恰好经过太子书房，惊问："太傅为何额角流血？"翔兹不敢直言，笑吟两句诗："圣主隆恩润中华，翔云喜化额上花。"乾隆帝听罢甚为高兴，继而沉思一下对曰："皆是大清皇赐福，吾臣方得涌流霞。"帝吟后大笑！彭太傅也随声赞道："圣主捷才，好诗，好诗！"此刻，君是真笑，真乐！臣是陪笑，假乐。又一次，君臣相遇，乾隆帝又雅兴吟道："水于江汉星于斗。"翔兹即对曰："鹤在云霄月在天。"对得工整绝妙。翔兹任太子太傅十五年，已经把太子教得知书识理，且善诗文，可谓成才矣。于是，在乾隆三十一年（1766年）冬，上表"谢职林泉"，帝阅后准奏，亲赐彭金牌一块，锦绣罗盖凉伞一顶，旧龙袍一领，任其遍游天下。是年十月，翔兹辞京入蜀，饱览峨嵋风光。他步进报国寺，乃题撰一联云："意静不随流水转，心闲还笑白云飞。"至乾隆戊子年花朝之月，彭翔兹又上中峰寺，寺中方丈热情款待，并备好文房四宝，请彭撰联，他即书上云："煨芋留宾，真领略世态炎凉，深山景况；焚香静坐，莫漫说峨嵋细事，南海新禅。"翔兹在此中峰寺住上月余后，又上天门寺撰一联云："快乐长生雅意，玉人白鹤，随赴蟠桃游海岛；玲珑胜景爽心，瑶草奇花，兴来潇洒大罗天。"据说翔兹在四川天门寺参佛诵经，直至年届花甲，他才回家乡安度晚年。

清初学者彭孙贻（1615—1673年），字仲谋，号羿仁。浙江海盐县人。博闻才辩，五试于学使，皆列第一。心怀国难家仇，闭门读书。明亡后，入清不仕，杜门侍母，终身布衣蔬食。当道有重其才，劝其出仕，他谢绝勿应。孙贻对经史百家，乃至氏族、方技、释老、稗乘之书，靡不毕究，且纂辑厘正，各自成帙，为文皆有法。孙贻工画、诗，著作甚丰，有《茗斋诗文集》《流寇志》《茗斋诗余》《茗斋杂论》《彭氏旧闻录》《客舍偶闻》《方士外纪》《国恩家乘录》《明朝纪事本末补编》《虔台逸史》《甲申以后亡臣表》《靖海志》《湖西遗事》等。诗作如《寄如皋冒辟疆》《虔台寒食怨》等写亡国哀痛，诗风沉郁。诸体皆擅长，当为明末清初一大家。

清代彭遵泗，眉州丹棱县人，文学家彭端淑之弟。据《丹棱县志》《巴

蜀英才》载：彭遵泗，乾隆二年进士，官为御林院编修，是清代"四川三才子"之一。他自幼好学聪明过人，七岁能作诗文，偶濯手水边，随口吟出"素手濯长渠，扬波混太虚，还将指上沥，惊散水中鱼"，语压同辈，大有力追匠手之势。十二岁时与众学童聚玩，有人指扇为题作诗，其诗结尾句为"仙音不肯随凡响，恐引牛郎渡石桥"，想象奇绝，语惊四座，人皆异之。乾隆间，历任兵部主事、兵部员外郎、甘肃凉州同知、湖北黄州府同知、江防同知，为官颇有政绩。乾隆二十一年（1756 年），自请卸职归里，致趣于诗文，长于古文，亦工诗，其诗超脱俊拔。生平好著述，但不善整理自己的作品，往往随写随扔，或随手存入书箱中，"冀晚年归里始考订行世，不期英年早逝，以使后人在整理时，零章杂沓，墨迹蒙督，难识读"。在诸多作品中仅遗有三部分行世。其一为《蜀碧》，收入《四库全书》，为他早年入京时所作。该书详细记载了张献忠入蜀事，为研究明末四川社会状态，特别是张献忠入川后活动之最重要、最权威的史料，具有极高的史学价值。其二为《丹陵县志》27 卷。其三为《蜀故》27 卷，辑录了四川古今百业的大量资料以及山川地理、人文、教育、风土人情等。遵泗的诗作多已散失。后其兄及子延庆将仅存的数十首录为《丹溪遗编》二卷刊行于世。还有清代"四川三才子"之一的彭肇珠，雍正十一年（1733 年）与其兄端淑同榜进士，授刑部主事，后转户部主事，又迁户部员外郎，再擢户部郎中。母丧归籍守制后，授河南道监察御史。肇珠为官严正，遇事敢言。其一生学识渊博好著述，工于诗。其诗俊拔奇崛，气概不凡。传世之作有《竹窗巽言》二卷、《抚松亭遗编》二卷。

清代著名学者彭兆荪（1768—1821 年），江苏太仓镇洋人，字湘涵，号甘亭。兆荪最以才学名著东南。年少就有才名，但长久尤人赏识。清道光元年（1821 年）中举人。他又同顾广圻同校元本《通鉴》及《文选》，世称精絜。他工诗骈体，文尤鸿博、沉丽，为时所重。道光初曾举孝廉方正，曾为江苏布政使胡克家、两淮盐道使曾焕之幕僚。著作极丰，主要有《谶磨录》《小漠觞馆集》《潘澜笔记》《南北朝文钞》《彭湘涵年谱》等。龚自

珍将他与舒位并称，赞扬他的诗"清深渊雅"，在中国文学史上拥有地位。

总之，彭祖及其后裔先贤名流众多，传世佳作纷呈，为后世留下了丰富的文化遗产，成为中华民族的宝贵文化财富，供后人学习。

后 记

《先贤彭祖》在短短的几个月内能够顺利问世，实属不易。当我捧起这部饱含集体智慧，凝聚着作者、编者、审定者心血的文化珍品时，真可谓是心潮澎湃，思绪万千。

这里首先要感谢本书的两位作者：朱浩熙先生和彭开富先生，他们从自己多年研究先贤彭祖的文化成果及其著作中精选了一部分极富内涵而又具有代表性的文字惠示给本书编者，方成就这一大业。

朱浩熙先生是徐州的彭祖文化研究专家，江苏沛县人氏，北京大学中国语言文学系 1968 年毕业之"北大优秀校友"，多年从事教育领导工作，现为中国作家协会会员，先后担任过九州职业技术学院党委书记、常务副院长、副董事长、顾问，曾获江苏"五个一工程奖"。朱浩熙先生著作有《彭祖》《彭祖传奇》《西楚聊斋》《徐州帝王》《蒋天枢传》等。

彭开富先生是彭氏家族成员，彭祖后裔，四川兴文人，早期从政的同时，着手研究彭祖文化，积极参加彭氏家族的活动，现为四川省作家协会会员，四川省书法家协会会员，泸州市第二、第三届书法家协会副主席，泸州市政协文史研究员。著作有《大彭史记》《彭祖全传》《酒城泸州》《参谋与实践》和《开富诗联》等。此外，还创作出电视连续剧《大彭国君》文学剧本，其散文作品曾获1991年全国首届"冰心杯"文学大赛三等奖，其人其事载入《中国百科学者传略》《中国当代艺术家名人录》。

一部书的核心是有力量的文字，两位作者为本书提供了丰富的"文化飨餮"，以飨广大读者，为之幸甚！

作品案头，只能静静地散发着它的醇香，要让它动起来，成为无数读者手中的不释之卷，还必须要感恩策划和运作人士的倾力推动。

这里，我必须提到的就是本书主编彭飞先生，他是以中华彭祖文化研究促进会的创始会长身份出任主编的，彭飞主编承担了本书的总策划、统筹，领导全书的编辑、出版和发行工作，实为本书出版的核心力量。

彭飞先生在我的心目中，是一个杰出人士，我们因为再生资源秸秆循环利用项目结缘，使我俩成为忘年之交！他留给我的印象不仅年轻有为、气宇轩昂，而且充满朝气、韧性、积极向上并且真诚守信，待人礼遇有加，和蔼可亲！进而言之，他有事业心，爱学习，有干劲，有闯劲，他认定的事，说干就干；他光明磊落；在社会交往中，他尊长爱幼；在彭氏家族中，他组建了有数百万人口的中华彭祖文化研究促进会。他为家、为国都做出了非同一般的贡献。

彭飞，字泽远，号德信居士，1974年出生于吉林省榆树市的一个普通市民的家庭。在中国改革开放市场经济的大潮中，他恰逢其时，他心系家国，情牵故里，勇于创造，积极奋进。经过20多年的拼搏，他辗转全国各地，成功地在十几个行业中都取得了可喜的业绩，创造出可观的经济效益，为社会提供了众多就业的机会，并热衷和推进公益慈善事业的发展。

彭飞先生在吉林、深圳、北京三地打拼，开创了金融、商会、高科技、文化艺术、信息、"三农"和资源循环利用等领域的企业实体。

彭飞先生以中华彭祖家族的传人，中国著名的多栖企业家、公益慈善家、书画文学和生态环境保护者等而集于一身。他的业绩和人品均为人所敬仰。

2015年，彭飞先生成立了中华彭祖文化研究促进会并亲任会长。

彭飞先生在北京石（景山）、海（淀）、丰（台）繁华地区，创建了盛通时代国际假日酒店——北京大公馆，不仅带动了该地区的休闲、养生、酒店业的发展，而且还在家乡长春招聘职工，为家乡的孩子到北京圆梦和就业创造了机会。这实在是一项善举，这真是"人不在家乡，人情在；家不在故土，人心在；岁月不在，乡音在"。

彭飞先生富有不断进取的创新精神，他开始尝试涉足影视文学书画艺

术领域，先后参与并投资了《开国大典》和故事影片《笔仙》的拍摄，还成功筹建了中飞书苑，这里成为国内诸多书画家创作、切磋、交流的平台，也是各界名流雅集会晤的场所，更是彭飞先生企业和协会的"大本营"。国家秸秆产业技术创新战略联盟也落户这里。中飞书苑正在展现一个光辉灿烂的未来。

对这本书做出贡献的还有中华彭祖文化研究促进会的彭睿东秘书长和做了大量事务工作的两位女士：王冬青、刘杨。

从宏观上，高屋建瓴地给予关心和指导的有彭氏家族的资深人士彭水朋（少将）、彭彰年（少将）、彭江诸位先生。

彭氏家族各地的宗长以及中华彭祖文化研究促进会的各位副会长、常务理事们也对本书予以很大关注和支持。

在此谨向所有的领导、亲朋和对本书出版的贡献者表示衷心感谢！

执行主编　陈立柱

2016 年 6 月 24 日

陈立柱，江苏徐州（彭城）人。现为北京大学燕园领航导师兼任国际生态发展联盟中国区理事长及其实体北京益地友爱国际环境技术研究院院长、中华彭祖文化研究促进会顾问、国际绿色经济协会专家顾问。曾任《中国资源综合利用》杂志社主编兼副社长，中国期刊协会、江苏省编辑协会理事，徐州市编辑协会副理事长等职务。